Matthias Hoffmann

Neues Leben wagen mit Abba-Vater

Ein Lebensstil aus der Vaterliebe Gottes
Einblicke in die Abba-Kultur
Beginn einer Erweckung der Herzen

MATTHIAS HOFFMANN

Neues Leben wagen mit Abba-Vater

Eine Erweckung der Herzen

Leben aus der Vaterliebe Gottes

cap-books

Bestell-Nr.: 52 50408
ISBN 978-3-86773-211-6

Oberer Garten 8
D-72221 Haiterbach-Beihingen
07456-9393-0
info@cap-music.de
www.cap-music.de

Foto: © Christian Weinberger (www.weindis-worldtour.at)
Umschlaggestaltung: spoon design
Lektorat: Bea Zucker
Druck: GGP Media GmbH, Pößneck
Printed in Germany

Inhaltsverzeichnis

WIDMUNG

Mein neues Buch widme ich zuallererst meiner geliebten Frau **Karin**!

Ohne Dich hätte ich wohl nicht den Mut und die Kraft gefunden, mich auf all die ungewöhnlichen Wege mit Jesus einzulassen! Abba-Papa wusste ganz genau, welche Partnerin ich zu diesem Abenteuer brauche. Wasserlaufen macht Spaß!

Ein Leben reicht nicht aus, Dir und IHM dafür genügend Dank zu sagen!

Weiterhin schenke ich unseren geliebten Kindern **Steffen** und **Judith** die Einsichten dieses Buches. Ich wünsche mir, dass es eine kleine Schatzkiste sein könnte, in der ich, bzw. wir, für euch und **die nächste Generation** die Reichtümer und kostbaren Entdeckungen aus dem Vaterherzen Gottes, so wie wir sie in den letzten Jahren gewinnen durften, aufbewahren.

Ganz besonders möchte ich an dieser Stelle unsere Netzwerk-Familie, das **„Töchter- und Söhne-Treffen“ (TST)**, erwähnen. Denn nur mit euch zusammen, meine wunderbaren Freunde, konnte es gelingen, dass sich die Liebe des Vaters so stark ausgebreitet hat. Zusammen schreiben wir Geschichte, wagen neues Leben und entdecken gemeinsam Abba-Kultur!

Weiterhin gilt dieses Buch meiner Gemeinde-Familie, der **Ichthys-Gemeinde in Hannover**, in der Karin und ich schon so viele glückliche Jahre erleben durften. Geht weiter und tiefer in das Land eurer Verheißung, das der Vater für euch hat!

Nicht zuletzt widme ich dieses Buch gerade Dir, dem **sehnsüchtigen Leser, –** und allen anderen Christen, die nach einem neuen geistlichen Aufbruch für unser Land hungern und dürsten!

Ich sehe **eine Erweckung der Herzen** kommen. Sie ist zum Greifen nahe! Sie hat bereits im Kleinen begonnen!

Mein Gebet ist: „Ich will dabei sein!“

Du auch!?!

Vorwort: Worum es geht?

- ***Wie sieht ein Lebensstil aus, der aus der Vaterliebe Gottes geboren wurde?***
- ***Was sind die Merkmale einer Abba-Kultur?***
- ***Welchen Unterschied macht es, nahe am Vaterherzen Gottes zu leben?***
- ***Welche Kraft besitzt diese Liebe des Himmels?***
- ***Wie verändert Erweckung das Gesicht einer Gesellschaft?***

Mein neues Buch will auf diese und ähnliche Fragen Antworten geben und über gemeinsame Entdeckungen reflektieren.

Doch zuvor muss ich eines gleich klarstellen: Wenn hier von **ABBA** die Rede ist, meine ich ausschließlich Gott-Vater, wie Jesus IHN uns vorgestellt hat. Die Namensgleichheit mit der bekannten *schwedischen Popgruppe* ist einfach nur ein netter Zufall. Wobei ich den Humor meines himmlischen Vaters da unter Verdacht habe …!

Nun aber zurück zum Eigentlichen.

Was klein und unscheinbar aussah und daherkam, entpuppte sich im Laufe der letzten Jahre als eine dynamische Quelle von geistlicher Vitalität: Die Botschaft und Realität der Vaterliebe Gottes hat das Leben von Tausenden und Abertausenden von Christen in unserem Land (und auch weltweit) **nachhaltig verändert.**

So auch mein Leben!

Mitten im Burn-out und in tiefer Lebenskrise, dort wo ich am Ende zu sein schien, begann eine völlig neue Dimension meines Glaubenslebens: Ich durfte anfangen, **Gott als meinen liebenden Vater neu zu sehen und SEINE Freundschaft in meinem Alltag zu entdecken**. Das hat meine ganze Existenz revolutioniert und führte zu einer Neubewertung aller Bereiche. Es kommt mir vor, wie eine neue Bekehrung, ein Reset, ein Neustart, ein neues Leben!

In einem Zeitfenster von nur wenigen Jahren erlebten sehr viele Menschen, deren Wege sich auf wundersame Weise kreuzten, ebenso diese Offenbarung der Vaterliebe Gottes. Aus einem Freundeskreis einzelner „Abba-Beschenkter“ entstand ein Netzwerk von geliebten Kindern des Allerhöchsten („Töchter- und Söhne-Treffen“ genannt, abgekürzt: TST). Darüber hinaus erwuchs eine **Vaterherz-Bewegung** in Deutschland, sowie auch in einigen anderen Nationen.

Die Entwicklungen sind abenteuerlich und so rasant, dass wir manchmal Mühe haben, Schritt zu halten, mit allem, was unser Abba-Vater für Deutschland und SEINE geliebten Kinder auf dem Herzen hat. Jede Woche finden Gottesdienste, Seminare, Abba-Weggemeinschaften, Konzerte, Konferenzen, Schulen, etc. im ganzen Vater-Land statt. Und jede Woche wachsen Menschen tiefer in diese Beziehung göttlicher Liebe und intimer Vertrautheit hinein.

Anfangs merkten wir es selber gar nicht, was sich dort unterwegs mit unserem himmlischen Papa ereignete. Aber über die Jahre konnten wir es Stück um Stück genauer entdecken: Je mehr Menschen bewusst mit der Liebe des Vaters in Berührung kommen und ihr Leben dadurch prägen lassen, entsteht eine neue Kultur mit gemeinsamen Werten, Erfahrungen, Überzeugungen, Theorien und Praxis, mit gemeinsamer Sprache und Ausdrucksformen, mit Übereinstimmung in Verhaltensweisen, mit gemeinsamer Geschichte (Historie) und vereinten Visionen für die Zukunft. Ich nenne sie **Abba-Kultur – ein neuer Lebensstil**!

Ohne Anspruch auf *„eigenes Copyright“* erheben zu wollen (denn die Quelle von allem Lebendigen liegt ausschließlich beim Vater allein), so können wir doch feststellen, dass vieles, was die Liebe des Vaters unter uns (in der Vaterherz-Bewegung) geboren und hervorgebracht hat, mittlerweile ganz natürlich-organisch Eingang ins Volk Gottes gefunden hat oder findet.

War **das Vaterherz Gottes** anfänglich nur ein Randthema, so steht es heute in Gemeinden und Bibelschulen fast überall auf der Agenda. Lieder, Bücher und Predigten über **Gott als Vater** sind nunmehr flächendeckend zu finden. Eine Wieder- bzw. Neuentdeckung der *1. Person der Trinität* findet in der Kirchengeschichte statt. Die **Heilung der Vaterwunde** hat Beachtung gefunden in Seelsorge und Therapie. In Kirche und Gesellschaft wird neu nach **Vaterschaft** bzw. geistlicher Elternschaft gefragt. Auch viele **Segnungsformen** und kreative Gestaltungsmöglichkeiten, die typisch für uns und die Abba-Bewegung sind, begegnen uns wieder in neuem Gewand in anderen Teilen des Leibes Jesu: z. B. Segnungstunnel, prophetische Dekoration, Hörendes Gebet, Soaking-Musik (ruhige Instrumentalmusik), **Symbole** und kreative Gebetsstationen. Besonders auffällig ist die Zunahme der Bedeutung des Herzens, wenn es um den christlichen Glauben geht. **Herz ist Trumpf bei Abba!** Das spricht sich überall herum! So geht es allerorten *herzlicher* zu. Man *zeigt Herz* und heißt *herzlich willkommen.* Herz-Embleme, Herz-Symbole, Herzen in allen Variationen. Das Herz scheint zum Erkennungszeichen für Gottes Vaterliebe und Vaterherz zu avancieren.

Ich freue mich und muss schmunzeln, wenn uns irgendwo mal wieder etwas *„bekannt vorkommt"* (frei nach der Devise: Das ist doch typisch Abba!). Da hat sich Kultur ansteckend ausgebreitet. Diese Abba-Kultur ist Folgeerscheinung des neuen Lebensstils vieler geliebter Kinder Gottes, deren Existenz so tiefgreifend erneuert und überfließend reich beschenkt wurde. Ein neues Gottesbild und eine neue Gottesbeziehung, eine neue Identität und eine neue Frömmigkeit, eine neue Sicht und ein neuer Weg. Im Folgenden werde ich den „Kultur-Begriff" mit dem **Bild eines Hauses** vergleichen. Menschen, auf der Suche nach dem wahren Zuhause, finden Zuflucht im „Haus einer Kultur des Miteinanders". In unserem Fall, der Abba-Kultur. Ich lade den Leser ein, zusammen mit mir, genauer **die Fundamente** zu betrachten. Was sind die gemeinsamen, unaufgebaren Grundlagen für eine Abba-Kultur? Worauf beruht die gemeinsame Offenbarung?

Danach werden wir uns die **tragenden Wände** anschauen. Was sind die Säulen, die Eckpfeiler, auf denen alles sich abstützt und ruht? Was sind die tragenden Aussagen der Vaterliebe? Anschließend betreten wir die einzelnen **Lebensräume**, die sich daraus ergeben. Hier wird es sich konkret zeigen, woran sich die gemeinsamen Werte und Formen der Abba-Kultur festmachen. Wie sieht ein Lebensstil der Vaterliebe Gottes praktisch aus? Zum Schluss genießen wir den Panorama-Blick von oben, quasi vom Dach des Gebäudes: Hier geht es um **schöne Aussichten**. Wir sehen uns die gemeinsamen Zukunftsperspektiven an. Was ist Gottes Vision für die Zukunft und wie passt SEINE Vaterliebe dort hinein?

Eigentlich ist dieses „Haus der Kultur" eher **ein Zelt**, etwas Mobiles, Bewegliches, Übergangsmäßiges (so wie etwa die Stiftshütte), immer in **Bewegung**, denn wir sind noch nicht am Ziel. Das wahre Zuhause erwartet uns in einer anderen Dimension und Realität. Insofern ist die Abba-Kultur nur ein menschlich-soziologisches, aber auch göttlich-geistliches Übergangsheim für geliebte Kinder Gottes, die noch unterwegs sind. Wir werden hier beides vorfinden: Himmel und Erde! Göttliches und Menschliches! Solange bis das vollkommene Haus Gottes da sein wird!

Wer mich und meinen **Schreibstil** bereits aus meinen bisherigen Büchern kennen gelernt hat, der weiß, dass die Art und Weise, wie ich formuliere, eher einem Erzählen unter Freunden gleicht. Es ist eine Mischung aus persönlich Erlebtem und meiner Leidenschaft für Gott, gepaart mit biblischen Offenbarungen und prophetisch-visionären Perspektiven. Ich bringe keine fertigen Konzepte und Lehrgebäude zu Papier, sondern berichte von meinen Fundstücken und Abenteuern unterwegs. So ist es mein Anliegen, dass jeder Leser möglichst selbst ins vertrauliche Gespräch mit Jesus kommt und eigenständige Gedanken, inspiriert vom Heiligen Geist, weiter entwickeln wird. Deshalb ist dieses Buch nicht fertig, sondern wartet darauf, von Dir und noch vielen anderen Freunden Gottes weiter geschrieben zu werden. Vielleicht sind wir uns irgendwo schon einmal auf einem Seminar begegnet oder Du hast bereits anderes aus meiner Feder (genauer gesagt aus meinem Laptop) gelesen, dann werden Dir eine Menge Gedanken dieses Buches bekannt vorkommen. Das ist volle Absicht! Dieses Buch ist eine **Sammlung gewonnener Einsichten und geistlicher Schätze** der letzten Jahre. Doch in der Zusammenschau der einzelnen Teile wirst Du ganz gewiss viele neue überraschende Entdeckungen machen können – so wie ich.

Zum Schluss noch eine **kurze Gebrauchsanweisung für die Lektüre**: Bitte lese die einzelnen Kapitel *scheibchenweise* und nicht in einem großen Stück. Es geht nicht zuerst um Informationsvermittlung, sondern um *Weitergabe von Leben*. Abba-Vater will Dir begegnen. Und **das braucht Zeit**! Lass Dich bitte vom Heiligen Geist leiten und schreibe Deine Impulse am Ende jeder Einheit mit Deinen eigenen Worten auf. Du wirst staunen, wie sehr der Vater Dich liebt und wie viel von Abbas Lebenskultur bei Dir bereits angekommen ist.

So, nun bin ich wieder einmal gespannt, auf das kommende Wunder beim Schreiben, Hören und Lesen!

Matthias Hoffmann
Hannover 2014

Teil I: Abba-Kultur

Seit einiger Zeit ist öfters von der **Jesus-Kultur** die Rede. Ausgehend von Erfahrungen und Entdeckungen unserer Geschwister in der *Bethel Church* in Redding/USA, finden Begriffe, wie *„Kultur der Ehre"* oder *„Kultur der Wertschätzung"* Einlass in das christlich-fromme Vokabular. Eine neue Sensibilisierung findet statt, dass Jesus weitaus mehr als eine Botschaft brachte oder eine Mission erfüllte. ER prägte einen neuen **Lebensstil**, dessen Vorbild eine **neue Kultur** hervorbringt. Wie im Himmel so auf Erden!

Hier schließt sich mein neues Buch an, das Du jetzt in Händen hältst. Es geht um die **Abba-Kultur**. Als junge Glaubensbewegung durften wir in den letzten Jahren so viele neue Entdeckungen machen, beziehungsweise Altes neu entdecken. Durch die Offenbarung der Vaterliebe Gottes bekam für uns alles einen neuen Platz und eine neue Wertigkeit. Neue Inhalte, Formen und Prioritäten entwickeln sich. Im Miteinander ist eine neue Kultur am Entstehen, ein neuer Lebensstil, geboren aus dem Vaterherzen Gottes. Im Folgenden werde ich darüber berichten. Das ist kein fertiges Endergebnis, sondern eher *eine Zwischenstandsmeldung*. Und doch ist der Reichtum dessen, was wir in den wenigen Jahren bisher an Schätzen heben durften, schon so enorm, dass es sich lohnt, diese Kostbarkeiten miteinander zu teilen.

1.1 Auf der Suche nach einem Zuhause

Der erste Buchstabe des hebräischen Alphabets ist *aleph*. Mit diesem Buchstaben beginnt unsere Geschichte. So auch das Wort *el*, was *Gott* bedeutet. Dies ist eines der am meisten gebrauchten Wörter im Alten Testament. Der zweite Buchstabe heißt *bet*. Er ähnelt im Gleichklang dem Wort *bet/bajit*, was *Haus/Zuhause/Familie* bedeutet. Damit sind wir mitten in unserem Thema: **Gott will bei uns wohnen!**

ER will bei uns Zuhause sein und wir sollen bei IHM leben. So lesen wir es von den ersten bis zu den letzten Seiten der Heiligen Schrift. Von Genesis bis zur Offenbarung des Johannes. Der Vater erschuf SEINE Kinder und lebte mit ihnen gemeinsam. Das war kein Dschungel-Camp, sondern der *Garten Eden*. Unser himmlischer Vater pflanzt einen Garten, baut ein behütetes Zuhause für SEINE Familie. ER schafft einen befriedeten Lebensraum. Da herrschen Liebe, Versorgung und Geborgenheit. SEIN Schalom-Friede!

Aber leider nicht für lange Zeit. Die Menschheit verliert diese einzigartige Heimat. Sie misstraut dem Vater, setzt alles aufs Spiel und zerstört damit die kostbarste Beziehung. Die Kinder gehen fort von Zuhause. Sie wollen erwachsen sein, unabhängig, Herr im eigenen Haus. So wie in Lukas 15 der *verlorene Sohn* das Vaterhaus hinter sich lässt, die Türen zuschmeißt und seinem eigenen Weg in die Dunkelheit folgt.

Seit dem Weggang aus der Liebe des Vaters vegetieren die Menschen nur noch „Jenseits von Eden". Wir haben durch den Sündenfall unser **paradiesisches Zuhause verloren**. Wir sind gott-los, vater-los, heimat-los geworden. Wir sind nunmehr Fremde und Waisenkinder. Gefangen in der tiefen Einsamkeit des Universums. Und zugleich sind wir Suchende. Wir sind wie Ertrinkende, die sich in ihrer Not aneinander festkrallen und gegenseitig runterziehen.

So ließe sich die gesamte Menschheitsgeschichte weiterlesen und deuten, als ein ewig währender Versuch, wieder nach Hause zurückzukehren. Oder sich womöglich selber eine Behausung zu erschaffen. Die Menschheit baut. Sie baut am Turm zu Babel, sie baut Städte, Festungen und Paläste. Sie baut Königreiche, Kulturen und Gesellschaften. Sie baut Philosophien, Ideologien, Religionen. Sie baut Raketen, Atombomben, Hightech-Computer.

Alles **auf der Suche nach einem Zuhause**!

Gott sei Dank sucht auch der Vater im Himmel! ER hält Ausschau nach uns! **Gottes Suche nach uns**, SEINEN Kindern, ist eines der großen Geheimnisse SEINER Liebe! Meine Frau Karin erzählt immer wieder begeistert die Geschichte vom ***Schäfchen 100,*** nach dem der Hirte liebevoll sucht. Das Bild vom Vater aus Lukas 15, wie ER am Ende des Weges steht und Ausschau hält nach dem *verlorenen Sohn*, will uns Jesus tief in unsere Herzen einprägen: So ist unser Gott und Vater! So und nicht anders! Die Tür zum Vaterhaus SEINER Liebe steht weit offen für alle, die sich auf den Weg machen! Jesus hängt am Kreuz und ruft: „Wer kommt in MEINE Arme!" – so wie ein Vater seine Kinder zu sich ruft, so wie eine Henne ihre Küken schützend unter die Fittiche nimmt, so wie ein Freund seine Freunde zu sich einlädt.

> *Jesaja 65,1+2:*
> *„Ich bin gesucht worden von denen, die nicht nach mir fragten; ich bin gefunden worden von denen, die nicht nach mir suchten; ich habe gesagt: Hier bin ich; hier bin ich! – zu einem Volk, über dem mein Name nicht ausgerufen war.* ***Den ganzen Tag habe ich meine Hände ausgestreckt*** *nach einem widerspenstigen Volk, das seinen eigenen Gedanken nachgeht auf einem Weg, der nicht gut ist!"*

> *Matthäus 23,37:*
> *„…* ***wie oft habe ich deine Kinder sammeln wollen****, wie eine Henne ihre Küken unter den Flügeln sammelt, aber ihr habt nicht gewollt!"*

> *Matthäus 11,28:*
> *„****Kommt her zu mir alle****, die ihr mühselig und beladen seid, so will ich euch erquicken!"*

Immer mehr Menschen hören den **Ruf aus Abbas Herzen**: *„Komm in MEINE Arme! Komme näher an MEIN Herz! Ich gebe dir ein neues Zuhause in MEINER Liebe!"* Der Vater holt SEINE Kinder nach Hause. SEIN Ruf geht durch alle Welt. ER zieht die Sünder und Ausgestoßenen mit Seilen SEINER Liebe, ebenso die Pharisäer und Superfrommen. ER läuft dem „Schweine-Jungen" entgegen und umarmt ihn, bedeckt ihn mit SEINEN Küssen und feiert den Neubeginn einer grandiosen Liebe. Ebenso geht ER dem „bock-stolzen" älteren Bruder entgegen und holt auch ihn herein, damit er bei der Party mit Vati dabei sein wird.

Ein gewaltiger **Paradigmenwechsel** findet statt!

Zu lange dachten wir, es dreht sich alles nur um *Religion*. Dieses Wort kommt aus dem Lateinischen und leitet sich von „dazugehören" ab. So war die Kirche über Jahrhunderte ein kalter Ort, wo Menschen versuchten, etwas aufzubauen, um „dazuzugehören". Ein Ort, wo man „dazugehört", wenn man das Korrekte tut, das Richtige glaubt und bekennt und das Beste opfert und leistet. Tausende von Jahren war das exakt die Kultur der Kirche und Staatsreligion.

Aber unser Gott und Vater will *Relation*, das bedeutet übersetzt „Beziehung"! Genau das ist das Problem von Adam und Eva, sowie von den beiden Söhnen aus Lukas 15, und womöglich auch von Dir und mir! Würden wir den Vater nur besser kennen, ich meine, **IHN von Herzen her kennen**! Wenn wir eine Beziehung von Herz zu Herz mit IHM hätten, dann würden wir nicht von Zuhause weggehen; dann würden wir stracks zu IHM nach Hause laufen; dann würden wir alle Tage bei IHM leben und wohnen bleiben im Haus unseres liebenden Papas!

> *Psalm 23,6:*
> *„Nur Güte und Gnade werden mir folgen mein Leben lang. Und* ***ich werde bleiben im Haus des HERRN immerdar!****"*
>
> *Psalm 84,2:*
> *„Wie lieblich sind* ***deine Wohnungen****, o HERR der Heerscharen. Meine Seele verlangte und sehnte sich nach den Vorhöfen des HERRN …"*
>
> *Johannes 14,23:*
> *„… wenn jemand mich liebt, so wird er mein Wort befolgen, und mein Vater wird ihn lieben und wir werden zu ihm kommen und* ***Wohnung bei ihm machen****."*

Viele Menschen haben mit der Erkenntnis, wer Jesus Christus ist, und was ER am Kreuz für uns getan hat, eine Beziehung zu Gott angefangen. Wir nennen das **Bekehrung** und sprechen von **Umkehr zu Gott**. Damit stimmt schon mal die Richtung! Doch Jesus Christus kam nicht nur als *Retter*, um für unsere Sünden zu bezahlen. ER kam vor allem als *Sohn*, um uns den

Vater zu offenbaren. So zieht ER uns näher zu SICH und holt uns nach Hause. ER erzählt uns von **SEINEM Abba**, der auch **unser Abba** sein will, und stellt uns Gott persönlich vor als liebenden Vater. Die Offenbarung, dass Gott der allerbeste Papa ist, ist das Kernstück der Botschaft Jesu. Wir dürfen **heimkehren**. Das geht noch weiter und tiefer als das Kreuz. Da öffnet sich auf einmal die Tür zum Vaterherzen Gottes.

Zahlreiche Christen wissen nicht, *wozu* sie eigentlich erlöst wurden. Sie denken, sie müssten sich jetzt ein Leben lang anstrengen, um ein reines, möglichst sündlos-perfektes Leben zu führen und Gott keinen Ärger mehr zu machen. Lebe heilig und stubenrein, damit Du „dazu gehörst“! – Aber das ist wieder die alte Kultur der Religion!

Vielmehr geht es um **Freundschaft mit Abba-Vater**; es geht um diese Dimension der vertrauten Liebes-Beziehung zwischen Vater und Kindern. Dafür hat uns Jesus erlöst, dass wir im Vaterhaus leben dürfen alle Tage unseres Lebens. Kinder machen nun mal Fehler und kleckern herum und dennoch sind sie total geliebt vom Vater. Das ist die neue und zugleich ewige Abba-Kultur, in der wir leben dürfen.

Deine Gedanken und Impulse ...

1.2 Kulturen sind Lebenshäuser

Was verbirgt sich hinter dem Begriff **Kultur**?

Ich las eine gute **Definition** in einem Referat im Internet[1]:

> „Der Begriff Kultur entstammt dem lateinischen Wort „colere" und bedeutet so viel wie bebauen, bestellen, pflegen. Jede Kultur hat ihre Besonderheiten und ihre eigenen, für sie typischen Orientierungen. Diese prägen die Angehörigen einer Kultur und formen deren Identität.
>
> …
>
> Kultur besteht aus Mustern von Denken, Fühlen und Handeln und wird übertragen durch Symbole, die die charakteristischen Errungenschaften von bestimmten Gruppen von Menschen bilden und ihre Verkörperung in Artefakten. Der wesentliche Kern der Kultur besteht aus traditionellen (d. h. in der Geschichte begründeten und von ihr ausgewählten) Ideen und insbesondere ihren zugehörigen Werthaltungen."

Mit anderen Worten: Eine Kultur ist die Übereinstimmung vieler Individuen, die zu einer Schnittmenge von Fühlen, Denken, Handeln und Bewerten führt.

Ich stelle eine weitere These daneben: **Kulturen sind Lebensh**äuser, in denen sich Menschen zusammenfinden, auf der Suche nach dem wahren Zuhause! **Sie finden vorübergehend Heimat in vertrauten Gemeinsamkeiten.**

Oftmals wird die Kultur einer Gruppe oder Gesellschaft mit einem *Eisberg* verglichen. Sowie der größte Teil eines Eisberges unsichtbar unterhalb der Wasseroberfläche vorhanden ist, so ragen nur wenige der Werte und Normen einer Kultur sichtbar hervor. Der überwiegende Anteil liegt im Unbewussten, wie etwa Gefühle, Erwartungen und Bedürfnisse. Sichtbar sind hingegen Stilfragen, Formen und Äußerlichkeiten.

---

1 www.lehrerfortbildung-bw.de

Spannend wird es, wenn **Vertreter unterschiedlicher Kulturen** aufeinander treffen. Auf unseren diversen Weltenbummler-Abba-Touren konnten meine Frau Karin und ich da so manche erstaunliche Überraschung erleben. Wir Deutschen haben ja den Ruf weg, eher vorsichtig, pessimistisch und kritisch zu sein. Dabei empfinden wir uns selber ganz anders: Wir würden sagen, dass wir lediglich Probleme frühzeitig erkennen können, die andere nicht kommen sehen. Uns erscheint es als unsere Stärke, offen und direkt auf Missstände hinzuweisen, um sie dann abstellen zu können. Nordamerikaner wirken neben uns viel mutiger, optimistischer und risikobereiter. Dafür meinen wir Europäer, dass die Amerikaner eher oberflächlich und leichtfertig sind. Wir beurteilen aus unserem Blickwinkel, dass sie oftmals die Dinge nicht richtig zu Ende bedenken. Unsere amerikanischen Freunde hingegen sprechen von der „German Angst", die uns lähmt, mutige Schritte zu wagen. Lateinamerikaner wiederum sind weitaus emotionaler und warmherziger als Europäer und Nordamerikaner. Ihre Gefühle sind Stärke und Schwäche zugleich. Sie sind großartig im Ausdrücken von Nähe und Begeisterung, bei vollem Körpereinsatz. Aber sie würden es als absolute Beleidigung empfinden, wenn man ihnen verbal zu nahe kommt und sie offen auf Fehler hin anspricht. Lieber reden sie sich selber das Schlechte schön; was sich dann in unseren westlichen Ohren wie maßlose Übertreibungen anhört. Europäer, und besonders Deutsche, wirken mit ihrer Direktheit verletzend auf andere Kulturen. In asiatischen Ländern wie Thailand oder Indien vermeiden die Menschen den Augenkontakt. Ihr Umgang ist respektvoll und freundlich, aber auch sehr reserviert. Man zeigt nicht Gefühle und berührt sein Gegenüber am besten gar nicht. Mitteleuropäer sind dafür bekannt, dass sie gut vorplanen und alles im Voraus bedenken. Alles muss exakt getimt und nach festen Fahrplänen ablaufen. Afrikanische Kulturen beruhen hingegen auf zufälligen Glücksmomenten. Heute habe ich genug zu leben, also genieße ich heute und verschiebe nicht mein Glück in die Zukunft. *Hakuna matata!* Nun stelle man sich ein Latino in Asien vor oder einen Europäer in den USA, oder einen Afrikaner in Deutschland, oder, oder, oder … Und dann sind da noch Chinesen, Australier, Japaner, Orientalen … um Himmels willen!

Da prallen Welten aufeinander! Konflikte sind vorprogrammiert. Kein Wunder, dass wir Kriege gegeneinander führen, uns verdächtigen und argwöhnisch auf Abstand gehen. Vielleicht können wir uns sogar über eine gemeinsame Sprache bis zu einem bestimmten Grad äußerlich verständlich machen. Vielleicht haben wir gemeinsamen Zugang zu technischen Mitteln, wie das Internet, die uns weltweit verbinden. Aber die Differenzen liegen auf einer ganz anderen Ebene. Und da gibt es zunächst auch kein *eher falsch* oder *eher richtig*. Wir sind einfach nur **irgendwie anders** – unterschiedlich! Wir können ein „Haus der Kultur" nicht ohne weiteres mit einem anderen „Haus der Kultur" vergleichen. Wie gesagt, Kulturen sind Lebens-Häuser, in denen sich Menschengruppen zusammenfinden unter gemeinsamen Werten und vereinten Hoffnungen.

Das gleiche Phänomen lässt sich nun auch im **Reich Gottes** wiederfinden: Auch hier erkennen wir unterschiedliche Kulturen und Subkulturen. Die *katholischen* Kirchen etwa leben eine völlig andere Kultur als die *evangelischen* Kirchen. Und eine *bibeltreue Freikirche* wird anders aufgestellt sein als eine *charismatische Hausgemeinde*. Eine *Kirche* „tickt" anders als ein *Glaubenswerk* (Ministry) und eine *Bibelschule* folgt anderen Abläufen als eine *Bewegung*. Es lebe die **Vielfalt**!

In der **Bibel** lesen wir, wie sich nach dem Sündenfall die heimatlosen Menschenkinder in alle Himmelsrichtungen zerstreuen. Doch auf ihrer Suche nach dem wahren Zuhause begegnen sich ihre Spuren und so kommen sie wieder zusammen. Sie wollen **eins werden**. In *Genesis 11* hören wir von ihrem Versuch einen Turm zu bauen, der bis in den Himmel reicht. Was für ein Symbol ihrer Sehnsucht! Einerseits sehnen sie sich nach dem verlorengegangenen, himmlischen Zuhause. Andererseits wollen sie den Himmel auf Erden selber schaffen, aus eigenen Kräften, aber ohne Gott.

So läuft das immer wieder ab bis auf den heutigen Tag: Menschenkinder vereinen sich. Sie scharen sich, wie eine Horde Waisenkinder, um ein wärmendes Feuer in der dunklen, kalten Nacht. Versammelt um das Feuer eines bestimmten Anliegens, einer gemeinsamen Leidenschaft, einer großartigen Idee oder einer gemeinsamen Kultur. Doch ein Haus voller Waisenkinder ist noch kein Zuhause!

Verwundbar wie Schnecken suchen wir verzweifelt nach Behausungen für unser kindliches Seelenleben. Wir müssen der Wahrheit ins Auge sehen, dass jeder Mensch, auf der Suche nach dem wahren Zuhause bei Gott, nach **Zwischenlösungen** Ausschau hält; nach Lebens-Häusern, in denen er zwischenzeitlich geborgen und aufgehoben sein kann. Wir suchen unsere Gruppe, unsere Clique, unsere Familie, unser Zuhause – unsere Kultur. Das gilt für alle Lebensbereiche auf der Welt.

Insofern sind Kulturen **bedingt notwendig** für uns Menschen auf dem Weg zurück ins Vaterhaus. Allein schaffen wir es nicht, den Weg zu gehen. Wir brauchen die anderen. Aber vor allem brauchen wir die Hand des Vaters! Es gibt kein wahres Zuhause ohne IHN! Erst Abba macht den Unterschied! Bei IHM, an SEINEM Herzen, kommen unsere Herzen zur Ruhe! ER ist die Erfüllung all unserer Träume! ER ist Quelle und Ziel, Anfang und Ende, Weg und Heimat!

Der Vater begegnete damals der falsch motivierten Einheit SEINER Kinder durch die Sprachverwirrung. Seitdem trennen uns Worte, Gebräuche, Kulturen und Traditionen. Aber seit Pfingsten hat ER diesen Fluch wieder rückgängig gemacht und in Segen umgewandelt. In *Apostelgeschichte 2* werden wir Zeuge, wie schön die Andersartigkeit sein kann. Aus dem Wirrwarr wird eine **Sinfonie der Herzen**! Unsere Unterschiede müssen uns nicht mehr länger voneinander trennen. Durch den **Heiligen Geist**, den Geist der Liebe des Vaters, werden unüberbrückbare Gräben überwunden. Dieser Geist ruft in unseren Herzen gemeinsam: *„Abba, lieber Papa!" (Römer 8,15 / Galater 4,6).* Juden und Heiden, Männer und Frauen, Alte und Junge; Menschen aus allen Nationen und Generationen erkennen einander in einem neuen Licht. Sie verstehen auf einmal anders. Die Liebe des Vaters bringt zusammen, was zusammen gehört.

Auch wenn in der **Abba-Kultur**, wie wir sie kennengelernt haben und unter uns zur Zeit erleben, noch manches menschliche Übergangsmäßige zu finden ist, so können wir doch bereits auf viele verheißungsvolle **Wirkungsweisen** des Heiligen Geistes blicken: Wir empfangen ein neues Herz – das Herz eines vielgeliebten Kindes. Wir schmecken eine innere Freiheit, Freude und Frieden, die vollkommen unabhängig von Lebensumständen sind. Wir kommen zum Kern unserer Berufung – wir leben für IHN. Mit Jesus sagen wir: *„Ich lebe für den Vater!" (Johannes 6,57)!*

Die Verpackung mag sich ändern im Laufe der Zeiten, aber auf den Inhalt kommt es an! Wir haben den göttlichen Schatz in zerbrechlichen irdischen Gefäßen. Der neue Wein des Himmels wird aus Weinschläuchen ausgegossen, die sich immer wieder erneuern lassen müssen. Formen, Stile und

Ausdrucksweisen: Sie werden im Fluss bleiben. Liebgewordenes muss sich ändern und sich ständig neu dem Lauf anpassen – aber die **Offenbarung des Vaters**, die kann uns keiner mehr nehmen!

Bei IHM ist unser wahres Zuhause!

Deine Gedanken und Impulse …

1.3 Vaterherz bewegt

Auf den kommenden Seiten möchte ich **mein geistliches Zuhause** (in der Vaterherz-Bewegung) vorstellen. Hier darf ich das leben, was eine große Ehre und ein enormer Segen für mich darstellen. Aber nun der Reihe nach, wie alles begann: Vor einigen Jahren steckte ich in einer tiefen Lebenskrise. Ich sage immer wieder scherzhaft „Ich hatte als Pastor eine *Schaf-Allergie*". Ich habe Menschen verletzt. Menschen haben mich verletzt. Das führte dazu, dass ich mein Herz verschloss und alle Schutzschilde hochfuhr. Niemand mehr sollte mir wehtun können. Niemand mehr sollte an mich herankommen. Und tatsächlich – niemand mehr erreichte mich. Auch nicht diejenigen, die mich liebten, so wie meine Frau. Ich war vollkommen abgeschnitten vom Leben. Da wäre ich wirklich nicht alleine heraus gekommen. Die Dunkelheit um mich her war so groß, dass ich allen Lebensmut verlor und am liebsten aufgegeben hätte. Ich sah einfach keinen Ausweg. Zu tief war meine Enttäuschung vom Leben, von anderen, von mir selber – und auch von Gott! Ich hatte mich vollkommen verlaufen im Labyrinth meiner Verzweiflung und fand den Weg nicht zurück.

Aber dann kam Abba zu mir!
Immer und ewig werde ich IHM dafür danken!

Wir haben einen Jesus, der durch dicke Mauern gehen kann! ER kam in mein Gefängnis und befreite mich von den Fesseln der Hoffnungslosigkeit. Alles fing damit an, dass ER einfach nur Zeit mit mir verbringen wollte. Obwohl ich so eklig drauf war. Ich hatte eigentlich gar keine Lust. Ich war sauer und wütend. Ich wusste gar nicht, was ich mit IHM reden sollte. Meine Gebete waren sowieso stark reduziert und drehten sich nur im Kreis. Ich hatte Angst vor der Zweisamkeit mit IHM. Ich hatte Furcht vor der Leere und Sprachlosigkeit. Freunde stellten mir ihre Ferienwohnung zur Verfügung. So leer und einsam, wie die Räume, so fühlte sich auch meine Seele an. Ich hatte nichts mehr zu verlieren. Alles schien irgendwie am Ende zu sein. Und dann hörte ich SEINE leise Stimme im meinem Herzen: *„Danke für Dein Leben! Danke, dass Du leben darfst!"* – Das war nun das Letzte, was ich von IHM hören wollte. Mir war absolut nicht zum Danken zumute. Ich hätte Klagelieder anstimmen können, oder besser noch Rachepsalmen. Aber doch nicht danken! Es dauerte einige Zeit, bevor ich innerlich bereit war, diesen Weg einzuschlagen. Fast monoton sprach ich trotzig Wahrheiten aus, die ich weder fühlen noch glauben konnte: *„Ich danke Dir, mein Gott, für mein Leben … ich danke Dir, dass ich leben darf …!“* Doch je mehr ich diese Worte in meinem Herzen und in meinem Mund formte, umso mehr veränderte sich die unsichtbare Atmosphäre um mich herum. Plötzlich öffneten sich Staumauern in meinem Innersten. Ich konnte gar nicht mehr aufhören zu danken. Erinnerungen stiegen in mir auf. Längst vergessene, verblasste Wunder wurden wieder lebendig und klar vor meinem geistigen Auge. Als ich auf meine Armbanduhr schaute, waren Stunden vergangen. Ich hatte tatsächlich Stunden lang Gott danken können, trotz all der Katastrophen, die immer noch real vor mir standen. Ein Wunder war in mir geschehen! Meine Herzenstür stand wieder weit offen. Ich war wieder offen!

In den folgenden **30 Tagen** überschüttete mich Gott mit SEINER grenzenlosen Liebe und begann damit, SEIN Vaterherz mir zu zeigen. Ich sah in Jesus Christus, der mir durch meine bisherige (pietistische) Frömmigkeit schon sehr vertraut war, auf einmal eine völlig neue Persönlichkeit! **Jesus Christus ist das Vaterherz Gottes in Person**. So sieht also Gottes Vaterherz von innen und außen aus! So sehr liebt ER mich als Freund und Vater, als naher Gott und wunderbarer Tröster! In diesem einen Monat erneuerte Gott mein gesamtes Leben. ER baute mich völlig auseinander und dann wieder zusammen. Meine Biografie, meine Theologie, meine Werte und Normen, meine Vergangenheit, meine Gegenwart und Zukunft. Alles kam auf den Prüfstand. Alles wurde in die Vaterliebe Gottes hinein getauft. Vieles musste dort ertrinken und untergehen. Falsche Träume und Visionen starben. Aber dafür wurde ich über die Maßen reich beschenkt durch IHN. Alles, was jetzt für mich zählte, war nur noch ER!

ER ist meine Vision! ER ist mein ganzes Lebensglück! Die **Freundschaft mit Abba-Vater** wurde zur unumstößlichen, neuen Basis für mein ganzes Leben. **Ich fing an, an Abbas Hand ein neues Leben zu wagen!**

Danach veränderte sich in kürzester Zeit **mein gesamtes Lebensumfeld**. Angefangen bei meiner *Gottesbeziehung*: Die tägliche „Stille Zeit“, die ich solange ich denken konnte, meistens als frommen Krampf erlebte, veränderte sich dramatisch. **Meine Zeit mit Abba** ist für mich zur lebendigen Quelle meines Alltags geworden: bunt, kreativ, abenteuerlich, sinnlich, inspirativ, wohltuend. Auch in meiner Ehe ging es weiter. Der Vater führte Karin und mich liebevoll in einen längeren Heilungsprozess und stellte uns beide wieder her. Jeden auf die Art, wie er es brauchte. Das breitete sich segensreich auf unsere Kinder, Verwandten, Freunde und Nachbarn aus. Mein *Dienst als Pastor* wandelte sich radikal: Ich brauchte mir nicht mehr länger durch fromme Leistung die Anerkennung der Menschen zu verdienen, um mich dann anschließend besser zu fühlen. Ja, „meinen" Dienst brauchte ich nicht mehr! Ich war an einen Punkt der Ruhe angekommen, wo mir SEINE Liebe und Bestätigung vollkommen genügen. Und auch *unser Gemeindeleben* wurde von der Liebe des Vaters gänzlich auf den Kopf gestellt: Angesteckt durch meine persönliche, geistliche Erneuerung lernten viele Glaubensgeschwister um mich herum, unseren Gott ebenfalls als liebenden Vater kennen. Die Offenbarung der Vaterliebe Gottes wirkt höchst infektiös! In nur wenigen Monaten verwandelte sich unsere Gemeinde in ein **Vaterhaus der Liebe Gottes**. Viele hungrige und sehnsüchtige Töchter und Söhne kamen nach Hause. Menschen wurden von der Agape-Liebe wie von einem Magneten unsichtbar angezogen.

Nun war ich nicht mehr länger allein mit all den neu gewonnenen Einsichten und Offenbarungen aus dem Vaterherzen Gottes, und mit meiner Identität als **geliebter Sohnemann**. Überall traf ich auf neue Geschwister, die ähnliche Geschichten mit Abba-Papa erlebten und erzählten, so wie ich. Herzen verbanden sich übernatürlich miteinander. Ein **Beziehungsnetz der Liebe des Vaters** wurde von unsichtbarer Hand geknüpft. Die ersten Bücher zum Thema **Vaterherz Gottes** entstanden und fanden enormes Echo und Ausbreitung. (Ich hätte selbst nie gedacht, einmal Autor von mittlerweile mehreren Büchern zu sein. Wow, das muss wirklich Gott sein! – Wenn das mein ehemaliger Deutschlehrer wüsste!)

Innerhalb weniger Jahre entstand eine überkonfessionelle und überregionale Familie von wunderbaren Kindern Gottes: das **Töchter- und Söhne-Treffen (TST).** Menschen, die vom Vaterherzen Gottes motiviert und bewegt, ihren Alltag an der Seite unseres himmlischen Vaters leben. Bald bekamen wir Einladungen von überall her, unsere praktischen Erfahrungen und unsere bunte, kreative Art des Erlebten mit anderen Christen zu teilen.

Es entstand eine Kultur von **Seminaren, Schulen, Konferenzen**. Bis in entfernteste Länder (Neuseeland, Argentinien, Israel, Thailand, China, Indien ...) reisten Teams von uns, um Abbas große Liebe weiterfließen zu lassen. Mittlerweile sind fast jedes Wochenende unsere Teams irgendwo **im In- und Ausland mit Abba unterwegs**. – Und doch sind wir weitaus mehr als nur ein Mitarbeiterpool. Für uns sind die Beziehungen und Treffen mit den Geschwistern aus dem TST **ein echtes geistliches Zuhause**, ein Stück himmlische Familie. Hier tanken wir auf, werden gesund geliebt und befruchten uns gegenseitig mit neuen Entdeckungen aus dem Vaterherzen Gottes.

Was unscheinbar mit einer Handvoll Menschen begann, umfasst jetzt eine Netzwerk-Familie mit weit über 150 Personen (und es werden immer mehr!). Tausende und Abertausende Leben durften wir bisher mit dem Feuer SEINER großen Liebe berühren. (Ich erinnere mich an die Passage aus einem Lied von *delirious? „Hier bin ich, Herr, mach mit mir Geschichte in diesem Land ... Ist es heute wahr, dass aus Zerbrochenheit, Gott Geschichte schreibt ...* Deutscher Text: Daniel Jacobi). Der Himmel allein weiß, wie viele **Biografien neu geschrieben** wurden, wie viel Hoffnung und Heilung ausgegangen ist. Zunächst sprachen andere Mitchristen von einer **Vaterherz-Bewegung** im Land – und die Überraschung dabei war: sie meinten uns ...! Es brauchte lange, bis wir anfingen zu begreifen, dass Abba mit uns Geschichte schreiben will. Dass die Art, wie wir kindlich vertrauensvoll mit IHM leben, andere Menschen ansteckt, ermutigt und sogar eine heilende Kraft in den Herzen freisetzt. Dass wir ein Segen sein können für Einzelne, für Gemeinden und Kirchen unterschiedlichster Couleur; ja, sogar für Städte, Regionen und Nationen. Dass unsere Kunst und Kreativität, Malen, Tanzen, Musik, etc. Einfluss hat und weite Kreise zieht. Dass Gedanken, die wir mit Abba vordenken und Träume, die wir mit IHM träumen, Kraft besitzen, andere zu inspirieren und zu ermutigen.

Die **Dynamik des Lebens** hat uns dann doch so sehr eingeholt, dass wir in den letzten Jahren viele mutige Schritte hinaus auf das *Wasser des Glaubens* gewagt haben. Einige von uns stellen ihre ganze Arbeits- und Lebenskraft dem Vater und der Bewegung, die aus SEINEM Herzen geboren ist, voll zur Verfügung. So entstehen *neue Dienste*. Auch Karin und ich haben die Leitung unserer geliebten Gemeinde in Hannover an andere gute Leiter weitergegeben und sind jetzt ganz frei, die Botschaft von der Vaterliebe Gottes überall in Deutschland und in den Nationen weiter zu geben.

Vor kurzer Zeit haben wir mit Freunden aus der Vaterherzbewegung einen gemeinnützigen Verein für unser Netzwerk gegründet, mit Namen VATERHERZ BEWEGT e. V.

Nähere Informationen findest Du unter: www.vaterherz.org

Ja, wir sind vom **Vaterherz bewegt**! Im wahrsten Sinn des Wortes. Es bleibt weiter spannend, wohin uns der Wind des Geistes in den kommenden Jahren noch bewegen wird!

Deine Gedanken und Impulse …

1.4 Erweckungsgeschichten aus dem Vaterland

Der Weg der Gemeinde Gottes durch die Jahrtausende gleicht einem *Vulkan* bei Ausbruch. Solange das Feuer fällt und sich die Lavaströme glühend heiß ergießen, fließt der Strom. Aber in dem Augenblick, wo Stillstand eintritt, kühlt das Lava ab und erstarrt zu grauem Gestein. So ist auch **der Weg der Gemeinde Jesu zwischen Aufbruch und Erstarrung**. Die Kirche Jesu benötigt immer wieder neue geistliche Aufbrüche, neues Feuer des Geistes, sonst wird sie grau und starr in ihren Formen und Inhalten. In *Apostelgeschichte 2* sehen wir zu Pfingsten das Feuer des Himmels fallen. Tausende von Menschen werden angezündet mit der Flamme der Agape-Liebe. Eine mächtige Erweckung beginnt. Und doch nur zwei Kapitel weiter in *Apostelgeschichte 4* bedarf es bereits einer erneuten, weiteren Ausgießung des Heiligen Geistes. Das unterstreicht die Aussage: Wir brauchen immer wieder **ein neues Pfingsten**! Paulus beschreibt das so in *Epheser 5,18: „… werdet voll Geistes!“* und in *Römer 12,11: „… seid brennend im Geist!“* Beide Male verwendet er im Griechischen eine Zeitform, die Beständigkeit und Kontinuität ausdrückt. Wir sollen täglich neu voll werden und immer brennend bleiben! Das ist ein **Lebensstil in Erweckung**!

Das Wort Gottes ermutigt uns an vielen Stellen, diese neuen **Erweckungen** des Geistes zu begehren und uns ständig dafür offen zu halten. So spricht die Bibel in zahlreichen Bildern davon: Frühregen, Spätregen, gebahnte Wege und Wasserströme in der Wüste, Feuer und Licht, eine mächtige Ernte … um nur einige Beispiele zu nennen …

> *Sacharja 10,1:*
> *„Erbittet vom HERRN **Regen** zur Zeit des **Spätregens**!“*

> *Habakuk 2,14:*
> *„Denn die Erde wird erfüllt werden von der **Erkenntnis der Herrlichkeit des HERRN,** gleichwie die Wasser den Meeresgrund bedecken!“*

Habakuk 1,5:
„Seht euch um unter den Heidenvölkern und schaut umher; verwundert und entsetzt euch! Denn ich tue ***ein Werk*** *in euren Tagen – ihr würdet es nicht glauben, wenn man es erzählte!"*

Jesaja 9,1–6:
„Das Volk, das in der Finsternis wandelt, hat ein ***großes Licht*** *gesehen; über den Bewohnern des Landes der Todesschatten ist* ***ein Licht*** *aufgeleuchtet. Du hast groß das Volk vermehrt, hast seine Freude groß gemacht; sie werden sich freuen, wie man sich in der* ***Ernte*** *freut, wie die (Sieger) jubeln, wenn sie Beute verteilen … denn* ***ein Kind*** *ist uns geboren,* ***ein Sohn*** *ist uns gegeben; und die Herrschaft ruht auf seiner Schulter; und man nennt seinen Namen: Wunderbarer, Ratgeber, starker,* ***Ewig-Vater,*** *Friedefürst. Die* ***Mehrung der Herrschaft*** *und der Friede werden kein Ende haben … der Eifer des HERRN der Heerscharen wird dies tun!"*

Jesaja 40,1-11:
„… Die Stimme eines Rufenden (ertönt): In der Wüste bereitet den ***Weg des HERRN,*** *ebnet in der Steppe eine Straße unserem Gott…die* ***Herrlichkeit*** *des HERRN wird sich offenbaren; und alles Fleisch miteinander wird sie sehe … siehe, Gott, der Herr, kommt mit Macht …"*

Jesaja 43,3:
„Denn ich werde ***Wasser*** *auf das Durstige gießen und* ***Ströme*** *auf das Dürre; ich werde meinen* ***Geist*** *auf deinen Samen ausgießen und meinen* ***Segen*** *auf deine Sprösslinge."*

Jesaja 60,1:
„Mache dich auf, werde Licht! Denn dein ***Licht*** *kommt, und die* ***Herrlichkeit*** *des HERRN geht auf über dir!"*

Hesekiel 37,14:
„Ich werde meinen ***Geist*** *in euch legen, und ihr sollt lebe …!“*

Hesekiel 47,1ff:
„… und es wird alles gesund werden und leben, wohin dieser ***Strom*** *(aus dem Tempel) kommt …“*

Joel 3,1ff:
„Und nach diesem wird es geschehen, dass ich meinen ***Geist*** *ausgieße über alles Fleisch, und eure Söhne und eure Töchter werden weissagen, eure Ältesten werden Träume haben, eure jungen Männer werden Gesichte sehen, und auch über die Knechte und Mägde will ich in jenen Tagen meinen* ***Geist*** *ausgießen…und jeder, der den Namen des HERRN anrufen wird, wird gerettet werden …“*

Sacharja 12,10:
„Aber über das Haus David und über die Einwohner von Jerusalem will ich den ***Geist der Gnade und des Gebets*** *ausgießen und sie werden auf mich sehen, den sie durchstochen haben …“*

Es lohnt sich die biblischen Passagen, die uns solche **Szenarien von geistlichem Erweckungsleben** vor Augen malen, immer wieder neu zu lesen, aufmerksam zu studieren und noch besser, sie von Herzen durchzubeten. Der Befund ist überaus reichhaltig![2]

So viele Bibelworte sprechen unmittelbar oder indirekt über Gottes Eingreifen, über Erweckung und Aufbrüche! Sie bereiten unsere Herzen vor, damit Gott neu kommen kann, denn **Erweckung bedeutet: Unser Gott kommt!** Da ereignet sich Gottes sichtbares Eingreifen in Zeit und Raum. Geschichte wird neu geschrieben, HIS- STORY (SEINE Geschichte mit uns)! Biografien einzelner Menschen werden radikal erneuert, aber auch das Profil ganzer Völker und Kulturen wird neu gezeichnet. Ich bin unendlich dankbar in einem Vaterland leben zu dürfen, das bisher schon

2 Im Anhang habe ich eine Fülle von Schriftstellen aufgelistet, die von ihrer Wirkungsgeschichte her, sowie von ihrem unmittelbaren Inhalt, Träger von Erweckungsbotschaften sind. Ich empfehle, diesen Exkurs durch die ganze Heilige Schrift bei passender Gelegenheit in Ruhe nachzuverfolgen.

solch ein **reiches, geistliches Erbe** von Erweckungsaufbrüchen miterleben durfte! Es gibt kaum eine Region in unserem Land, wo nicht schon einmal das Feuer Gottes brannte und sich der Heilige Geist, wie heißes Lava, ergoss (siehe auch: www.eh-tabor.de/diedeutscheerweckungsbewegung).

Die Liste **deutscher Persönlichkeiten**, die Gott in der Vergangenheit mächtig gebrauchen konnte, um erweckliches Leben hervorzubringen und somit das Angesicht unserer Welt nachhaltig positiv zu verändern, ist wirklich enorm lang: Namen wie Martin Luther, Hildegard von Bingen, Johann Sebastian Bach, Philipp Jakob Spener, Graf Nikolaus von Zinzendorf, Ludwig Hofacker, Johann Christoph Blumhardt, Friedrich von Bodelschwingh, Johann Gerhard Oncken, Dietrich Bonhoeffer, Wilhelm Busch, aber auch Personen unserer Tage, wie Ulrich Parzany oder Reinhard Bonnke um nur einige zu nennen. Im Weiteren werde ich besonders auf den Schatz der **Reformation**, sowie auf das außergewöhnliche Geschenk der **Herrnhuter Brüderbewegung** eingehen.

Die **Reformation** (1517) ist ein beispielloser Aufbruch innerhalb der Christenheit und hat das Angesicht der Kirche Jesu weltweit, aber auch die politische Landschaft, dramatisch nachhaltig verändert. Was mit der persönlichen Erweckung eines Einzelnen begann, wurde zu einem Flächenbrand innerhalb Deutschlands, in vielen Teilen Europas und später sogar in der ganzen Welt. Auch wenn wir dabei bestimmte Defizite und Einseitigkeiten nicht übersehen wollen, bleibt doch im Resümee festzustellen, dass sich durch die Reformation vor 500 Jahren ein gewaltiges Werk unseres Gottes Bahn brach.

Wie so oft, wenn Erweckungen Gottes geschehen, mussten erst **die äußeren Faktoren** die kritische Masse erreicht haben: Der moralisch-ethische Zustand von Kirche und Gesellschaft war im Mittelalter auf einen Tiefststand gesunken. Die sozialen Ungerechtigkeiten schrien zum Himmel. Das Böse zeigte überall seine hässliche Fratze. Genau solche hoffnungslosen Zeitpunkte scheinen das geeignete Klima für Gottes erneutes Eingreifen zu sein, wenn dann SEINE Kinder nach IHM rufen und IHN suchen.

Der Hunger eines **Martin Luthers** (und etlicher anderer Beter) zog Gottes Wirken magnetisch an. Zuerst schenkte Gott eine neue Offenbarung SEINER selbst: ER stellte SICH neu vor als der gnädige Gott – ***allein aus Gnade***. Dann vermittelte ER neu den Zugang – nämlich ***allein aus Glau-***

ben, und nicht aus Werken! Und das, weil Jesus Christus alles schon getan hat. Die Bedeutung des Kreuzes und der Erlösung erschienen in einem neuen Licht – ***allein Christus!*** Zudem war die Bibel, das Wort Gottes, die einzige Quelle für diese Offenbarungen – ***allein das Wort***. Dies wurden somit die reformatorischen Überzeugungen und Grundpfeiler. Absolut förderlich kamen hinzu, dass durch die Erfindung des Buchdruckes und durch die Lehrtätigkeit Luthers an der Universität unter vielen jungen Menschen sich diese neuen Gedanken rasend schnell verbreiten konnten. Die Zeit war reif, die Herzen waren reif!

Luther (1483-1546) setzte unübersehbare Zeichen: Ein Plakat mit 95 Thesen an einer Kirchentür, eine öffentliche Verbrennung römisch-katholischer Gesetzesbücher (inklusive der Bannbulle des Papstes), die Übersetzung der Bibel in die deutsche Muttersprache und die Heirat mit einer Nonne. So sieht ein Leben gegen den Strom aus, in der herrlichen Freiheit der Kinder Gottes. Die Reformation brachte nicht nur neue Gedanken hervor, sondern auch einen **neuen Lebensstil**: eine neue Kultur des Miteinanders, sogar neue Künste (Musik), sowie neue Verhaltensweisen. Das Evangelium fand Einlass in alle Gesellschaftsschichten und Aufgabenbereiche: von Pädagogik, über Ethik bis hin zur Politik, auch wenn viele die Reformation lediglich als Protest benutzten und missbrauchten. Sie waren leider nur „Protestanten" geworden und nicht wirklich „evangelisch", im Sinne der frohen Botschaft.

Die Wiederentdeckung des Evangeliums, der Guten Nachricht von Gnade und Glauben, setzte eine **neue Realität** in der unsichtbaren Welt frei. Feuerströme des Heiligen Geistes fielen vom Himmel herab und haben ein gewaltiges Fundament gegossen, auf dem heute der gesamte Leib Jesu steht. Auf einmal kann selbst der Papst in Rom segensreiche Bücher über die *Gnade durch unseren Herrn Jesus Christus* schreiben. Und auch in demokratischen Staatsformen finden evangelische Überzeugungen, wie der *freie Wille* und *die unantastbare Würde des Menschen,* Einlass in die Grundrechte.

Unglücklicherweise erkalteten viele der guten neuen Ansätze der Reformation. So erstarrten die evangelischen Kirchen schon bald wieder zu einem religiösen System. Der lebendige Organismus degenerierte zu einer Organisation, mit Machtgelüsten und Kontrollzwängen. Die ehemals verfolgte junge Glaubensbewegung wurde selber zu einer Verfolgerin von

Täufern und anderen erweckten Gläubigen, die sich nach mehr geistlichem Leben sehnten. Der Zyklus von Aufbruch und Erstarrung ging weiter.

Ecclesia semper reformanda *– die Gemeinde Jesu muss immer wieder erneuert werden!* So lautet eine alte Binsenweisheit der Kirchengeschichte (vermutlich von Jodocus van Lodenstein, 1620-1677)! Die reformatorischen Kirchen brauchten jetzt selber eine nächste Reformation. Überall fanden sich kleine Gruppen von evangelischen Mitchristen zusammen. Hungrige, Sehnsüchtige, Himmelsstürmer! Sie trafen sich in Stuben von Privathäusern, auf öffentlichen Plätzen, in Kirchen und Universitäten. Christen, die nach echtem, tiefergehendem Glauben Ausschau hielten. Der **Pietismus** war geboren (etwa ab 1675), ein neuer geistlicher Aufbruch in Deutschland. Unaufhaltsam breitete sich diese Bewegung aus und erfasste Menschen aus allen Schichten des Volkes. Vom alten Mütterchen, bis hin zu Studenten und Professoren. Selbst Adlige und Fürsten fand man in ihren Reihen wieder. So auch Nikolaus Ludwig Reichsgraf von Zinzendorf und Pottendorf (1700–1760), der in Dresden beim sächsischen König „August dem Starken" als Hofrat in Diensten stand.

Graf Nikolaus von Zinzendorf war als junger Mann mit dem Feuer des Pietismus in Berührung gekommen. Das hatte ihn erweckt und sein Leben für Jesus in Brand gesetzt. Er hörte von der Not der *böhmisch-mährischen Brüder* (Anhänger der Glaubensrichtung des tschechischen Reformators und Märtyrers Jan Hus), die sich auf der Flucht befanden. Damals durfte man nicht frei seinen Glauben wählen, sondern musste sich dem Glauben des Landesfürsten unterwerfen. Wer das nicht tat, war *vogelfrei.* Graf Nikolaus gewährte den Brüdern mit ihren Familien Zuflucht auf seinem Gut in der Oberlausitz. Einige hundert Menschen fanden dort ihr neues Zuhause, behütet vom Herrn – in *Herrnhut.* Zunehmend wuchsen die Spannungen unter der kunterbunt zusammen gewürfelten Gruppe von kulturell, ethnisch und frömmigkeitsmäßig unterschiedlich geprägten Menschen.

Der **13. August 1727** sollte dann Geschichte machen. Es kam an diesem Tag zu einer **Ausgießung des Heiligen Geistes in Herrnhut**. Nachdem die heterogene Gruppe von Flüchtlingen durch schwierige Zeiten gegangen war, erlebte die kleine Gemeinde bei einer Abendmahlsfeier eine außergewöhnliche Zeit der Nähe Gottes. Jesus erhörte ihre Gebete und goss SEINE Liebe in jedes Herz. Als Folge davon entstand die *Herrnhuter Brüder-*

gemeine, in der nun die unterschiedlichsten Menschen in Liebe, Frieden und Einheit zusammen lebten und wirkten. Ein **neues Gemeinwesen** entstand, aus der Liebe Jesu Christi geboren, das noch Jahrhunderte später einen starken Eindruck auf den Betrachter macht.

Die *Liebe zu ihrem Bräutigam Christus* verlieh der jungen Bewegung enorme Kräfte und Kreativität. Der Auftrag, diese Agape-Liebe in alle Welt hinauszutragen, wurde mit großer Leidenschaft und Hingabe umgesetzt. Hunderte von Herrnhuter Missionaren verließen das kleine, sichere Dorf und gingen buchstäblich bis an die Enden der Erde, um dort die Frohe Botschaft (manchmal unter Einsatz ihres eigenen Lebens) fremden Nationen weiterzugeben. Dieser kindlich-einfache und doch so radikale Glaube hinterließ überall Spuren des Segens. Selbst bis in europäische Königshäuser hinein, bis in die traditionellen Kirchen und bis in Wirtschaft, Pädagogik und Politik. Ihr Glaube war wie eine helle Fackel, an der sich das Leben vieler anderer Menschen neu in Liebe für Christus entzünden konnte. Andere spätere Erweckungsträger, wie *John Wesley*, der Gründer der Methodistengemeinde, und auch *Johann Gerhard Oncken*, der Gründer der deutschen Baptistengemeinden, empfingen das neue Feuer ihres Glaubens durch Begegnungen mit Herrnhutern. Ihre Liebe und ihr Eifer waren höchst infektiös.

Über einhundert Jahre lang gab es in Herrnhut eine permanente *Gebetskette* für das Anliegen der weltweiten Erweckung. Die *Losungen*, ein Büchlein mit ausgelosten Bibelversen für jeden Tag, sind noch heute in weiten Teilen des Leibes Jesu anzutreffen. Eine Vielfalt an neuen *Liedern* entstand, wie das Lied *„Herz und Herz vereint zusammen"*, sowie eine Belebung der Künste allgemein. Der *Herrnhuter Weihnachtsstern* wurde zu einem Markenzeichen bis heute; das war eine geniale Verkaufsidee und zeugt bis in unsere Tage davon, wie Glaube und Ökonomie in Herrnhut kein Widerspruch waren. Die Brüdergemeine formte *Modelle* auf allen Ebenen: Sie kam ohne hierarchische Machtstruktur aus, denn Jesus war ihr *wahrer Ältester.* Ihren Glauben praktizierten sie in *Kleingruppen,* den sogenannten *Banden und Chören. Frauen,* und ebenso auch *junge Menschen,* bekamen die Möglichkeit sich gleichwertig zu engagieren. Vielfach wurde *Symbolik* angewandt. Der leere Stuhl in den Versammlungen sollte an die Gegenwart Christi erinnern. Auf ungewöhnlich neuen Wegen drückten sie geistliche Inhalte aus. So ließ die

Dynamik des Heiligen Geistes *neue Gemeinden ihrer Prägung* in anderen Städten und Nationen entstehen. Diese junge Bewegung besaß für lange Zeit eine *einflussreiche Stimme*, die selbst noch in England und Amerika gehört wurde. Sie prägte für fast ein Jahrhundert das Angesicht der Gemeinde Jesu und gab ihr **eine besondere Farbe und Klang**.

Wenn wir heute die alten ehrwürdigen Gebäude in Herrnhut betreten, dann scheint die Zeit still zu stehen und alles ruft nach einer neuen Erweckung. So ist es immer weitergegangen. So wird es immer weitergehen, bis unser geliebter Jesus wieder da ist. Aufbruch und Erstarrung, bis auf den heutigen Tag ... Baptisten, Methodisten, Gnadauer Gemeinschaftsbewegung, Pfingstbewegung, charismatische Bewegung, evangelikale Bewegung, Jesus People, Vinyard, Willow Creek, Toronto, Pensacola, Redding ...

Die erwecklichen Aufbrüche der letzten 500 Jahre haben uns ein neues Bild von Gott gezeichnet. Die Reformation ließ das Kreuz neu aufstrahlen. Der Pietismus und die Herrnhuter zeigten uns, wie wir Jesus von Herzen lieben und nachfolgen können. Wir bekamen eine neue Liebe zu Jesus. Die Freikirchen lehrten uns dann das Geschenk der Gemeinde und Jüngerschaft. Die Pfingstbewegung öffnete uns eine neue Tür für die Realität des Heiligen Geistes. **Und jetzt ist der Vater dran! Jetzt ist die Vater-Zeit fürs Vaterland angebrochen!**

Vor einiger Zeit besuchten meine Frau Karin und ich die wunderschöne bayrische **Stadt Passau**. Sie wird auch die „Dreiflüssestadt" genannt, denn hier fließen Donau, Inn und Ilz zusammen. Als wir dort waren, sahen wir noch die Spuren, die das letzte Hochwasser hinterlassen hatte. Die Altstadt war Land unter, denn die drei Flüsse führten gewaltige Wasserfluten mit sich. Als die Wasser zusammenflossen, entstand eine große Überschwemmung. Dieses Bild hat mich nicht mehr losgelassen. Deutschland – das Land der drei Ströme: **Vater, Sohn und Heiliger Geist.** Wo diese drei Offenbarungen des Wesens Gottes zusammenfließen, entsteht eine wunderbare göttliche Flutwelle. Nicht zerstörerisch, sondern aufbauend, heilsam und rettend. Eine Erweckungs-Überschwemmung für unser Land!

Deine Gedanken und Impulse ...

1.5 Endlich daheim!

Erweckung – dafür bin ich geboren worden!

Für mich schließt sich hier der Kreis. Gerne erzähle ich etwas ausführlicher von meiner Geschichte.

Ich bin in einer evangelikalen, bibelgläubig-konservativen Baptistengemeinde aufgewachsen und habe als Teenager mein Leben **Jesus** bewusst anvertraut. Dem Jesus, den ich seit meiner Kindheit bereits von Zuhause her kannte und mit dem ich schon viele Erfahrungen von klein auf gemacht hatte. Doch als junger Mensch in der Pubertät sah Glaubensnachfolge ganz anders aus. Anfänglich war ich doch sehr hin und hergerissen zwischen Herz und Verstand. Viele Zweifel plagten mich und ich führte ein ziemlich armseliges Christendasein. Dennoch war stets ein Hunger nach Echtheit in mir. Es muss MEHR geben – davon war ich überzeugt. Aber ich kam da nicht dran, so sehr ich mich auch anstrengte.

Eines Sonntags nach dem Gottesdienst schaute ich beim Büchertisch unserer kleinen Gemeinde vorbei – und da lag es. Dieses poppig orangefarbige Buch ***Der Jesus People Report.*** Anton Schulte, ein damals bekannter deutscher Evangelist, war in die USA gereist, um sich selber ein Bild von der neuen Erweckung unter Hippies und jungen Leuten (genannt die *Jesus People*) zu machen. Das war nun sein Report. Ein lebendiger Augenzeugenbericht mit Schwarz-Weiß-Fotos von Massentaufen im Pazifik, von jungen Menschen, die leidenschaftlich Gott anbeteten, von fremden Gesichtern, auf denen ein besonderer Glanz zu sehen war. Ich konnte damals das Buch nicht mehr aus der Hand legen. Ich kaufte es und nahm es mit nach Hause. Wie ein Kleinod hielt ich es in meinen Händen. Immer und immer wieder musste ich mir die Erfahrungsberichte durchlesen und schaute mir die Fotos an. Ich verstand nicht genau, was da in mir ablief und passierte. Ich kam mir vor, wie ein kleiner Junge, der staunend mit offenem Mund vor den Schaufensterauslagen eines Süßwarengeschäftes steht und seinen Blick von all den Herrlichkeiten nicht mehr abwenden kann. In mir brach eine Sehnsucht auf. Eine Stimme sagte in mir: *„Dafür bist Du geboren worden! Dafür solltest Du ins Leben kommen! Das gehört zu Dir! Diese Realität ist Dein Lebensraum und nichts anderes!“*

Der Hunger nach Gott wurde so stark in mir, dass ich zu suchen begann – ich suchte nach MEHR von IHM! Da wurde ich bei den *Charismatikern* fündig. Ich lernte durch Lobpreis und Anbetung die Gegenwart Gottes schätzen und lieben. Ich lernte SEINE Stimme zu hören und öffnete mein Herz für das Wirken des **Heiligen Geistes**. Im Missionswerk *Jesus-Center* und in den charismatischen Gottesdiensten der *Petri Kirche* in Hamburg ging ich meine ersten Schritte in der neuen Freiheit. Es fühlte sich fantastisch an. Ich erlebte Wunder als Folge von Gebet und Vertrauen. Jede Woche sah ich Menschen zu Jesus kommen. Heute noch schaue ich dankbar und begeistert auf diese Phase meines Lebens.

Nach Theologiestudium und Heirat wurde Hannover unser neues Zuhause. Und auch dort erlebten meine Frau Karin und ich eine Menge erweckliches Leben. Zuerst in der Baptistengemeinde, wo wir sieben Jahre als *Pastorenehepaar* hauptsächlich für die junge Gemeinde zuständig waren. Aber auch durch missionarische Dienste in unserer Stadt sahen wir Hunderte von jungen Menschen verändert unter der Kraft des Heiligen Geistes, verrückt-verliebt in Jesus. Es machte solche Freude, diese *Josua-Generation* zu Jüngern zu machen und alles an sie weiterzugeben, was wir selber gerade gelernt und empfangen hatten.

Dann erreichte uns Anfang der Neunziger Jahre die *Gemeindegründungswelle*, die mächtig durch unser Land schwappte und auch uns weiter hinaus aufs offene Meer des Vertrauens trug. Wir begannen in unserem Wohnzimmer mit einer Hand voll Menschen eine neue Gemeinde aufzubauen: die *Ichthys-Gemeinde.* Wir ahnten damals nicht, dass es weitere einundzwanzig Jahre dauern sollte, bis wir die Leitung der Gemeinde an die nächste Generation übergeben würden. In diesen Jahren durchlebten wir viele Aufs und Abs. Aus einer kleinen Pioniereinheit erwuchs eine größere Gemeindefamilie mit über 250 erwachsenen Personen (plus Kindern) und vielen zusätzlichen Gottesdienstbesuchern. Gottes Geist vernetzte uns übernatürlich mit **erwecklichen Aufbrüchen in aller Welt**: England, Argentinien, Toronto, Pensacola, Redding, und auch in Deutschland. Wenn ich mich zurückerinnere, dann kann ich nur staunen und jubeln. Wie viele Männer und Frauen, Träger vom Erweckungsfeuer, haben segnend ihre Hände auf mich gelegt?! Der Vater hat wirklich ein großes Interesse, dass unser Leben an SEINEN Quellen angeschlossen ist und bleibt.

Trotzdem erwischte es mich kalt kurz nach der Jahrtausendwende. Ich fand mich mitten in einer tiefen Lebenskrise und im Burn-out wieder. Ja, und da kam **Abba-Papa** zu mir. Aber diesen Teil der Geschichte habe ich ja bereits erzählt. Und seitdem lebe ich in dieser herrlichen Offenbarung SEINER Liebe Tag für Tag, mehr und mehr. Ich bin nach Hause gekommen. **Endlich daheim!**

Ich bin am Ziel angekommen und doch noch unterwegs. Die Offenbarung der Vaterliebe Gottes hat die Dynamik, die Kraft und das Potenzial ganze Nationen zu verwandeln. Einzelne Menschen und Tausende zugleich können berührt und verändert werden durch die Macht dieser Liebe. **Eine Erweckung der Herzen** – ich habe die zarten Anfänge schon gesehen und geschmeckt. Ich durfte dabei sein, wie sich der Mantel der Vaterliebe auf große Versammlungen legte und in einem Augenblick des Himmels Hunderte von Menschen heilsam berührte. Ich bin Augenzeuge, wie hoffnungslose Lebenssituationen nur durch eine Berührung mit IHM völlig umgedreht wurden. ER macht Wege, wo keine Wege sind!

Ich möchte wie Josua und Kaleb sein, und Dir den Mund wässrig machen auf das gute und gelobte Land, das vor uns liegt. Ich will Dir auf den folgenden Seiten die unglaublich herrlichen Früchte des verheißenen Landes vor Augen führen und vorstellen. Sie schmecken fantastisch, himmlisch, gut!

Deine Gedanken und Impulse …

Teil II: Fundamente

Zunächst lade ich Dich ein, einen Blick auf die Fundamente unseres Glaubenshauses zu werfen. In der herrlichen Offenbarung von der Vaterliebe Gottes können wir alte und neue Schätze bergen. Auf diesen Fundamenten, auf diesen Grundwahrheiten, beruht die **Abba-Kultur**, von der ich in meinem Buch berichte.

2.1 Die Namen Gottes

Es lassen sich über 365 Namen **Gottes** in der Bibel finden. Titel und Bezeichnungen, mit denen sich Gottes Wesen und Person vor unseren Augen in allen Facetten SEINER Herrlichkeit entfaltet: Der *gute Hirte*, unser *König,* der *Ewige und Allmächtige.* Dabei steht der Name **Jesus Christus** absolut im Mittelpunkt. *Jesus* ist der höchste Name! Er überragt alle anderen Namen. Es ist den Menschen kein anderer Name von Gott gegeben worden, als nur dieser Name *Jesus*, um Heil und Erlösung zu finden *(Apostelgeschichte 2,21+4,12). Jesus* bedeutet *„Retter, Helfer"* und *„Christus"* weist hin auf die Quelle SEINER Macht. ER ist der *„Messias"*, „der (mit dem heiligen Geist Gottes) *Gesalbte"*.

Im Alten Testament stellt sich Gott mit dem Namen **Jahwe** vor. Über 7000 Mal steht dieser Name geschrieben. Lange wussten wir nicht, wie er ausgesprochen wird, beziehungsweise welche Bedeutung ihm innewohnt. Als *Jehova* wurde er fälschlich rekonstruiert und mit *„HERR"* übersetzt, oder *„ich bin, der ich bin"*. Heutige Sprachforschungen bringen ans Licht, dass dies nur eine unzureichende Übersetzung und Deutung des Gottesnamens ist. Wir wissen jetzt, dass sich der Name *Jahwe* von dem hebräischen Wortstamm für *„Leben"* ableitet.[3] Mit anderen Worten: „ICH ***lebe*** für dich und

3 Siehe Artikel: JHWH (Wikipedia)

ICH schwöre Dir: ICH bin für Dich da mit meinem ganzen ***Leben!*** *"* – dies wäre eine genauere Wiedergabe und Umschreibung von *Jahwe*. Das klingt ähnlich wie **Immanuel** – Gott mit uns und für uns. in weiterer Gottesname, der eine Brücke zwischen Altem und Neuem Bund schlägt *(Jesaja 7,14+15; Matthäus 2,23)*.

Im Neuen Testament offenbart uns *Jesus Christus*, Gott als liebenden *Vater*. ER nennt IHN SEINEN **Abba** – *„lieben Papa"!* Auch wir dürfen *Abba-Vater* zu Gott sagen. Dieser Name steht für Vertrautheit, Geborgenheit und Herzensbeziehung. Kein Wunder, dass dieser Name in religiösen Strukturen und Systemen so lange übersehen werden konnte. Gott als *Papa* zu bezeichnen provozierte schon vor 2000 Jahren. Es war schlimm genug für die Pharisäer, dass *Jesus* Gott als *Vater* bezeichnete. Aber noch lästerlicher klang es in ihren Ohren, dass ER SICH selber *Gottes Sohn* nannte.

Wenn ich mich heute unter Christen umschaue, dann entdecke ich eine große Anzahl von Leuten, die in ihrer Nachfolge eine *HERR-Gott-Beziehung* leben. Der Name *HERR* ist ein juristischer Begriff und macht deutlich, dass *Jesus* mein *Herr* geworden ist und ich zu IHM gehöre (das ist Religion). Aber *Abba* ist ein Beziehungswort (das ist Relation)! Wie sprechen wir Gott an? Welcher Name ist für uns der Zugang zu IHM? Das Sprichwort sagt: „nomen est omen" – Namen sind Zeichen und weisen den Weg. Unsere Sprache verrät uns. Es ist ein gewaltiger Unterschied, ob ich Gott als strafenden *Richter* sehe, der auf meine Fehler achtet und mich zurechtweisen wird; oder ob ich IHN als meinen *Freund und liebenden Papa* alle Zeit vor Augen habe. Die Namen, mit denen wir Gott ansprechen, spiegeln unsere **Gottesbeziehung** wieder.

Namen sind enorm wichtig, wenn wir miteinander kommunizieren möchten und Beziehungen aufbauen wollen. Erst wenn ich weiß, wie jemand heißt, kann ich ihn ansprechen, so dass er sich auch wirklich **persönlich** angesprochen fühlt. Ohne diese Information rufen wir lediglich in eine Menschenmenge *Hey* hinein und hoffen, dass sich der Passende schon umdreht und zu erkennen gibt. Namen sind wie **Schlüssel**, Zugangscodes oder Passwörter. Ohne sie kommen wir einfach nicht weiter. Selbst in Märchen und Mythologien finden wir Hinweise auf die Bedeutung von Namen. Was und wen ich benennen kann, den kann ich auch erreichen. Anrede und Bezeichnung geben Auskunft darüber, in welchem Verhältnis wir zueinander stehen. Namen zeigen Nähe oder Distanz an. Wie heißt es so schön in einem Schlager von Marianne Rosenberg: „Er gehört zu mir, wie mein Name an der Tür!"

Aber nicht nur wir rufen Gott mit SEINEN Namen an, auch ER verleiht uns verschiedene Namen. In der Bibel finden wir eine Fülle von Begriffen, mit denen Gott SEINE Leute anspricht. Hier sehen wir einen breiten Ausschnitt der **Namen für Gottes Kinder**: *Liebling, Viel-Geliebter, geliebter Sohn, geliebte Tochter, tapferer Held, Freund, Freundin, Begehrte, Verlobte, die Schönste, Braut, Makellose, Erwählter, Erlöster, Gerechter, Schoßkind, Mann nach Gottes Herzen, Augapfel, Kostbarer, Schatz, Gottes Eigentum, Perle, Krone, Juwel, Königskind, Heiliger, Berufener,* Überwinder, Sieger, Erbe, *Botschafter an Christi statt, Gottes Familie, Himmelsbürger, auserwählte Generation, heiliges Volk, königliches Priestertum, Leib Jesu, Tempel und Wohnung Gottes, Licht der Welt, Salz der Erde, Stern, neue Schöpfung, Vertrauter, Versöhnte, Haushalter der Gnade Gottes, Gottes Mitarbeiter, Überreich-Gesegnete, Friedensbringer, Freudenbote, Befreiter Mensch, Getröstete, Teuer-Erkaufte, Vollkommene, Herrlichkeitsträger, Segen, Wohlgefallen Gottes, Gedanke Gottes, im Leben herrschend, von Gottes Herzen erkannt …*

Oftmals vergab Gott sogar **neue Namen** mit prophetischer Aussagekraft. Aus einem *Abram (dem erhabenen Vater)* machte ER einen *Abraham (einen Vater vieler Völker),* aus einem *Jakob (dem Listigen)* wurde *Israel (der göttliche Fürst, der mit Gott gekämpft hat!),* und aus Petrus *(dem wankelmütigen Stein)* machte ER einen *Petra-Mann (einen Felsen-Mensch)!*

Welche Namen gibt Gott wohl Dir? Wie spricht ER Dich an? Was bringt Er damit in eurer Beziehung persönlich zum Ausdruck? Was will ER Dir damit zeigen?

In der *Vaterherz-Bewegung* gehört das zum felsenfesten Fundament unserer neu geschenkten Gottesbeziehung. Wir lernen Gott neu zu sehen und zu entdecken, als liebenden Abba-Papa, der **nur gute Gedanken** über uns hat. Gerne geben wir Hilfestellung, mit neuen Namen von Gott beschenkt zu werden und selber neue Zugänge zu SEINEM und unseren eigenen Herzen zu finden. Manchmal machen wir ein kleines interaktives Spiel mit unseren Seminarteilnehmern. Jeder bekommt ein leeres Blatt Papier mit Tesafilm auf den Rücken geklebt, sowie einen bunten Filzer in die Hand gedrückt. Die Aufgabenstellung ist wie folgt: Jeder soll in sich hineinhören, welche Namen der Vater im Himmel für SEINE Kinder hier im Raum hat. Dann wird die Gruppe aufeinander „losgelassen“. Für Minuten entsteht ein buntes Durcheinander, wenn jeder bei seinem Nebenmann mit bunten Filzstiften etwas auf den Rücken zu schreiben versucht. In der Regel macht das allen Spaß und erscheint ein bisschen wie Kindergartenatmosphäre. Umso erstaunlicher sind dann oftmals die Resultate, wenn jeder seinen eigenen Zettel mit all den wunderschönen Namen in Händen hält. Ich habe in all den Jahren noch nie erlebt, dass da anschließend irgendein negativer Name auf den Zetteln aufgetaucht wäre, wie etwa *Versager, der mit den zwei linken Händen, Mr. Peinlich* oder *Vollidiot.* Stattdessen sind die Zettel gefüllt mit wunderbaren Zusagen und Aussagen, die zudem noch sehr oft eine hohe prophetische Trefferquote besitzen (dabei war das Ganze doch nur ein Spiel, oder?!). Kaum zu glauben, so sieht mich also Gott?! Ist das wirklich wahr, ist ER so nett und liebevoll? Denkt ER all das Gute über mich?

Die Antwort lautet uneingeschränkt: JA!!!

Deine Gedanken und Impulse …

2.2 Abba-Papa

Gott ist zutiefst mein und unser liebender Papa! Ich kann es nicht oft genug wiederholen, denn zu viele Menschen tragen immer noch ein ganz anderes, **gruseliges Gottesbild** in ihrem Innersten. Nämlich den Gott der Strafe und des Gerichtes, ein willkürlicher Despot, ein pingeliger Strafvollzugsbeamter, ein ferner abwesender Vielbeschäftigter, ein schweigender Kaltherziger. Aber so ist unser Abba ganz und gar nicht! Hörst Du bitte! Der Ewig-Vater *(Jesaja 9,6)* ist ein Super-Daddy, wie ihn die Welt noch nicht gesehen hat; der sich um uns kümmert; der unsere Haare zählt; der echtes Interesse an uns hat; uns versorgt, beschützt und gerne Zeit mit uns verbringt. **Der allerbeste Papa auf der ganzen Welt!**

Um Gott so sehen zu können, dazu brauchen wir eine **Offenbarung** des Himmels. Das schafft man nicht aus eigener Anstrengung und Willenskraft. Da stehen einem zu viele Hindernisse im Weg: Die Defizite und Vaterwunden der eigenen Biografie, falsche theologische Lehrgebäude und womöglich Versagensängste, Scham und Minderwertigkeitsgefühle, oder gar Stolz und Rebellion.

Ich bin fasziniert, Woche für Woche miterleben zu dürfen, wie sich der Vater SEINEN Kindern aufs Neue vorstellt. ER kommt so liebevoll und so individuell. ER holt jeden da ab, wo sich die Person gerade befindet, sich verlaufen hat oder feststeckt. Ich liebe es, wie ER die Herzen mit SEINER Charmeoffensive zurückerobert. Meistens sind es die **Kleinigkeiten des Lebens**, die dann den gewissen Unterschied ausmachen. Wie oft habe ich es miterlebt, dass jemand im Team genau das innere Bild hat, oder das passende Bibelwort, den Zuspruch mit den exakten Worten, die unsere verwundete Seele hören muss. Maßgeschneiderte Unikate des Himmels, geboren aus der Liebe des Vaterherzens. So kann NUR EINER lieben – unser Abba!

Diese neue **Abba-Frömmigkeit** zeichnet sich aus durch Nähe, Vertrauen und abgrundtiefe Liebe zu Gott. Manche denken leider irrtümlich, man müsse nur die richtigen Vokabeln beim Gebet benutzen, also viel „Vater“ sagen, oder noch besser „Papa“, statt „Jesus“ – das würde dann den Unterschied machen. So ein Quatsch! Nicht überall, wo „Vater“ drauf steht, ist wirklich *Abba-Papa* drin. Alles kann zu einer Modeerscheinung verkommen oder für seelische Bedürfnisse missbraucht werden, so auch die Vaterliebe.

Kennst Du Gott als Deinen liebenden Abba-Papa? Das ist die entscheidende Frage! Lebst Du in dieser Realität SEINER Vaterliebe? Denn darauf baut sich alles Folgende auf. Abba-Vater will der Felsen und das Fundament sein für das Haus unseres Lebens!

Deine Gedanken und Impulse ...

2.3 Das Kreuz in einem neuen Licht

Ein altes Kirchenlied besingt: „Welch ein Freund ist unser Jesus?!" Ja, Jesus ist unser Freund, aber beim Vater hört für viele Christen die Freundschaft mit Gott auf. Unbemerkt hat sich **ein Systemfehler** in die Theologie eingeschlichen, wie ein Trojaner, wie ein Computervirus. Der falsche Gedankengang sieht so aus: Jesus ist unser Freund und Fürsprecher; aber der Vater muss ein „harter Brocken" sein. War es nicht der Vater, der in seinem Zorn nach Strafe verlangt? Und was für ein Vater muss das sein, der so erpicht ist auf seine Ehre, dass er bereit ist, das Liebste was er hat, nämlich seinen Erstgeborenen, für die Fehler und Sünden der kleinen Geschwister zu züchtigen? Ja, noch mehr, der Vater verlangt dessen Todesstrafe? Ist das nicht irgendwie ungerecht? Und als der Sohn dann sogar die Strafe auf sich nimmt, lässt der Vater ihn alleine am Kreuz sterben und geht weg. Mal ganz ehrlich, wenn es nicht gerade Gott-Vater wäre, über den wir hier sprechen: In jedem Kinofilm würden wir Partei ergreifen gegen solch einen sturen Dickkopf von kaltherzigem Vater, der anscheinend nur interessiert ist an seinen eigenen Gesetzen und Maßstäben.

Und da liegt die Krux, denn Abba-Vater ist ganz und gar nicht so! ER hat **ein Herz voller Liebe und Annahme für SEINE Kinder**; und Er liebt vor allem SEINEN Sohn Jesus! Im *Johannesevangelium 3,16* steht wohl der bekannteste Bibelvers im Neuen Testament: *„Denn so sehr hat Gott (der Vater)* ***die Welt geliebt****, dass ER SEINEN eingeborenen Sohn (Jesus Christus) gab, damit jeder, der an IHN (Jesus) glaubt, nicht verlorengeht, sondern ewiges Leben hat!"* Und Paulus formuliert es im *2. Korinther 5,19* mit den Worten: *„... Gott (der Vater)* ***war in Christus*** *und* ***versöhnte die Welt mit sich selbst,*** *indem ER ihnen ihre Sünde nicht anrechnete ...".* Abba-Vater und Jesus haben gemeinsam die Welt gerettet! Der Vater riss SICH SEIN Herz heraus – das ist Jesus, und opferte SEIN Innerstes am Kreuz, um alle Kinder Gottes nach Hause zu holen – das sind wir!

Sehr lange habe ich **das Kreuz Jesu falsch verstanden**. Ich sah darin zuerst das Schafott eines nach Gerechtigkeit und Recht lechzenden *Richter-Gottes*. Ja, und dieses Gottesbild passt wirklich nicht zu einem *Freund und Papa*. Ich sah Jesus am Kreuz hängen, mit all meiner Sünde auf ihm drauf, und der Blitz des Zornes Gottes trifft IHN im Gericht. ER stirbt den Tod an meiner Stelle, den ich in Gottes Augen verdient hätte. So wird der Gerechtigkeit des Vaters Genüge geleistet und ich komme mit dem Leben davon. Bei aller Freude über meine Errettung blieb immer ein fader Nachgeschmack. Mein Dank gehörte zwar Jesus; ich war begnadigt und frei. Aber mein Bild vom Vater-Gott war ziemlich gestört. Dem Zorn dieses Gottes, der nicht mal vor Jesus halt macht, wollte ich keinen Augenblick ausgesetzt sein. Das erschien mir wie eine tickende Zeitbombe. Verstehst Du, was ich meine? Aber genau diese Gefühlsgemengelage herrscht in vielen Christen vor. Jesus, ja! – Aber beim Vater weiß man nie so genau, woran man ist!

Durch die Abba-Offenbarung fällt – Gott sei Dank – auch **ein neues Licht auf das Kreuz** von Golgatha. Der dreieinige wunderbare Gott – Vater und Sohn und Heiliger Geist – hat gemeinsam diesen Rettungsplan für uns, SEINE Kinder, ersonnen und durchgeführt unter Einsatz aller himmlischen Kräfte. Es stimmt, dass Jesus Christus durch SEINEN stellvertretenden Opfertod, Gottes Heiligkeit und Ehre, ja die göttliche Ordnung in der Himmelswelt, wieder hergestellt hat. Aber zuerst ging es unserem **Immanuel** um uns, so sehr hat ER *die Welt* geliebt! Das Kreuz ist die konzertierte Rettungsaktion der Trinität für eine tödlich an Sünde erkrankte Menschheit! Der Vater reißt SICH SEIN Herz, Jesus Christus, heraus. **Jesus ist die Verkörperung der Vaterliebe Gottes in Person**. ER mischt SICH ein unter SEINE Menschenkinder, wird zum Verwechseln ähnlich, wird ein Mensch aus Fleisch und Blut, in allem uns gleich und versuchbar, so wie wir – und doch lebt Jesus vollkommen anders als die sündhaft-kranke Welt. ER ruht in der Liebe des Vaters. ER ist frei von Misstrauen und Rebellion gegen SEINEN Abba. ER lebt aus einer anderen Quelle.

Das Kreuz ist das große Pluszeichen der Liebe Gottes. Dort findet mehr statt als ein Strafgericht. Hier wird eine überfällige Notoperation durchgeführt. Gottes Zorn schneidet wie ein scharfes Skalpell. Der Vater musste verletzen, um den Patienten zu retten. ER will nicht Dich und mich zerstören, sondern ER meint das Krebsgeschwür der Sünde, das die Menschheit befallen hat. SEIN Zorn gilt der Macht der Sünde, die SEINE Kinder vernichten will. SEIN Zorn gilt nicht SEINEN Geliebten. Das kostbare Blut Jesu ist die einzige Medizin, die uns retten kann. SEIN Blut dient als Antiserum, zur **Rettung und Heilung der todkranken Welt**. Dabei sind alle drei, Vater, Sohn und Heiliger Geist, voll im Einsatz, aus Liebe für uns. Der

Vater lässt Jesus nicht allein am Kreuz verbluten und wendet sich angeekelt ab. Das ist ein falscher Eindruck. ER war die ganze Zeit mit dabei! Auch wenn Jesus in SEINER Menschlichkeit die gefühlte Gottesferne damals durchleiden musste und schrie: „Mein Gott, mein Gott, warum hast Du mich verlassen?!" Jesus fühlte als Mensch nur das, was wir in unseren Nöten gleichermaßen durchleben, wenn wir in unseren Dunkelheiten auch nichts mehr spüren können von der Nähe Gottes. Dennoch gilt: Abba ist da. ER geht niemals von uns fort. ER ist und bleibt der Immanuel. Papa hat immer einen Ausweg und ist stärker als alles. ER ist stärker als der Tod. Derselbe Geist der Christus von den Toten auferweckt hat, der lebt nun in uns!

Das Kreuz ist die Tür zum Vaterhaus der Liebe Gottes. Ein paar Männer aus dem TST haben einmal solch eine *Kreuz*tür, durch die man hindurchgehen kann, aus Hölzern und Tüchern selber gebaut. Wir setzen dieses Portal der Vaterliebe gelegentlich bei Konferenzen als symbolhafte Demonstration ein. Es ist herrlich mit anzusehen, wenn es dann Stau vor dem Kreuz gibt. Wenn Menschenschlangen darauf warten, einzeln durchs Kreuz eintreten zu dürfen, in einen vorbereiteten Raum der Liebe des Vaters, wo ein gedeckter Tisch mit Abendmahl auf sie wartet. Es lohnt sich hereinzukommen und nicht mehr länger draußen vor der Tür stehen zu bleiben!

Das gilt auch für Dich in diesem Augenblick! Empfange die Realität des Kreuzes im neuen Licht der Vaterliebe Gottes! Vielleicht magst Du ja auch zeichenhaft durch eine Tür eintreten und Dir dabei bewusst machen: Ich lebe jetzt im Vaterhaus SEINER Liebe – und nichts und niemand wird mich jemals dort wieder hinausbringen!

Deine Gedanken und Impulse …

2.4 Ruach – die mütterliche Seite Gottes

Im Vaterherzen Gottes steckt auch ganz viel **Mütterliches**. Gott ist Geist und nicht Mensch. ER ist weder Mann noch Frau. ER hat keine Sexualität im menschlichen Sinne, wohl aber maskuline und feminine Züge in SEINEM Wesen. So ist die „dritte Person der Trinität" – der **Heilige Geist** – feminin (es müsste eigentlich folgerichtig heißen: „die Heilige Geist", was aber in unserer Sprache nicht geht). Das Wort für *Geist Gottes* im hebräischen **„Ruach"** ist nämlich weiblich. Gottes Lebensatem ist Hervorbringerin aller Lebensformen. Unser Abba-Vater vereinigt in sich ebenso feminine Anteile, wie Trost, Zärtlichkeit, Empfindsamkeit, Sanftmut und Wärme. In ähnlicher Weise benennt Jesus den Heiligen Geist in SEINEN Abschiedsworten in Johannes 14–17 als ***Paraklet***, was wir übersetzen können mit „Freundesbeistand, Tröster, Ermutiger!

Oft werde ich von Teilnehmern in unseren Seminaren gefragt, warum wir dann aber *Vater* zu Gott sagen sollen, wenn ER auch Mütterliches in SICH trägt. Ich glaube, dass Gott in SEINER grenzenlosen Weisheit wusste, dass nach dem Sündenfall unserer kranken Welt mehr Väterlichkeit fehlen würde, als Mütterliches. Damit wir uns richtig verstehen, diese Welt braucht **Väter und Mütter** gleichermaßen. Und dennoch ist das Defizit auf Seiten der Vaterlosigkeit gravierender und globaler, als das Fehlen von Müttern in traurigen Einzelfällen. So hat SICH Gott entschieden, dass wir einen *Ewig-Vater* brauchen und in IHM haben werden. Doch wenn wir diesen Vater näher kennenlernen und betrachten, werden wir auch sehr viele mütterliche Aspekte bei IHM wiederfinden. So malt uns Jesus in Lukas 15 einen Vater vor Augen, der **beide Seiten in SICH vereint**: Die Autorität und Stärke eines Vaters, aber auch die Barmherzigkeit und Annahme einer Mutter.

Diese Offenbarung ist eine weitere Grundlage für die Abba-Kultur. Sie eröffnet einen neuen Blickwinkel auf Gott als Person, aber auch auf **unser Miteinander von Frauen und Männern**. Leider zeigen 2000 Jahre Kirchengeschichte nur wenig davon, wie Abba sich das ursprünglich gedacht hat: *„... da ist weder Mann noch Frau, sondern ihr seid alle eins in Christus!" (Galater 3,28)*. Von der Revolution der Liebe, wie sie zu Pfingsten stattfand, blieb im Laufe der Jahrhunderte wenig übrig. Wir lesen in der Bibel, dass der

Heilige Geist auf Männer und Frauen in gleicher Weise fiel. (Ich sage immer, es gab keine *hellblauen* und *pinken* Flammen zu Pfingsten, sondern nur *rote.*) In der Urgemeinde bauten Frauen und Männer Seite an Seite das Reich Gottes. Das war für die damalige Zeit revolutionär und einzigartig!

Aber davon ist leider herzlich wenig übrig geblieben. Erst langsam kommen Frauen wieder in ihre Berufung und Stellung im Reich Gottes hinein. (Wir sehen ähnliche Entwicklungen überall in der Gesellschaft.) Zu lange waren sie unterdrückt worden oder haben sich in Gleichstellungskriege mit Männern verwickeln lassen. Meine Meinung ist, dass weder *patriarchische Strukturen* noch *Emanzipation* unserem Abba wirklich gefallen. Männer und Frauen sind anders und sollen das auch sein dürfen! Abba hat **Töchter und Söhne** hervorgebracht aus SEINER Liebe. Beide Geschlechter haben Gaben und Grenzen und brauchen einander in der Ergänzung. So wie auch Gottes Wesen erst vollkommen ist, wenn wir beide Seiten Gottes – das Väterliche und das Mütterliche – miteinander in Einklang bringen.

Wer auf diesem Fundament baut, der schafft Raum für ein gesegnetes Miteinander in der Familie Gottes. **Das WIR gewinnt!** In der Vaterherzbewegung haben sehr viele Frauen in ihre Bestimmung hineinfinden können und ihren Platz eingenommen. Aber auch sehr viele Männer! Ohne dabei in Konkurrenz zu verfallen. Unsere Teams leben davon, dass wir gemeinsam Menschen mit der Liebe von Abba umarmen und segnen. In der Regel: Frau zu Frau und Mann zu Mann. Aber oftmals braucht es die Umarmung einer Vaterfigur oder einer Mutterfigur, je nach Lebensgeschichte – und da ist es solch ein Geschenk, dass wir **miteinander unterwegs** sind!

Deine Gedanken und Impulse …

2.5 Herzen – das Erkennungszeichen

Wer mich kennt, der kennt auch **mein rotes Plüschherz**. Ich liebe Herzen! Mittlerweile in jeder Form und in verschiedener Ausführung. Das war aber nicht immer so gewesen. Nachdem mir der Vater neu begegnet war, erinnerte ER mich eines Tages an ein rotes Plüschherz, das mir jemand zum Geburtstag geschenkt hatte. Wie ich damals aber fand, gehörte das eher in die Kategorie *peinlich*. Und so ließ ich das Ding irgendwo in der Versenkung verschwinden. Doch nun ermutigte mich der Vater, dieses Stoffherz hervorzukramen und damit für Menschen zu beten. Hatte ER keine andere Art, mich als Mann zu demütigen? Ich vertraute IHM dennoch und ließ mich auf diese verrückte Aktion ein. Was ich da nun erlebte, sprengte meinen kleinen Horizont. Jedes Mal, wenn ich das Plüschherz jemandem sanft auf die Brust legte, und damit auf sein physisches Herz, konnte ich in meinem Herzen die Gedanken und Gefühle dieser Person, aber auch die Gedanken und Gefühle aus dem Herzen von Abba wahrnehmen. Wie durch ein Dreieck verbunden, durchlebte ich für einen kurzen Moment die Herzensregungen beider Seiten und durfte Kanal sein, damit Abbas Liebe Menschenherzen erreicht. Diese *Gabe der Herzensschau* war mir bis dahin vollkommen unbekannt. Eigentlich hätte ich beim Bibellesen schon eher darauf kommen können, denn Gott wird uns mehrmals als **Herzenskenner** vorgestellt: *Apostelgeschichte 1,24+15,8 / Römer 8,27 / Psalm 139,1+2.*

Viele Menschen kennen leider nur einen *herzlosen Herr-Gott*. Aber unser Abba besitzt ein **weiches Herz** voller Liebe für SEINE Menschenkinder. So flauschig weich wie mein Plüschherz. Deshalb ist dieses rote Stoffding für mich (und viele andere) zu einem Symbol der Vaterliebe Gottes geworden. SEIN Vaterherz, aber auch das menschliche Herz, haben höchste Priorität. Den Schlüsselbibelvers dazu finden wir in *Sprüche 4,23: „Mehr als alles andere behüte dein Herz; denn von ihm geht das Leben aus!“* Das Wort Gottes spricht an Hunderten von Stellen über die diversen Herzenszustände der Menschen. Gott ist es enorm wichtig, wie es unseren Herzen geht. Bei IHM ist Herz Trumpf!

Die roten Stoffherzen gehören mittlerweile irgendwie zur Abba-Kultur. Wo wir als Teams auch hinkommen, bringen wir die roten Teile mit und beten damit für Menschen. Sehr, sehr viele haben auf diese Art und

Weise einen neuen Zugang zum Herzen unseres himmlischen Vaters gefunden, aber auch zu ihrem eigenen. Das geschieht nun überall auf der Welt. So auch in Argentinien.

Wir waren als Team eingeladen in einer großen Gemeinde in La Plata, mehr von der Liebe des Vaters zu berichten und weiterzugeben. Ein Jahr zuvor waren wir bereits schon einmal dort gewesen. Unsere roten Stoffherzen mussten Eindruck hinterlassen haben. Als wir dieses Mal wiederkamen, hatten die Geschwister 1000 rote Herzen genäht. Damit gingen wir in die Innenstadt. Immer noch sehe ich vor meinem inneren Auge den riesigen Platz, gefüllt mit etwa 2000 Christen und nochmal so vielen Zuschauern. Passanten standen umher und beobachteten aufmerksam, was da geschah. Ein Fest der Liebe des Vaters, bunt und lebendig. Dann führten die 2000 Christen einen Flashmob-Tanz auf, den sie einstudiert hatten. Am Schluss warfen sie die 1000 roten Herzen in den blauen Himmel und verschenkten sie anschließend als Zeichen der großen Liebe Gottes an die Zuschauer. Viele kamen an diesem Tag mit Abbas Liebe in Berührung.

Ja, das Banner über uns ist Liebe!

Und **das Erkennungszeichen** für die Liebe des Vaters sind Herzen!

Deine Gedanken und Impulse …

2.6 Hebräisch – Bildersprache der Kinder Gottes

Ich liebe das Land **Israel** und ich liebe auch die hebräische Sprache. Alles im Heiligen Land erinnert irgendwie an tausende Jahre voller Geschichten mit Gott. Jeder Stein scheint ein Geheimnis erzählen zu können. Berge und Täler, alte Mauern und Ruinen, die Wüste und das Meer, alles kann zu einer Predigt werden. Jemand sagte einmal, dass das Heilige Land wie ein *fünftes Evangelium* sei. Man muss selber dort gewesen sein, um dieses Mysterium nachempfinden zu können.

In der Offenbarung der Vaterliebe Gottes spielt die Ursprache **Hebräisch**, in der uns die Bibel hauptsächlich überliefert wurde, eine wesentliche Rolle. Hanna Tischer aus unserer TST-Familie hat uns dafür die Augen geöffnet! Viele der neu gewonnenen Erkenntnisse über Gott als **Abba** haben hier ihren Ursprung. Das fängt schon mit dem Gottesnamen *Abba* an. Wort *Abba* ist *aramäisch* – eine Sprache, die mit dem Hebräischen eng verwandt ist und zu der Zeit Jesu in Israel gesprochen wurde. Das Neue Testament wurde zwar auf Griechisch im römisch-hellenistischen Kontext niedergeschrieben, aber die Schreiber sprachen überwiegend aramäisch als Muttersprache.

Ich bin der festen Überzeugung, dass es Gottes volle Absicht war, uns SEIN Wort in genau dieser Sprache zu schenken. Jede Sprache ist mehr als Worte und Grammatik; dahinter verbirgt sich ein **bestimmtes Denken und Lebensgefühl**. Sprache vermittelt Kultur und Werte. So auch die hebräische. Hebräisch ist eine durch und durch **personale Sprache**. Es gibt keine abstrakten Wörter. Zum Beispiel das Wort „Schöpfung" lässt sich als Substantiv nicht finden. Wohl aber bezeugt die Bibel, *Gott* hat die Welt „gemacht". Es wird mehr Wert auf Verben gelegt, als auf Substantive. Das Tun und Erleben stehen damit im Vordergrund und nicht die fertigen Endprodukte. Alles ist beseelt und hat einen persönlichen Bezug. Jedes Wort hat seine Wurzel und steht in Beziehung mit einem größeren Ganzen. Die Juden (und Orientalen allgemein) **denken und reden in Bildern**. Da ist ganz viel **Leben** drin, es ist organisch und vielschichtig. Darum hat jedes Wort auch eine Bandbreite an Bedeutungen und eine Vielfalt von Verwendungsmöglichkeiten. Wie in einer Geschichte oder einem Gleichnis kommt es weniger auf die akribische Korrektheit aller Einzelheiten und Details drauf an, sondern vielmehr, ob die Grundaussage als solche richtig ist und begriffen wurde. Die Frage ist: Ist **die Botschaft** angekommen? Und nicht: Hast Du alle Einzelheiten korrekt verstanden? Hebräisch ist eine Bilderbuchsprache. **So denken Kinder**, und so denkt auch Gott!

Dieses Denken und Lebensgefühl der hebräischen Sprache ist ein weiteres Fundament, das die Abba-Kultur wesentlich mitprägt. Wir lernen als geliebte Kinder Gottes uns mehr und mehr von einem sachlich-rational-korrektem Glaubensgebäude zu verabschieden, wo man Regeln und Gesetze befolgt, damit man möglichst alles richtig macht. Stattdessen strecken wir uns aus nach einem **kindlichen Vertrauen**. Wahrheit ist keine Philosophie und auch kein Paragraf, sondern eine Person aus Fleisch und Blut, mit einem Namen: Jesus! Wahrheit ist eine Begegnung und keine Rechthaberei. Wahrheit beruht auf Beziehung und Freundschaft, und nicht auf Wissen und Weisheit. Darum suchen wir nicht nur die *wahre Lehre*, sondern vor allem *das wahre Leben!*

Unser Glaube muss anders aufgestellt sein. Kinder brauchen und können nicht alles richtig verstehen. Aber Kinder brauchen Liebe zum Leben. Wir haben viel zu lange vom *Baum der Erkenntnis* gegessen, statt vom *Baum des Lebens*. Was bedeutet das? Wir haben einen viel zu theoretisch-kopflastigen Glauben entwickelt und dabei ist unser Herz zu kurz gekommen. Es gibt eine große Anzahl von Christen, die keinen Kontakt zum eigenen Herzen haben, geschweige denn Gottes Herzschlag persönlich spüren. Emotionen, Gefühle, Herzensregungen passen da nicht rein. Aber wie will man Gott lieben, ohne all das?! So lernen wir neu, anhand der hebräischen Sprache, wie Kinder zum Vater zu kommen.

Kindlich, einfach, unperfekt ... mit Kopf und Herz!

Deine Gedanken und Impulse …

2.7 Die Bibel – 66 Liebesbriefe

Im Licht der Vaterherz-Offenbarung erhält auch **Gottes Wort** eine neue Wertschätzung. Früher lasen wir die Bibel eher wie eine To-do-Liste. Was muss ich tun, damit ich Gott gefallen kann, um dafür den Segen zu bekommen? Diese Gefahr sehe ich heute noch bei vielen Nachfolgern Jesu. Dann wird die Bibel zu einem Gesetzbuch mit Anforderungskatalog. So wird Bibellesen anstrengend und macht keinen Spaß. Alle wollen etwas von mir, selbst Gott. Das ist Druck ohne Ende. Die Superfleißigen unter uns machen aus der Not eine Tugend. Sie denken, wenn sie nur bestens informiert sind und die richtigen Schlussfolgerungen ziehen, dann müssten sie sicher ans Ziel gelangen. So missverstehen sie die Bibel wie einen Autoatlas, einen Fahrplan oder ein Schnittbogenmuster. Sie sind scharf auf mehr Insiderwissen, auf neue Erkenntnisse, auf Erfolgsrezepte und Programme.

Doch so funktioniert das nicht! Die Bibel ist **Abbas Liebesbrief** an uns! Genau genommen 66 Liebesbriefe! Jedes einzelne Buch der Bibel sagt uns, wie sehr ER uns lieb hat. Jede Person, die uns auf den Seiten begegnet, jede einzelne Geschichte, jeder Vers ist nur aufgeschrieben worden, um uns SEINE große Liebe vor Augen zu malen. Deshalb kommen wir zu völlig falschen Ergebnissen, wenn wir die Liebesbriefe Gottes unter anderen Vorzeichen lesen. Wir werden uns wund reiben an scheinbaren Ungereimtheiten. Oder wir werden uns festbeißen an Streitfragen. Vielleicht werden wir Zweifel bekommen, wenn wir scheinbar Widersprüchliches entdecken. Oder wir werden stolz, weil wir meinen, wir wüssten jetzt, wie man es richtig macht. Das sind allesamt Irrwege, die uns vom Eigentlichen fern halten. Liebesbriefe werden nicht geschrieben, damit wir sie sezieren und analysieren, sondern damit sie unsere Herzen erreichen. **Es dreht sich darin alles um Liebe**!

Wenn jemand einen Liebesbrief erhält, interessiert es ihn dann, ob jedes Wort korrekt geschrieben wurde, ob es Fehler darin gibt, ob die Chronologie der Zeitabläufe stimmt, und ob jeder Satz grammatikalisch in Ordnung ist? Nein, natürlich nicht! Das sind doch nur Äußerlichkeiten. Worauf es bei einem Liebesbrief ankommt, ist **der Adressat und die *Message*, die Botschaft meines Geliebten, und was sie bei mir auslöst.** Vielmehr werde ich den Brief nochmals und nochmals lesen. Ich werde sogar versuchen, zwischen den Zeilen zu lesen. Meine Augen werde ich offen halten für versteckte Botschaften und verborgene Andeutungen SEINER Liebe. Weil mir mein Geliebter vertraut ist, kann ich auch ohne viele Worte verstehen, was ER meint; denn **ich kenne IHN ja** und weiß, wie ER es meint! Die Dinge, die mir auf den ersten Blick rätselhaft erscheinen, müssen mich nicht verunsichern. Ich ruhe in SEINER Liebe und kann warten bis sich meine Fragen aufklären. Manchmal durch ein Gespräch mit IHM, manchmal aber auch im Laufe der Zeit. Ich habe in meinem Herzen eine **Vorentscheidung** getroffen: *„Ich liebe meinen Geliebten und kann IHM absolut vertrauen! Alles, was ER ist, alles, was ER tut, alles was ER spricht ist Ausdruck SEINER Liebe zu mir!"* Aus diesem Blickwinkel lese ich meine Bibel mit neuen Augen. **Das ganze Buch steckt voller Liebe.** Diese Schätze wollen gesucht und ausgegraben werden. Das bereitet schon etwas Mühe und Einsatz. Aber es lohnt sich alle Male. Wenn ich nun eine Passage aus der Bibel lese, **frage ich darin nach der Botschaft der Liebe für mich**. *„Abba, was will mir Deine Liebe dadurch zeigen und offenbaren?"* Natürlich gibt es auch manchmal Bibelstellen, in denen ich selbst nach langem Schürfen kein Gold finde. Das ist normal und kein Grund zur Besorgnis. Wir folgen keiner fanatischen *Buchreligion,* sondern pflegen eine lebendige *Liebesbeziehung* zu einem lebendigen Gott! Und da gibt es kein Schema; da sieht es Tag für Tag anders aus. Wie in einer realen Beziehung. Weder Gott noch ich müssen funktionieren. Wir gehen gemeinsam einen Weg der Freundschaft!

Diese neue Herangehensweise verschafft der Bibel einen besonderen Platz in der Abba-Kultur. **Abbas Worte sind fundamental für unsere Liebesbeziehung**. Sie bilden die unumstößliche Ausgangsbasis an jedem neuen Tag. Viele von uns haben die Bibel ganz neu leidenschaftlich lieben gelernt, nachdem wir uns jahrelang damit rumgequält hatten. Gerade für solche unter uns, die theologisch-religiös-verprägt waren, ist das die pure Heilung. Ich muss nicht mehr alles verstehen-müssen-wollen-sollen. **Ich genieße SEINE Liebe und vertraue SEINEN guten Worten.** Aber ist das nicht ein völlig subjektivistischer Ansatz? Ja, und so ist ein Liebesbrief auch gemeint – **absolut persönlich und nur für den Empfänger!** An dieser Stelle weise ich gerne auf die genialen Internetseiten von *Barry Adams* hin. Eine wahre Fundgrube für Bibelworte im Licht der Abba-Liebe![4]

---

4 www.fathersloveletter.com, www.365promises.com

Deine Gedanken und Impulse ...

2.8 Leben – vor und nach dem Tod

Wenn es in der Offenbarung der Vaterliebe Gottes neben dem Wort *Liebe* noch einen anderen Hauptbegriff gibt, dann ist es sicherlich das Wort **Leben**! Beim Vater ist das echte, pralle Leben zu finden! Und mit weniger sollten wir uns niemals zufrieden geben!

Der christliche Glaube tritt mit der Zielvorgabe an: Leben – und zwar **ewiges Leben** bei Gott! So bekennen wir: „Ich glaube an ein Leben *nach* dem Tod!“. Heute sollten Christen noch hinzufügen: „Und ich glaube auch an ein Leben *vor* dem Tod!“ In der Kirchengeschichte sehen wir beide Extreme. Im Mittelalter wurde das ewige Leben, der Himmel, zum Fluchtmittel vor den harten Realitäten des Alltags. Die jenseitige Welt wurde als Vertröstungsmaßnahme missbraucht. Es gab so etwas wie eine *Jenseits-Besessenheit*. Im modernen Zeitalter, mit allen seinen Ablenkungen, stehen wir hingegen eher in Gefahr der *Jenseits-Vergessenheit*. Die *Wiederkunft Jesu* und *Gottes neue Welt* sind kaum mehr Themen in den Kirchen. Das Diesseits mit seinen Sorgen und Vergnügungen versperrt uns die Sicht auf *die letzten Dinge*. In der westlichen Welt leben wir gesünder, wohlhabender und länger als jede Generation vor uns – und auch als die meisten anderen Menschen, mit denen wir zur Zeit den Globus teilen. Dennoch ist die Sicht vom Leben bei vielen Zeitgenossen eher negativ. Sie leiden unter dem enormen Druck und werden krank daran. Sie fühlen sich **vom Leben überfordert**, ausgebrannt und gestresst.

„Was verbindest Du mit LEBEN? – Wann lebst Du auf? – Wo, und wann, fühlst Du Dich so richtig lebendig?“ Diese Fragen stellen wir immer wieder unseren Seminarteilnehmern. Aber auch uns selber! In unserer TST-Netzwerkfamilie könnten jetzt viele ihre Geschichten erzählen. Wir haben erst im Licht der Vaterliebe Gottes angefangen zu entdecken, wie schön das **Leben vor dem Tod** sein kann. Der Teufel kam mit seiner frommen Pharisäer-Maske daher und hat uns jahrelang belogen und betrogen, und **die Freude am Genuss der schönen Dinge** geraubt. Erst als wir entdeckten, dass unser Abba kein Spielverderber und Nein-Sager ist, fingen wir an, uns herauszuwagen.

Es ist nie zu spät für eine glückliche Kindheit!

Wir sind dabei, die Laufmaschen unseres Lebens wieder aufzunehmen. Viele erfüllen sich Kindheitsträume. Andere starten neue Hobbys, lernen Instrumente, stecken sich sportliche Ziele, besuchen Tanzkurse, werden kreativ, machen Reisen oder beginnen mit der Realisierung von lang gehegten Lebensträumen. **Geliebt zu sein, macht Mut auf Leben!** Lebensmut! Ich freue mich so sehr, Menschen in ihrem Potenzial aufblühen zu sehen. Und das ist keine Frage von Alter. Gerade die *reiferen Semester* unter uns entwickeln eine besondere Kühnheit, wenn es darum geht, auf dem Wasser des Vertrauens zu laufen.

Wer in den Armen von Abba-Vater lebt, kann ein JA zu allen Facetten des Lebens finden. Auch zu **Krisen- und Wüstenzeiten**, die unser Leben genauso ausmachen wie Freude und Genuss. Nach dem biblischen Verständnis beginnt der Wirkungskreis des Todes dort, wo uns das Lob Gottes abhandenkommt. Die Toten loben Gott nicht! Wir sprechen von Krankheit, Arbeitslosigkeit, Misserfolge, Einsamkeit und Mangel. Wenn uns Schweres widerfährt und wir hören auf, dem Vater zu danken und IHN zu loben, dann hat der Tod bereits bei uns Einzug gehalten. Umgekehrt besitzen wir aber auch die Macht, Todeszonen in Lebensräume zu verwandeln. Wüsten können zum Blühen gebracht werden, Trümmer jubeln, wenn wir unseren Blick auf IHN und SEINE Liebe fest gerichtet halten und **IHN preisen und anbeten unter allen Umständen**. So verliert der Tod die Macht über uns, selbst wenn wir dabei sterben sollten.

Das Sterben gehört zum Leben dazu. Es ist Teil unserer irdischen Existenz. In den letzten Monaten haben Karin und ich ein paar sehr enge, vertraute Freunde sterben sehen. Der Abschied und die Unumkehrbarkeit des Weges tun unendlich weh. Umso tröstlicher ist die tiefe Gewissheit: Wir gehen als geliebte Kinder an der Hand des Vaters. Und wenn ER mit uns weitergehen will in SEINE Realität, dann halten wir SEINE Hand fest umschlossen und lassen die Hände der Freunde auf dieser Welt los. **Wir gehen dann nach Hause** und schauen uns genauestens an, was wir von hier aus nur sehr bruchstückhaft beobachten können.

Im Licht der Vaterliebe Gottes entdecken wir auch, wie schön **das Leben nach dem Tod** sein kann!

Deine Gedanken und Impulse …

2.9 Himmel und Erde

Wo wohnt eigentlich *der liebe Gott?*

Wenn wir diese Frage Kindern stellen, geben sie unumwunden die passende Antwort: „Im ***Himmel*** natürlich, das ist doch klar!"

Aber so klar ist das mit dem *Himmel* schon lange nicht mehr unter uns. Selbst unter Christen gibt es eine große Unsicherheit, sobald das Gespräch auf den *Himmel* kommt. Wie gesagt, noch vor ein paar Jahrhunderten meinte man genau zu wissen, wie es da aussieht. Das ganze Alltagsleben war von dem Gedanken über die jenseitige Welt durchdrungen. Heute sind wir im anderen Extrem gelandet. Als Pastor musste ich bei Beerdigungen die Entdeckung machen, wie viele Angehörige von Verstorbenen alle möglichen abstrusen Ideen über das Jenseits vertraten. Und selbst in Gemeinden finde ich sehr wenig biblische Kenntnis und noch weniger Bezug zum Alltagsleben. Wie lebt man im Hier und Heute mit ***„Unser Vater, der Du bist im Himmel ... ?" (Matthäus 6,9)***

Die Offenbarung von Gottes Vaterherz lässt uns **mit beiden Beinen auf der Erde bleiben, aber mit unserem Herzen im Himmel zu Hause sein!** Das ist ganz schön herausfordernd für uns Menschenkinder. Die *Engel und Himmelswesen* sind nur in der unsichtbaren Realität des Himmels zu Hause. *Tiere und Pflanzen* wiederum sind nur in unserer Diesseitigkeit beheimatet. Aber wir, die Menschenkinder, sind **Grenzgänger**. Wir haben **Zugang zu beiden Realitäten**. Weil wir geborgen sind in der Liebe des Vaters, selbst in den Stürmen des Lebens, können wir vollkommen entspannt auf der Erde weiter leben. Wir müssen nicht gedanklich auf Traumreisen gehen oder unsere Wünsche ins Jenseits projizieren. Immanuel ist doch bei uns! Zugleich haben wir aber Sehnsucht nach SEINER unmittelbaren Nähe, nach dem Himmel, je näher ER uns kommt. Diese Erde ist unser **zweiter Wohnsitz**. Wir sind auf der Durchreise. Wir sind Botschafter mit einer Mission in fremden Ländern. **Unsere ewige Heimat ist im Himmel**, im Haus unseres Abba-Vaters.

> *Matthäus 6,10:*
> *„Dein Reich komme. Dein Wille geschehe, wie im **Himmel**, so auf **Erden**!"*

Johannes 14,2:
*„Im **Haus meines Vaters** sind viele Wohnungen …“*

Epheser 2,19:
*„So seid ihr nun nicht mehr Fremdlinge, ohne Bürgerrecht und Gäste, sondern Mitbürger der Heiligen und **Gottes Hausgenossen** …“*

Jesaja 57,15:
*„Denn so spricht der Hohe und Erhabene, der ewig wohnt und dessen Name Der Heilige ist: In der **Höhe** und im **Heiligtum** wohne ich und bei dem, der zerschlagenen und gedemütigten Geistes ist, damit ich den Geist der Gedemütigten belebe und das Herz der Zerschlagenen erquicke.“*

Deuteronomium 26,15:
*„Blicke herab von deiner heiligen Wohnung, vom **Himmel**, und segne dein Volk …“*

Jesaja 63,15:
*„Blicke vom **Himmel** hernieder und sieh herab von dem Ort, wo deine Herrlichkeit und Ehre wohnt!“*

Jesaja 66,1:
*„So spricht der HERR: Der **Himmel** ist mein Thron und die **Erde** der Schemel für meine Füße!“*

Jeremia 23,24:
*„Bin ich es nicht, der den **Himmel** und die **Erde** erfüllt?!“*

1.Thessalonicher 4,17:
*„Danach werden wir, die wir leben und übrigbleiben, zusammen mit ihnen entrückt werden in den Wolken, zur Begegnung mit dem Herrn, in die Luft, und **so werden wir bei dem Herrn sein allezeit**.“*

Wenn wir Gottes Wort aufmerksam lesen und studieren, erfahren wir sehr viele Teilinformationen über unser neues Zuhause im Himmel. **Gottes neue Welt** wird uns skizzenhaft auf mehreren Ebenen beschrieben. Die meisten Einblicke bekommen wir durch das Buch der *Offenbarung* des Apostel *Johannes*. Er durfte **himmelgucken**. (Mein Freund *Carsten Schiemann* ist auch so ein Himmelgucker!) Aber auch *Petrus* auf dem Berg der Verklärung *(Matthäus 17)* und *Paulus* im Tempel zu Jerusalem *(2. Korinther 12)* wurden tiefe Einblicke in die himmlischen Räume gewährt. Das ist keine Schwärmerei, sondern erlaubt und gewollt. Wir tun gut daran, uns schon mal mit unserem neuen Zuhause etwas eingehender zu beschäftigen. So wie jemand, der ein neues Haus baut und **voller Erwartung und Vorfreude** auf den kommenden Umzug und Einzug darauf zu lebt.

Wie sieht denn nun unser neues Zuhause aus? – Ich kann nur sagen:

Einfach himmlisch!

Der *Himmel* wird uns beschrieben in Bildern, die Leben und Atmosphäre vermitteln:

Zunächst ist da der **königliche Thronsaal**. Im Zentrum steht die Macht der Liebe unseres Vaters. ER ist Löwe und Lamm zugleich. ER ist der König, dem alle Macht gegeben ist, der jeden Feind besiegt hat. ER ist die Majestät in Person. Wir werden also als Königskinder in einem Palast leben, voller unbeschreiblicher Herrlichkeit.

Der nächste Aspekt ist der **Raum der Anbetung**. Der Himmel ist gefüllt mit Kreativität und Schönheit auf allen Ebenen. Lobpreis und Anbetung, Musik und schöpferische Künste vereinen sich. Wir werden ganz viel Zeit in SEINER Gegenwart verbringen und SEINE Größe bestaunen. Wir werden uns Ewigkeiten lang die großen Taten Gottes erzählen und dabei neue Wege kreieren, IHN zu verherrlichen. Wir werden gestalten und unser Potenzial ausleben auf unbeschreibliche Weise.

Des Weiteren spricht die Bibel von einem **Hochzeitsfest**. Die Hochzeit des Lammes.

Das wird ein Festival der Liebe sein ohnegleichen. Genuss auf höchster Ebene. Menschen aus allen Nationen und Generationen bilden die Brautgemeinde. Es kommt zu einer unbeschreiblichen Vereinigung mit Jesus, unserem Bräutigam. Wir werden eine Intensität von Intimität und Liebe und Einheit mit Gott erleben, die wir uns so jetzt nicht vorstellen können. Aber auch eine Sinfonie der Herzen untereinander.

Ferner wird uns der Himmel als eine Neuschöpfung beschrieben. Ein neuer Himmel und eine neue Erde warten auf uns. Synonym dafür ist **das neue Jerusalem**. Aber das ist mehr als innovative Stadtplanung. Hier findet ein völlig neues Zusammenleben statt. Eine völlig neue Weltordnung. Ohne Krankheit, ohne Leid, ohne Sünde, ohne Tod. Die alten Naturgesetze sind außer Kraft gesetzt. Papa baut etwas gänzlich Neues. Die Baumaterialien dazu sind edel und von unvorstellbarem Wert. Aber noch kostbarer ist das Zentrum dieser neuen Gemeinschaft von Himmel und Erde. Gott wird mitten unter uns sein und ER wird bei uns wohnen.

Schließlich ist der Himmel unser Zuhause. Das **Vater-Haus der Liebe Gottes**, dort wo der Ewig-Vater mit SEINEN Kindern in perfekter Liebe, Harmonie und Frieden ewig zusammenleben wird. ER wird mit uns spielen. ER wird mit uns tanzen. ER wird mit uns fliegen. ER wird uns genießen und wir IHN. Ich kenne keine beeindruckendere Persönlichkeit als Abba. Und es gibt nichts Schöneres für mich als nur bei IHM zu sein.

Freundschaft mit Abba, das ist der wahre Himmel.

In der Abba-Kultur halten wir die **Spannung zwischen Himmel und Erde** aus. Wir sind noch hier und doch noch nicht da. Wir erleben zwar jetzt schon Vorfreude und Zeichen SEINER Macht und Herrlichkeit. Manchmal besucht uns sogar der Himmel und bringt ein Stück Erweckung auf die Erde. Aber das bleibt lediglich ein Vorgeschmack. Das ist nur die Anzahlung. **Das Beste kommt noch!**

Deine Gedanken und Impulse …

2.10 Die Wohnung Gottes

Zu den größten Entdeckungen in der Vaterliebe Gottes zähle ich folgende Offenbarung, die ich im Laufe der letzten zwölf Jahre nahe an Abbas Herzen machen durfte. Ich habe **Gottes Herzschlag** gehört. Ich habe den Ruf SEINES Vaterherzens vernommen:

> ***Offenbarung 21,3-5:***
> *„Ich hörte eine laute Stimme aus dem Himmel sagen: Siehe,* ***das Zelt*** *(andere mögliche Übersetzung:* ***die Wohnung) Gottes bei den Menschen! Und er wird bei ihnen wohnen,*** *und sie werden seine Völker sein, und Gott selbst wird bei ihnen sein, ihr Gott. Und Gott wird abwischen alle Tränen von ihren Augen, und der Tod wird nicht mehr sein, weder Leid noch Geschrei noch Schmerz wird mehr sein, denn das Erste ist vergangen. Und der auf dem Thron saß, sprach: Siehe, ich mache alles neu …!“*

> ***2. Korinther 6,16–18:***
> *„… ihr seid ein* ***Tempel*** *des lebendigen Gottes, wie Gott gesagt hat:* ***ich will in ihnen wohnen*** *und unter ihnen wandeln und will ihr Gott sein, und sie sollen mein Volk sein … Ich will euch aufnehmen und ich will euch ein* ***Vater*** *sein, und ihr sollt mir* ***Söhne und Töchter*** *sein, spricht der Herr, der Allmächtige.“*

> ***Johannes 14,23:***
> *„… mein* ***Vater*** *wird ihn lieben, und wir werden zu ihm kommen und* ***Wohnung*** *bei ihm machen.“*

Hörst Du?! **Abba-Papa will uns so nahe sein. ER will bei uns wohnen! Sogar in uns Wohnung nehmen.** Und weil Kinder am besten Bilderbücher lesen können, hat ER uns ein dreidimensionales Schaubild geschenkt: den **Tempel.**

Die ursprüngliche Fassung vom Tempel ist die *Stiftshütte*, auch *Tabernakel* oder *Zelt der Begegnung* oder *Heiligtum* genannt. – Bitte breche jetzt nicht innerlich ab, weil Dir das Alte Testament so altertümlich fremdartig vorkommen mag. Du wirst sehen, dahinter verbirgt sich eine der gewaltigsten Offenbarungen Gottes!

Seit dem verlorenen Paradies suchte Gott nach Wegen, bei uns Menschen wieder Wohnung zu machen. SEIN Herz verzehrte SICH voller Sehnsucht nach uns. In den Geschichten der **Urväter** finden wir schon etliche Hinweise. *Henoch, Noah, Abraham* waren SEINE Freunde, bei denen Gott ein- und ausging. *Jakob* nannte den Ort der Begegnung mit Jahwe *Beth-El*, übersetzt: *Haus/Wohnung Gottes*. Aber es dauerte noch viele Generationen bis Abba SEINE Kinder wieder nach Hause holen konnte.

Mose empfing in einer Vision ein Bild aus dem Himmel. Gott offenbarte ihm, wie der Allmächtige mitten unter den Kindern Israels leben wollte, wie der Himmel auf die Erde herabkommen würde. Er sah ein Zelt, die **Stiftshütte**. Und Mose baute dieses Zelt exakt nach allen Vorgaben. Er machte alles so, wie Jahwe es wollte. Tatsächlich, der Himmel neigte sich herab. Die Stiftshütte wurde **ein Portal** zu jener unsichtbaren Realität, in der Gott SEIN Zuhause hat, was wir mit *Himmel* umschreiben. Gottes manifeste Gegenwart zeigte sich machtvoll in der *Schechina-Herrlichkeitswolke*[5], die sich auf das Zelt lagerte. Bei Tag sichtbar als Wolkensäule und bei Nacht als Feuersäule. Wow, das muss grandios gewesen sein!

Die *Stiftshütte* bestand aus drei Bereichen: dem offenen ***Vorhof*** mit *Brandopferaltar* und *Wasserbecken*, dem Zelt der Begegnung, das ***Heiligtum*** mit *Leuchter, dem Räucheraltar, einem Tisch mit Brot und Wein,* und dahinter einem weiteren Raum: ***dem Allerheiligsten***. Hier stand die *Bundeslade*. Eine Kiste mit prophetischen Symbolen als Inhalt. Die Lade sollte der Gnadenthron Gottes darstellen, einem Pendant zum Thron im Himmel, von dem aus Jahwe das ganze Universum regiert.

Vierzig Jahre währte diese ungewöhnliche „Wohngemeinschaft". Aber dann eroberte Israel das verheißene Land und war viel zu beschäftigt mit den eigenen Häusern. So vernachlässigte es die Gemeinschaft mit Jahwe, bis dieser **Kontaktpunkt zum Himmel** sogar ganz in Vergessenheit geriet. Erst *König David* holte die *Bundeslade* zurück in den Mittelpunkt der Aufmerksamkeit. Er baute ein neues Zelt: **die Hütte Davids**, und stellte den Gnadenthron Gottes mitten hinein. 24 Stunden Lobpreis nonstop. Tag und

5 Schechina, hebräischer Ausdruck für die Gegenwart Gottes

Nacht. Ein Ort der Anbetung. Das Zelt befand sich genau an dem Ort in Jerusalem, im Norden auf dem **Berg Zion**, wo die Stadt am verwundbarsten war und die Feinde meistens angriffen. Hier zeigte sich, warum David *ein Mann nach dem Herzen Gottes* war: David erwählte Jahwe zu seinem alleinigen Schutz, wofür der Himmel ihn so sehr liebte!

König Davids ehrgeiziger Plan, Gott einen **Tempel** als Wohnung zu bauen, wurde später von seinem Sohn *Salomon* umgesetzt. Der Bau orientierte sich strikt an den Plänen des himmlischen Originals. Gottes Herrlichkeit zog zwar im Tempel ein, obgleich es nie Jahwes Absicht war, in einem starren Gebäude zu wohnen. Der Tempelkult entwickelte sich zu einer Achterbahnfahrt von Rebellion und Umkehr. Als der Ungehorsam überhandnahm, wich Gottes Schutz. So wurde der Tempel von der Hand gottloser Heiden zerstört und Israel kam 70 Jahre in Gefangenschaft nach Babylon.

Nach ihrer Rückkehr aus dem Exil baute Gottes Volk den *zweiten Tempel* unter *Esra.* Aber sie waren dieses Mal nur mit halben Herzen dabei. Wir hören nicht mehr davon, dass Gottes *Shekina* wieder gekommen sei. Dennoch betete Israel dort zu seinem Gott. Zur Zeit des Königs *Herodes* wurde der Tempel prachtvoll weiter ausgebaut. Das war nun der Tempel in dem unser Herr **Jesus** als Baby beschnitten wurde und später als Zwölfjähriger *„vom Haus SEINES Vaters"* sprach; wo ER predigte und Zeichen und Wunder vollbrachte. Mit Jesus kam die Herrlichkeit Gottes wieder zurück. Das Wort wurde Fleisch und *wohnte* (wörtlich: *zeltete*) unter uns. Aber dieses Mal nicht in einem Gebäude aus Stein, sondern **in den fleischernen Herzen der Jünger**.

Jesus sagte: *„Ich bin der Weg, die Wahrheit und das Leben; niemand kommt zum Vater als nur durch mich!"* ***(Johannes 14,6)*** Jesus ist der Weg zum Himmel. Er bringt den Himmel auf die Erde. ER führt uns zum Vater. Damit sprach Jesus indirekt über den Tempel und auch über SICH. ER ist der wahre Zugang zum Gnadenthron. Den Türen im Tempel hatte man Namen gegeben. Die Tür zum *Vorhof* wurde *„Der Weg"* genannt, die Tür zum *Heiligtum „Die Wahrheit"* und der Vorhang zum *Allerheiligsten „Das Leben"!* Wer zum Gnadenthron Jahwes wollte, musste diese 3 Türen passieren. Im selben Augenblick, in der unser Herr Jesus auf Golgatha starb, als SEIN Leben am **Kreuz** zerriss, zerriss auch der Vorhang zum Allerheiligsten, den man *„Leben"* nannte. Es ist vollbracht! Der Zugang zum Thron Gottes ist endlich frei!

Zu **Pfingsten** fiel der Heilige Geist bezeichnenderweise nicht zuerst im Tempel, sondern im Obergemach eines Privathauses. Die *Shekina-Herrlichkeit* Gottes kam und brannte wie Feuer in den Herzen von Töchtern und Söhnen des Allerhöchsten. Der Tempel zu Jerusalem war anfänglich noch Versammlungsort der jungen Gemeinde Jesu, aber ihr Glaube war nicht mehr länger an heilige Orte und heilige Zeiten gebunden. Sie hatten einen **neuen Weg**, mit Gott zusammenzuleben. Und sie verstanden sich als *neuer Weg* – das war der Name der ersten Christen. **Der Himmel erfüllte ihre Herzen.** Jetzt konnten sie überall den Vater anrufen und ER würde da sein. Der sichtbare Tempel wurde von den Römern zerstört (und bis heute auch nicht wieder aufgebaut), aber der **Tempel des Heiligen Geistes** wächst unaufhörlich weiter! *Paulus* schreibt, dass **unser Leib** ein Tempel ist und Gott in uns wohnen will. Ferner bezeichnet er **die Gemeinde Jesu** als Tempel/Wohnung/Haus Gottes. Unser dynamischer Papa hatte sich wieder ein flexibles, mobiles Zuhause erwählt. Quasi **ein Tempel auf zwei Beinen**. Das sind wir: SEINE Kinder an allen Orten zu allen Zeiten!

Mich begeistert es, dass wir **durch Jesus freien Zugang zum Thron der Gnade** haben! Wir dürfen bei Abba-Papa, dem König des gesamten Alls, auf den Schoß krabbeln und ganz nahe an SEINEM Herzen ruhen. Gottes sehnlichster Wunsch geht mehr und mehr in Erfüllung: **ER will bei uns wohnen!** Doch das gelingt nur, wenn wir IHM vertrauen können. Damit wir zu IHM hinlaufen, brauchen wir eine neue Offenbarung der Vaterliebe Gottes. Wer sich vor der Strafe und dem Zorn Gottes fürchtet, der wird nicht zu IHM kommen. Liebe und Furcht passen einfach nicht zusammen. Religion arbeitet mit Leistungsdruck und Angst vor Gott. Die Vaterliebe Gottes operiert mit unverdienter Gnade und bedingungsloser Annahme.

In den letzten Jahren haben wir in unserer Bewegung Tausende von geliebten Menschenkindern gesehen, die in **die offenen Arme des Vaters**, das sind die offenen Arme Jesu am Kreuz, nach Hause gekommen sind. Wenn mich jemand fragt, was das Geheimnis dieser „neuen Offenbarung, Gott als Vater zu entdecken", sei, dann kann ich immer nur die gleiche Antwort geben: Es dreht sich alles um die **größte Love-Story im Universum!** Der Vater liebt uns wirklich! SEINE Agape-Liebe ist das starke Fundament, auf dem alles Leben in der sichtbaren und unsichtbaren Welt beruht.

Solange wir in religiösen Systemen festhängen, solange uns unsere Verletzungen von IHM fernhalten, solange wir uns mit minimaler Mittelmäßigkeit zufrieden geben, weil wir von Ablenkungen und Luxus geblendet sind, solange werden wir nicht nach Hause kommen. **Die Wohnung Gottes steht offen für alle SEINE Kinder!** Um nach Hause zu kommen brauchen wir Mut und Ehrlichkeit. Wir müssen zugeben, dass wir klein und schwach sind, das heißt: Kind werden. Wir müssen eingestehen, dass wir einen Vater brauchen, der uns hilft, weil wir es alleine nicht schaffen können. Und wir müssen es zulassen, dass SEINE Liebe unsere Herzen berührt, heilt und befreit. Wer sich auf **diesen Prozess** einlässt, der betritt eine andere Ebene. Wir nennen das oftmals: **die Reise ans Vaterherz Gottes!** Es fühlt sich eigenartig an: Einerseits erkennen wir uns in aller unserer Bedürftigkeit und sehen die vielen offenen Baustellen unseres Lebens. Das könnte uns fast verrückt machen. Andererseits überkommen uns solch ein Friede Gottes und eine frohe Gewissheit, weil Abba die Kontrolle hat und alles irgendwie gut wird.

Wir sind noch mit dem Vater unterwegs, und doch fühlt es sich schon sehr nach Heimkommen an, denn ER ist ja bei uns! Abba ist unser wahres Zuhause!

Deine Gedanken und Impulse …

Teil III: Tragende Wände

Nachdem das Fundament gelegt ist, kann weiter darauf aufgebaut werden. Jetzt kommen die tragenden Wände zum Zuge. Sie schützen das Haus nach außen, schenken Wärme und Geborgenheit. Nach innen geben sie der Statik ihre Festigkeit. Sie sind Säulen und Pfeiler, Garant für Beständigkeit. Ohne sie würde das ganze Haus in sich zusammenfallen.

So auch in der Abba-Kultur. Es gibt **feste Größen** unter uns, die unverrückbar sind. Gemeinsame Werte, die unserem Gebäude erst das spezielle Aussehen und seine Qualität verleihen. Sie machen das Ganze unverwechselbar und geben die eigene Note. Nach den *fundamentalen Grundwahrheiten* folgen jetzt die *tragenden Grundwerte* unseres Miteinanders. Ich habe sie in den Überschriften jeweils auf ein prägnantes Wort reduziert.

Wer mehr und mehr Zuhause beim Vater ankommt, der entdeckt, ich bin …

3.1 geliebt

Welche Bezeichnung oder welchen Titel würdest Du Dir gerne geben?

Welche Anrede gehört bereits zu Dir?

Wir Menschenkinder haben es an uns, dass wir gerne vor unserem eigenen Namen noch ein **besonderes Merkmal** stellen, mit dem wir auf uns aufmerksam machen: etwa einen Doktortitel, oder eine Adelsanrede, oder eine besondere Qualifikation. Das ist wie ein Gütesiegel, das uns wertvoller erscheinen lässt. Du bist, was Du besitzt, was Du leistest, was Du *drauf hast* und welche Position Du einnimmst – das ist die Grundphilosophie unserer alten Welt-Kultur.

In Abbas Königreich soll es anders zugehen! Das Siegel des Himmelreichs sieht so aus: **bedingungslos geliebt!** Egal welche Vorleistungen wir erbringen können oder auch nicht. Diese Agape-Liebe ist vollkommen unabhängig von uns. Der Vater liebt uns nicht mehr, aber auch nicht weniger aufgrund unseres eigenen Verhaltens. ER kann uns nicht mehr lieben, als ER es jetzt gerade in diesem Augenblick schon tut! Diese Liebe ist nicht Schwankungen ausgesetzt. Sie wird nicht per Entzug als Druckmittel verwandt. Sie ist unbestechlich und absolut fälschungssicher. In *1. Korinther 13* werden ihre Wesenszüge durchbuchstabiert: langmütig, geduldig, bescheiden, selbstlos, großzügig, zuvorkommend, demütig, aufrichtig, friedfertig …

Wer oder was bin ich? Bei Abba lautet die Antwort immer gleichbleibend: *„Du bist geliebt!"* Es braucht schon seine Zeit, bis diese **Wahrheit** in allen Tiefenschichten unseres Bewusstseins und Unterbewusstseins angekommen ist. Für manchen von uns ist es ein sehr langer, herausfordernder Weg mit täglich vielen kleinen Schritten, die alten Lügen, denen wir so lange bereitwillig geglaubt haben, gegen diese herrliche Offenbarung auszutauschen. Sie ist einer der Grundpfeiler unseres neuen Lebenshauses; wie ein Eckstein, der alles zusammenhält. Papas Liebe für dich ist die wichtigste Kernaussage deines Lebens. Darum lohnt es sich, dieser Wahrheit oberste Priorität einzuräumen.

Meine Identität lautet fortan: **„Ich bin Papas Liebling! Ich bin geliebt! Ich bin SEIN vielgeliebter Sohnemann!"** Das ist keine Gehirnwäsche, wenn ich mir das immer wieder vergegenwärtige, sondern vielmehr Gehirnjogging wegen meiner Vergesslichkeit. Die Bibel ist voller Zusagen und Zusprüche. Gott hat sich sogar schriftlich dazu geäußert und uns SEINE ewige Liebe beteuert (siehe: *Jeremia 31,3)*. Wenn wir dement wären und es gäbe ein Heilmittel dagegen, würden wir es garantiert täglich einnehmen. Gegen unsere Vergesslichkeit der Liebe Gottes hilft nur ein tägliches neues Update des Himmels. Ich muss es **täglich neu von Abba hören**: *„Du bist mein geliebtes Kind, meine ganze Freude!"*

In der Abba-Kultur spielt die **Identität als Geliebter** eine enorm wichtige Rolle. Am Anfang kamen wir uns ein bisschen komisch und einfältig vor, als wir in den Segnungszeiten hauptsächlich die Liebe des Vaters über SEINEN Kindern ausbeteten. Doch mittlerweile glauben wir mehr daran, was für eine Kraft diese Gebete besitzen. **Kinder Gottes, die sich geliebt wissen, sind zu allem fähig!** Sie können die schlimmsten Krisen überleben, die härtesten Bewährungsproben meistern und die kniffligsten Aufgaben geduldig lösen. Ich las in einem Magazin eine Studie über Kinder in

Krisenzonen der Erde. Die Autoren machten folgende Entdeckung: **Geliebte Kinder sind absolut widerstandsfähig!** Kinder, die in der Liebe ihrer Eltern geborgen sind, können so ziemlich alles Schreckliche überleben: selbst Hunger, Folter, Flucht, Kriege, Naturkatastrophen …! Ist das nicht stark?! Und das Gleiche gilt auch für uns, die geliebten Kinder Gottes!

Deine Gedanken und Impulse ...

3.2 angenommen

Warum fällt es uns nur so schwer, dieser abgrundtiefen Liebe von Abba zu vertrauen? Sie ist doch das Beste, was uns begegnet ist. Warum weichen wir dann vor SEINER ausgestreckten Hand zurück?

Das hat viel mit dem **Waisen-Geist in uns** zu tut. Wir denken und fühlen oftmals noch wie *Waisenkinder.* Typisch für den Waisen-Geist ist es, dass wir meinen, wir müssten alles alleine machen und für uns selber sorgen. Das Waisenkind kennt nicht die Geborgenheit und Wärme eines Zuhauses. Es hat den Überlebensmodus eingeschaltet und versucht irgendwie durchzukommen. Bei langer Heimkarriere mit Verlusten, Enttäuschungen und ständig neuen Verletzungen in Positionskämpfen hat es sich einen dicken Panzer zugelegt und sein wundes Herz gut dahinter weggeschlossen. Das ganze Leben mutet an wie ein einziger Überlebenskampf.

In diesem Zusammenhang bekommen die Bibelstellen des Apostel *Paulus,* in denen er davon spricht, dass Abba-Vater uns adoptiert (das heißt: als SEIN Kind annimmt), eine neue Bedeutung. **Adoption** war etwas Fremdes für die jüdische Kultur. *Paulus* übernimmt dieses Gleichnis aus dem römischen Kontext, um uns die Liebe des Vaters damit besser zu erklären.

> ***Epheser 1,5:***
> *„... er (der Vater) hat uns vorherbestimmt zu **Sohnschaft** (wörtlich: Adoption) für sich selbst durch Jesus Christus."*
>
> ***Römer 8,15+16:***
> *„Denn ihr habt nicht einen Geist der Knechtschaft empfangen, dass ihr euch wiederum fürchten müsstet, sondern ihr habt den **Geist der Sohnschaft** (wörtlich: Adoption) empfangen, in dem wir rufen: Abba, Vater! Der **Geist** selbst gibt Zeugnis zusammen mit unserem Geist, dass wir Gottes Kinder sind."*
>
> ***Galater 4,5+6:***
> *„... damit wir die **Sohnschaft** (wörtlich: Adoption) empfingen. Weil ihr nun Söhne seid, hat Gott den **Geist seines Sohnes** in eure Herzen gesandt, der ruft: Abba, Vater!"*

Nach römischem Recht konnte ein reiches, kinderloses Ehepaar den Sohn oder die Tochter eines Haussklaven freikaufen und zum rechtmäßigen Erben an Kindes statt einsetzen. So bekam der Sohn bzw. die Tochter eine neue Familie mit neuem Namen, neuen Beziehungen, neuer Stellung, neuen Rechten und einer neuen Identität. Das Ganze fand als öffentlicher Akt vor sieben Zeugen statt (mich erinnert das an den Heiligen Geist). Der neue Vater bekannte feierlich: „Du bist mein Sohn, den ich heute gezeugt habe!" (Das erinnert mich an die Taufe Jesu!) Und der Erbe antwortete: „Du bist mein Vater!" (Das hört sich nach Römer 8 und Galater 4 an). Dieser Akt durfte nie wieder rückgängig gemacht werden. Wie heißt es so schön: Es gibt wohl ungeplante Schwangerschaften, aber keine unfreiwilligen Adoptionen! Der Apostel will uns erinnern: Auch wir waren Sklavenkinder, vaterlose Waisen. Doch Abba hat uns als SEINE Kinder **angenommen**. ER hat den Preis für uns bezahlt, uns freigekauft und uns in SEINE Familie aufgenommen. Nun sind wir rechtmäßig Erben und Hausgenossen! Das wird sich niemals mehr ändern! ER hat uns unter Zeugen SEIN Wort gegeben!

SEINE Annahme geht noch weiter! Die Bibel verwendet ein weiteres Bild und spricht von einer **Neugeburt,** von einer neuen Schöpfung. Ist es schon herrlich, von Abba adoptiert worden zu sein, so ist es unbeschreiblich, dass ER uns geistlich neu erschafft! Wir tragen SEIN Leben in uns, SEINE Genetik. Derselbe Geist, der Christus von den Toten auferweckt hat, der lebt nun in uns!

Wir sind ganz der Papa!

> ***Johannes 3,3:***
> *„Wahrlich, wahrlich, ich sage dir: wenn jemand nicht **von neuem geboren** wird, so kann er das Reich Gottes nicht sehen!"*
>
> ***1. Korinther 5,17:***
> *„Darum: ist jemand in Christus, so ist er **eine neu Schöpfung**; das Alte ist vergangen; siehe, es ist alles neu geworden!"*

Das Wissen um diese Annahme des Himmels prägt die Atmosphäre der Abba-Kultur. **Wir leben nicht mehr *„wie bei Räubers"!*** Wir brauchen nicht mehr um Positionen zu kämpfen. Es ist immer ein Platz für uns frei im Vaterhaus. Wir gehören dazu, auch wenn wir noch öfters in alte *räuberische* Verhaltensweisen zurückfallen können. Wir sind geliebt und angenommen, angekommen und willkommen! Das sind die bergenden Arme von Abba, die uns umschließen, wie schützende Außenmauern.

Deine Gedanken und Impulse …

3.3 frei

Wie frei bist du? In welchen Bereichen fühlst du dich wirklich frei? Kennst du die Freiheit im Geist? Welche Bilder fallen dir ein, um ein Lebensgefühl von Freiheit zu beschreiben?

Die ganze Schöpfung sehnt sich nach dem Sichtbarwerden der **herrlichen Freiheit der Kinder Gottes** (siehe: *Römer 8)!* Eigenartig, dass Freiheit und Glaube für viele von uns zwei Paar Schuhe sind. Mir begegnen Christen, die den Glauben eher als ein Regelwerk von Geboten, Verboten und Gesetzen kennengelernt haben. Es wurde zwar über die *Freiheit* gepredigt und gesungen, aber man hatte viel zu viel Angst, sie zuzulassen. Was geschieht, wenn wir die Kontrolle verlieren? Was machen wir, wenn wir nicht mehr weiter wissen? Aus Angst vor den unüberschaubaren Folgen der Freiheit, lassen wir lieber die Finger davon und bleiben, wo wir sind.

Aber die Freiheit im Geist können wir nur im Experiment, im Ausprobieren erleben. **Glaube bedeutet Risiko**. Petrus hätte nie gewusst, ob das Wasser ihn wirklich tragen kann, hätte er nicht den Schritt hinaus aus dem Boot gewagt. Petrus hätte nie erfahren, ob Gott Menschen auch durch ihn heilen kann, hätte er nicht damit angefangen, für Kranke zu beten. Das Evangelium wäre nie bis nach Deutschland gekommen, wären Paulus und die anderen damals nicht losgegangen.

Ich muss es an dieser Stelle zugeben: Ich wäre ein absoluter Angsthase und Stubenhocker. Mein ängstliches Herz rät mir, mich möglichst wenig zu bewegen, damit mir nichts Schlimmes passieren kann, mich keinen Gefahren auszusetzen und schön in Sicherheit zu bleiben. Von meiner alten Natur her bin ich absolut kein Abenteurer oder Pionier. Aber ich verrate euch auch, wenn ich *so* weiter gelebt hätte, würde ich mich fühlen wie ein Löwe hinter Gittern, dessen Käfigtür weit offensteht, der aber nichts aus der Chance seiner Freiheit macht und sich nur selber zum Gefangenen seiner Umstände erklärt.

> *Galater 5,1:*
> *„Für die **Freiheit** hat Christus uns **frei** gemacht. Steht nun fest und lasst euch nicht wieder durch ein Joch der Sklaverei belasten!" (ELB)*

Die Liebe des Vaters macht uns **Mut zum Leben**. Sie setzt uns frei von Ängsten und Zweifeln. Ich wage mich hinaus auf die Unsicherheit der Wellen, nicht weil ich solch ein kühner Draufgänger wäre, sondern weil ich dort Jesus sehe und nur bei IHM sein will. Ich suche nicht den letzten ultimativen Kick, aber es ist schon bezeichnend, dass da, wo Jesus ist, es immer eine Menge Trouble gibt und wir nur per Wunder weiterkommen. Ja, weil ich IHN liebe und hinter IHM her bin, weil ich da sein will, wo ER ist. Deshalb erlebe ich ständig neue Herausforderungen, die mich weit über mich hinauswachsen lassen. Das ist die Freiheit, die ich meine. Der Löwe von Juda verleiht meinem Glauben Flügel.

Deine Gedanken und Impulse …

3.4 heilig

Ups, was für ein Wort! Kommen Dir da auch ein paar schräge Gedanken in den Sinn? Welche Assoziationen verbindest Du mit dem Wort *heilig?*

Je nach Herkunft scheint dieses Wort unterschiedliche Empfindungen bei uns auszulösen. Viele können erst einmal gar nichts damit anfangen, weil es so antiquiert erscheint, so fern und wenig lebensnah. Bei näherer Betrachtung fällt auf, dass in mancher Erweckungsbewegung vergangener Tage **Heiligkeit** eine äußerst positive Rolle spielte. Man verband damit **Heiligung –** ein reines Herz und ein sündloses Leben. Daneben gab es leider aber auch Exzesse von fanatischen Eiferern, die das Wort *heilig* mit Gesetz, Selbstkasteiung und Werkgerechtigkeit verwechselten. Alles wurde religiös und krampfig unter den *allerletzten Heiligen und Selbstgerechten der letzten Tage.* Dies kontaminierte das Wort *heilig* für lange Zeit. Ja, und dann noch der ganze *Heiligenkult* der katholischen Kirche. Manch einer sieht darin eine falsche Zweiklassengesellschaft mit Oberhaus (das sind die besonders heiligen Leute) und Unterhaus (das sind die Normalos, wie du und ich). – Wer hat denn da nun Recht?

Mir scheint, wir müssen das Wort *heilig* erst einmal entstauben, um es neu auf uns wirken zu lassen. *Heiligsein* ist keine Form von besonderer frommer Leistung oder Erleuchtung. *Heilig* können wir am besten so übersetzen: **unvergleichlich, einzigartig, extraordinär, speziell, wertvoll, ganz besonders, ausgesondert, nicht von dieser Welt, zu Gott gehörig und zu Gott passend!**

Erst in der Verbindung mit Gott, *dem Heiligen,* bekommt dieses Wort seinen richtigen Klang. **Gott ist heilig** – ER ist der *ganz Spezielle!* Und wer mit IHM in Kontakt kommt, auf den färbt SEINE *Heiligkeit* ab. Also, wie *heilig* jemand ist, lässt sich nicht davon ableiten, wie viel er für Gott *leistet,* sondern wie viel er **mit Gott zusammen** ist! Wer mit Abba lebt, will IHM Freude machen und ein Leben gegen den Strom der Masse führen, ein *heilig-anderes* Leben. Ein Leben, das zu IHM und SEINER *heiligen* Herrlichkeit passt.

Und schon sind wir wieder bei der Abba-Kultur. Denn im Licht der Vaterliebe Gottes eröffnet sich auch ein neues Verständnis für das Wort *heilig.* Jeder von uns ist **jemand ganz Besonderes** für Abba. Auch wenn wir nur einer unter Milliarden von SEINEN Kindern sind, doch liebt ER uns mit einer ganz persönlichen, maßgeschneiderten, extravaganten, *heiligen* Liebe! In der Freundschaft mit dem Vater ist dieser Aspekt total wichtig. Denn wir haben keinen 08/15-Glauben von der Stange, sondern eine einzigartige, originale Liebesbeziehung. Es wäre Unsinn, uns zu vergleichen oder einander zu kopieren. Papa hat zu jedem von uns eine andere, **einzigartige Beziehung**. Und jeder von uns darf einen anderen, einzigartigen Zugang zu SEINEM Herzen besitzen.

Wer diese Wahrheit umarmt, der spürt, wie stark sie trägt. Ich bin nur einer unter Millionen im Telefonbuch, aber mein Name ist am Thron von Abba bekannt. ER achtet auf mich. **Ich bin IHM heilig-wertvoll**. Das gibt meinem Leben Würde und Glanz. Und auch ER soll mir *heilig* sein. Wenn mir etwas *hoch und heilig* ist, dann achte ich ganz besonders darauf, dass es nicht kaputt geht oder verunreinigt wird. Das ist die richtige Motivation für ein *heiliges* Leben. Ich will (und kann) IHN nicht mit *„meiner Heiligkeit“* beeindrucken oder Pluspunkte im Himmel sammeln. Ich will *heilig* leben, weil ich IHM ganz nahe sein will.

Deine Gedanken und Impulse …

3.5 geheilt

Vor kurzem waren wir bei Freunden eingeladen. Ich erzählte begeistert in die Runde hinein, wie Abba viele Menschen zu SICH zieht und Heilung in ihren Herzen bewirkt. Und da war sie dann wieder, jene Frage, die ich schon so gut kenne: *„Ja, und werden denn auch Leute* ***körperlich*** *in eurem Dienst geheilt?"* Die Antwort lautet: *„Ja, hin und wieder! Manchmal, leider noch viel zu wenig!"*

Ich fühlte mich ertappt, so als ob **Heilung der Herzen** weniger wert sei, als **körperliche Heilung.** Aber ist das auch so? Ist körperliche Heilung wirklich so immens wichtig, wie wir (Charismatiker und Pfingstler) immer behaupten? Haben wir womöglich ein zu enges Verständnis von Heilung? Beginnt ein heiles Leben nicht schon bei gesunder Ernährung, Fitness und Erholung? Wären nicht viele Heilungswunder überflüssig, wenn mancher Diabetiker, Übergewichtiger oder Herz-Kreislauf-Patient nur gesünder leben würde?

Nun wird ein Kranker zu recht sagen: *„Du hast gut reden. Ja, wenn du meine Schmerzen hättest, dann …!"* Natürlich will auch ich mehr körperliche Heilungen sehen. Aber nicht um jeden Preis! Meine Absicht ist es jetzt nicht, neue Fronten zu schaffen oder gar Menschen in Not zu verletzen. Ich will nur ein paar Gedanken offen denken dürfen. In meinem Leben war ich schon in so vielen Heilungsgottesdiensten. Ich habe wirklich eine Menge *körperlicher Heilungen* miterleben dürfen, persönlich an mir, aber auch im Dienst für andere. Und dennoch werde ich den Gedanken nicht los, dass da in unserer Wahrnehmung etwas megamäßig schief hängt. Wenn es um das Thema *körperliche Heilung* geht, blocken viele meiner *evangelikalen Freunde* gleich ängstlich ab, weil sie sich auf diesem für sie unbekannten Terrain unsicher fühlen, wedeln mit ihrer Bibel herum und verweisen auf die Passion Jesu. Jesus habe ja auch gelitten, und so gehöre Krankheit leider auch zu unserer irdischen Existenz. – Schade, ihr verpasst etwas Großartiges!

Hingegen sind mir viele meiner *charismatisch-pfingstlichen Freunde* zu euphorisch und unkritisch. Was wird da nicht alles als *Heilungswunder* ausgegeben und als *Heilungssalbung verkauft?* Ich empfinde geradezu eine Verführbarkeit, wenn es darum geht, möglichst nur *heilwerden* zu wollen. Mir tun all die kranken Geschwister leid, denen man das Gefühl gibt, sie seien selber daran schuld, dass sie nicht geheilt werden. Schließlich gehöre Heilung den Kindern Gottes und wir hätten ein Recht darauf. – Schade, ich finde, ihr kratzt nur an der Oberfläche!

Außerdem kann es nicht sein, dass jemand nur gesund werden will und nicht bereit ist, die **krankmachenden Faktoren** (wie übermäßiges Essen, Rauchen, Alkohol, etc.) in seinem Leben abzustellen!

Heilung beginnt mit einem gesunden Lebensstil!

Nochmals: Ich will Heilung, weil Abba sie auch will! Aber ich wünsche mir ein neues tieferes Nachfragen, wie denn Heilung auszusehen hat. Was bedeutet ein **heiles und gesundes Leben aus Gottes Sicht**? Die Bibel hält da wieder viele gute Antworten parat. Sie ist **ausbalanciert** zwischen der Ermutigung, Großes von Gott zu erwarten, und dem Realismus, dass nicht jede Krankheit verschwindet und die allermeisten von uns sterben werden. Der Mensch in seiner Drei-Einheit mit **Leib-Seele-Geist** verlangt umfassend nach Heilwerden. Eins greift ins andere. Und es wäre töricht, einen Bereich gegenüber anderen überzubewerten oder gegeneinander auszuspielen.

Wäre es nicht wunderbar, wenn wir so leben könnten: Da wird jemand körperlich krank. Als erstes geht er damit zu seinem *Jahwe-Rapha,* dem Gott, der uns heilt. Er klagt ihm seine Not, spricht mit IHM über seine Situation (welche Lektion/Botschaft steckt da für mich?) und bittet Gott, ihn zu heilen. So setzt er sich bewusst Gottes heilender Liebe aus. Abbas Liebe wird immer etwas an unseren Herzen bewirken! Ferner bittet er andere, für ihn zu beten. Voller Vertrauen wird er das *Heilungsgebet* von Freunden und Gemeindeleitern (Ältesten) in Anspruch nehmen. Ich danke Gott für Menschen voller Glauben und Liebe, die zu uns stehen, gerade in Phasen der Schwachheit. Außerdem wird er seinen *Hausarzt* konsultieren und dort kompetente Hilfe suchen. Ich danke Gott für unser *Gesundheitswesen* und die *Medizin*, die Kräuter und chemischen Verbindungen, die meinem Körper helfen können. Wenn trotz allem Bemühen alles keine Besserung und Wirkung zeigt, dann fragt er seinen Abba, ob der Vater eine tiefere Botschaft hat oder ob er ihn gar nach Hause holen will. Und wenn er Gottes Frieden darüber in seinem Herzen spürt, dann lässt er hier los, um dort empfangen zu werden. Dieser Weg erscheint mir weder schwärmerisch noch glaubensarm, sondern natürlich-übernatürlich.

Ich wünsche mir, dass Christen **ein entspannteres Verhältnis zur Heilung, aber auch zum Umgang mit Leid und Schmerzen** (bis hin zum Tod) neu entwickeln.

Gerade in der Abba-Kultur sehe ich dafür sehr gute Chancen. Weil wir Gottes Liebe auf allen drei Ebenen (Geist-Seele-Leib) erleben, wissen wir um die Wichtigkeit aller drei Bereiche und spielen sie nicht gegeneinander aus.

Unser **Körper ist der Tempel** des Heiligen Geistes, deshalb werden wir auf diese Wohnung Gottes gut achthaben. Wir werden ihn pflegen und in Ordnung halten. Wir werden ihn von schädlichen Einflüssen fernhalten. Ich glaube, dass wir durch die Abba-Liebe ein neues Verhältnis zu unserer **Körperlichkeit** geschenkt bekommen. Bewegung, Ernährung, Sexualität, Erholung, Genuss in gutem Maß gehören dazu. Wir lieben es, wenn der Heilige Geist auf unserem Körper landet und sich manifestiert, deshalb sollten wir auch unseren Körper lieben und gut zu ihm sein. Ich behaupte, dass die Abba-Liebe uns sogar schöner, jünger und attraktiver machen will.

Besonders im Bereich der **Seele** zeigt die Liebe des Vaters große Heilungskräfte. Durch Vergebung, Annahme und befreiende Wahrheiten werden **Herzen** erneuert und gesund geliebt. Zerbrochenheit und Schwäche werden zum Schauplatz himmlischer Wiederherstellung. Der ganze Bereich *Innere Heilung* ist eine Domäne der Vaterliebe und hat sehr gute Früchte hervorgebracht!

Die Offenbarung von Abba wirkt direkt auf den **Geist** der Kinder Gottes ein. Sie bringt Überführung und Erkenntnis, Weisheit und Klarheit. Das Wort Gottes wirkt zusammen mit dem Heiligen Geist und kreiert in uns ein neues Gefäß für kindliches Vertrauen und Hingabe.

So dürfen wir **Heilung auf allen Ebenen** von Abba erwarten!

Deine Gedanken und Impulse …

3.6 gekrönt

Weil unser Vater von Beruf und Stellung her *König* ist, sind wir **Königskinder!** Diese Sicht fällt manchen von uns schwerer. Andere hingegen haben es eigentlich immer schon geahnt. Als kleine Kinder verkleideten wir uns als *Prinzessin* oder *Ritter* und lebten in unserer Fantasie auf Burgen und Schlössern. Dennoch ist es gar nicht so leicht, ein **royales Denken** zu entwickeln, wenn man in einer parlamentarischen Demokratie, wie in Deutschland, groß wird. Da können wir noch einiges von unseren britischen oder skandinavischen Freunden lernen. In ihrer Kultur gehört die *Königsfamilie* zum Alltag dazu. Sie verbinden mit dem *Königshaus* (trotz mancher unrühmlicher Affären) überwiegend Positives. Der König oder die Königin repräsentieren die Vater- bzw. Mutterrolle für eine ganze Nation. Ihre lebenslange Bestimmung ist es, für das Wohl des Volkes zu sorgen. In der Geschichte der Menschheit lassen sich zwei Ausprägungen finden: Monarchen, die diese Rolle gut ausfüllen und ihre Nation voranbringen, aber auch Herrscher, die die anvertraute Macht missbrauchen und sich zu Despoten entwickeln.

König Saul war der erste König Israels. Es ist interessant zu lesen, dass es überhaupt nicht Gottes Plan war, Israel einen König zu geben. Das Volk begehrte ihn. Die Kinder Israels wollten so sein wie alle anderen. Die heidnischen Völker rings umher hatten alle ihre Fürsten und Könige. Israel wollte das auch. Gott weist SEIN Volk sogar auf die vielen Nachteile hin, die das mit sich bringen würde. Aber Israel blieb quengelnd und trotzig bei seinem Wunsch, bis der Vater es ihnen erfüllte.

Auf den folgenden Seiten des Alten Testaments sehen wir die dramatischen Konsequenzen. Die meisten Könige Israels waren eine bittere Enttäuschung: korrupt, gottlos und machtbesessen. Es gibt nur wenige Ausnahmen, *Könige nach dem Herzen Gottes* – so wie *David* und *Salomon*. Und selbst diese beiden Helden tragen große Schatten über ihrem Leben.

Ist nun Gott gegen das Königtum? Nein, aber ER selber wollte der König SEINES Volkes sein! **Gott allein ist der König der Könige!** Kein Mensch kann diese Rolle wirklich ausfüllen. Sie ist nur auf IHN zugeschnitten. Absolute Macht mit absoluter Liebe, gepaart in absoluter Weisheit. In *Jesus* sehen wir die Verkörperung dieses wahren Königs. Ein König, der als Diener kommt. Ein König, der Hirte und fürsorgender Vater SEI-

NES Volkes ist. Ein König, der SICH der Schwachen annimmt. Ein König, der bis hin zum Tod bereit ist, mit SEINEM eigenen Leben das Volk zu beschützen. Der mit Dornen gekrönte leidende Messias wird nach der machtvollen Auferstehung zum reich gekrönten Messias-König in Ewigkeit.

Weite Teile der Terminologie im Neuen Testament (besonders in den Endzeitpassagen) ranken sich um diese eine Thematik: der Siegeskranz, die Kronen, das Zepter, das weiße Siegerpferd, der königliche Mantel und Gürtel, der Thron oder der Thronsaal. Es geht um königliche Macht und Würde, um **Majestät und Herrlichkeit**, um Reichtum und Autorität. Bei jedem Blick in die Himmelswelt strahlt etwas von dieser royalen Schönheit auf.

Wir bekommen es mit einem König zu tun, wenn wir uns Abba nähern. Ja, wir selber müssen uns in einem neuen Licht wahrnehmen. **Christen leben** königlich. Wir leben im Himmelreich. Im Reich Gottes. Im *Königreich Gottes.* Für manchen ist dieser Gedanke gewöhnungsbedürftig. Wie lebt man denn als Prinz oder Prinzessin? Wie sieht ein königlicher Lebensstil aus? Was sind die Merkmale royalen Denkens und Benehmens?

Zunächst geht es wieder einmal darum, dass wir es keinesfalls selber machen können. Keiner wird König aufgrund von eigener Anstrengung. Normalerweise kann man nur durch Geburt oder Heirat in diesen **Stand** versetzt werden; also nur als *Kind oder Braut* kommen wir ins Schloss. Weiter ist es auch eine Frage der Erziehung und des Bewusstseins. In dem wunderschönen Büchlein *Nicht wie bei Räubers*[6] sehen wir, wie ein Königssohn entführt wird und lange Zeit unter Räubern lebt. Als er nach seiner Befreiung wieder in den Palast zurückkommt, erlebt er die Diskrepanz zwischen *Stand* und *Zustand.* Standesmäßig ist er immer Königssohn geblieben, aber sein momentaner Zustand und seine Manieren sind alles andere als königlich. In ihm ist noch viel *wie bei Räubers.* Er muss es neu lernen, wie ein König zu denken, zu agieren und zu herrschen. Genauso geht es uns!

Wir sind bereits Königskinder, aber wir sind auch noch voll dabei, königliches Leben zu erlernen. Darum müssen wir viel Zeit bei unserem Vater-König verbringen und uns durch SEIN Vorbild zeigen lassen, wie wir in Würde, Großzügigkeit und Herrlichkeit **im Leben mit IHM herrschen**

---

6 Ursula Marc, Nicht wie bei Räubers, Immanuel Verlag

können. **Resignation** soll keinen Platz unter uns haben. Dies Wort leitet sich davon her, dass *ein König abdankt,* mit anderen Worten, die Zeichen der Macht (die Insignien, wie Krone, Zepter und Siegelring) zurückgibt. Wer *resigniert* hat, der hat aufgegeben, der wird gelebt, der wird beherrscht, anstatt selber die Herrschaft zu übernehmen.

In der Abba-Kultur hat der königliche Aspekt seinen gewichtigen Platz gefunden. Wir lernen mehr und mehr, uns selbst in dieser Dimension zu sehen und zu verstehen, aber auch mit Respekt die anderen Königskinder in ihrer Schönheit und ihren Besitztümern anzuerkennen. Wer im Reichtum des Himmels lebt, braucht sich nicht durch den Reichtum anderer bedroht zu fühlen. Königshäuser teilen gerne ihre Pracht. In den Segnungszeiten unserer Seminare und Konferenzen verwenden wir oftmals *königliche* Utensilien, wie Kronen, Ringe und Mäntel. Wir wollen damit Hilfestellung geben, mit allen Sinnen nachzuspüren, was es bedeutet ein Königskind zu sein. Das sind besondere Augenblicke, wenn wir jemandem eine Krone über das Haupt halten und beten: *„Du bist Papas geliebtes Kind! Der Vater krönt Dich mit Gnade und Erbarmen!" (siehe Psalm 103,4).* In solchen Momenten fließt die pure Liebe des Vaters und stellt Würde wieder her. Da werden Biografien neu geschrieben und Identität neu geprägt. Darum ist uns die **Krone als Symbol** so lieb und teuer geworden. Sie steht für Wiederherstellung unseres Standes, für ein Leben in Würde und Überfluss. Wir haben freien Zutritt zum Thron des Vaters, aber auch zu SEINEN Schatzkammern!

Deine Gedanken und Impulse ...

3.7 geküsst

In fast allen Kulturen finden wir eine besondere Eigenart des Zusammenlebens von uns Menschen: **das Küssen!** Sogar ein wissenschaftlicher Zweig wurde eigens für dieses Phänomen eingerichtet. Man hat dabei festgestellt, wie förderlich das Küssen für Gesundheit, Allgemeinbefinden und den Aufbau sozialer Kontakte sein kann. Hätten wir das auch allein gewusst?

Erstaunlich, was eine Berührung von Lippen, Zunge und nackter Haut mit uns macht. Wir drücken damit Zärtlichkeit, leidenschaftliches Begehren, Freundschaft und familiäre Zuwendung, sowie Achtung und Vertrauen aus. Allzu gerne würde ich eine kleine **Theologie des Kusses** verfassen. Denn auch in der Heiligen Schrift finden wir etliche Hinweise zum *Thema Kuss.* Bei der Schöpfung wird Adam vom Vater quasi *ins Leben geküsst* durch den Ruach-Atem Gottes (*Genesis 2,7:* der Nasenkuss ist bei den Maoris und Inuit-Völkern bis heute bekannt). Wir hören von Küssen zwischen Familienangehörigen *(Genesis 27,27)*, wie Vater und Sohn, aber auch vom Austausch erotischer Küsse zwischen Mann und Frau in der Ehe *(Hohelied 1,2),* sowie von dem ***Begrüßungskuss*** *(1. Samuel 10,1)* als weit verbreitetes Ritual (bis heute noch im Orient und weiten Teilen anderer Kulturen). Einem König wurden die Füße geküsst *(Psalm 2,12)* als Ausdruck der Hingabe. Das gleiche Verhalten lässt sich bei der Verehrung von Göttern und deren Kultgegenständen beobachten *(1. Könige 19,18)*. Bei *Jesus* geht es auch nicht ohne Küssen. ER herzt die Kinder *(Markus 10,16)*, küsst die Brüder *(Lukas 7,45),* umarmt den Aussätzigen *(Markus 1,41)* , lässt sich von der Hure die Füße salben und mit Küssen bedecken *(Lukas 7,38)* und stellt uns Gott als überreich küssenden Vater vor *(Lukas 15,20)*. Schließlich wird Jesus durch den ***Judas-Kuss*** *(Lukas 22,48)* verraten. In der neutestamentlichen Gemeinde ist der ***Bruderkuss*** (etwa im Rahmen des Abendmahls) fester Bestandteil der Gemeinschaft *(Römer 16,16)*.

Küssen ist ein elementarer Ausdruck von körperlicher Zuwendung und emotionaler Wärme. Aber es lassen sich daneben noch eine Fülle weiterer **Bilder voller Zärtlichkeit** in der Bibel ausmachen: an der Hand des Vaters gehen und festgehalten sein, mit Seilen der Liebe gezogen werden, spielendes Schoßkind sein, auf dem Schoß des Vaters sitzen bleiben, geborgen in Abrahams Schoß, als Lamm im Bausch des Gewandes heimgetragen werden, an der Mutterbrust gestillt sein, an der Brust Jesu liegen, im liebenden Arm gehalten werden … Merken wir es? Unser Abba-Vater ist ein Gott der Romantik, ein Gott der **Berührung.**

Emotionen und Körperlichkeit sind bei IHM erlaubt und erwünscht. Wie sollten wir IHN lieben können ohne Gefühle? Und wie sollten wir SEINE Liebe entgegen nehmen, ohne emotional berührt zu sein? Das größte Gebot ist es, **Abba zu lieben** *„mit deinem ganzen Herzen und mit deiner ganzen Seele und mit deinem ganzen Denken!" (Matthäus 22,37)* Der Heilige Geist liebt unsere Körper und unsere Seelen. ER fühlt SICH bei uns und in uns zu Hause. Das sollten wir IHM nachmachen.

Zu tragisch, dass sich im Laufe der Kirchengeschichte ein großer Irrtum eingestellt hat. Viel zu lange glaubten Christen, unser Gott sei *leibfeindlich* und *unemotional.* SEINE Farbe sei das nüchterne *grau* oder besser noch *schwarz.* ER habe etwas gegen Freude und Ausgelassenheit. So wurden rationale Nüchternheit und asketische Armseligkeit der Bilderstürmer zu den vorherrschenden Erscheinungsformen christlicher Religion. Dabei operiert Gott als liebender Vater mit dem Lustfaktor. Wir sollen **Lust und Freude** haben *(siehe Psalm 37,4).* ER hat uns so geschaffen, dass wir leibliche und seelische Freuden als Anreiz und zu unserem Wohlbefinden brauchen. Nicht umsonst hat ER uns die Fähigkeit zu Genuss und Kreativität geschenkt. Unsere Sinne können Hunderte von Geschmäckern, Düften, Bildern und Tönen unterscheiden. Unsere Seele ist fähig, diverse Gefühlsregungen nachzuempfinden. Unsere Körper sind erstaunlich gemacht, so dass wir viele schöne Dinge erleben können: Essen, Abenteuer, Arbeit, Sexualität. Gerade im Bereich der Sexualität hat der Vater uns so überreich beschenkt, dass wir sie zu weitaus mehr genießen dürfen, als nur zur bloßen Reproduktion durch Fortpflanzung. *Der Mensch lebt nicht vom Brot allein.* Wir brauchen so viel mehr: Kunst, Kultur, Soziale Netzwerke, Bestätigung durch Erfolge – aber vor allem: SEINE Worte der Liebe, SEINE Berührungen und Küsse. In Israel sagen die Rabbis, wenn sie eine neue Entdeckung im Wort Gottes gemacht haben: ***Mein Gott hat mich mit Offenbarung geküsst!***

Ich bin Gott so dankbar, dass ich in der Vaterherz-Bewegung freien Zugang zu SEINEN Herzensregungen gefunden habe, aber auch zu meiner eigenen Gefühlswelt. Ohne Furcht und Scham darf ich zu IHM kommen und **mit allen Sinnen meinen Gott genießen lernen!** Die Küsse SEI-

NES Mundes empfangen. In der Abba-Kultur sieht das Leben viel bunter, sinnlicher und genussvoller aus als in vielen anderen Teilen des Reiches Gottes. Und das mit gutem Gewissen! Ich kann mich an Zeiten auf meinem Weg der Nachfolge erinnern, da hat man mir glauben machen wollen, ich bräuchte keine Gefühle im Christsein. Emotionen seien eher schädlich und verführen nur. Was für eine Dummheit! Das wäre so, wie eine platonische Beziehung ohne Körperkontakt und Küsse in einer Ehe leben zu wollen. Ich habe da ein Gegenmittel gefunden: Ich lese **das Hohelied der Liebe** und fange an zu erahnen, wie sehr sich Gott nach Intimität und Leidenschaft mit uns, SEINEN Kindern, sehnt! Darum schäme ich mich nicht mehr länger meiner Gefühle (auch als Mann)! Ich verleugne sie nicht, aber ich lasse mich auch nicht von ihnen überrennen. Alles hat SEINE Zeit *(Prediger 3).* Tränen der Freude und Tränen des Leides. Lachen und Weinen. Zorn und Gnade. Lieben und hassen. Umarmen und wieder loslassen. Starke Gefühle von Gott und für Gott sind eine weitere tragende Wand in unserem Haus!

Deine Gedanken und Impulse …

3.8 überfließend

Wer unseren Abba-Papa besser kennenlernt, wird eine SEINER herausragenden Charaktereigenschaften bald entdecken: SEINE **Großzügigkeit**. Unser Papa ist himmelreich! Die ganze Welt basiert auf dieser Güte Gottes. Obwohl die Menschheit sich willentlich von IHM entfernte, hat Abba den Hahn nicht einfach zugedreht. ER lässt die Sonne scheinen über Gerechte und Ungerechte und lässt den milden Segensregen gleichermaßen auf gute und böse Menschenkinder kommen. Kein Gottesleugner hätte je genug Puste, IHN zu lästern oder zu leugnen, würde unser Vater nicht auch dazu noch den Atem geben. Die ganze Erde ist voll SEINER Güte und Gnade *(Psalm 33,5)!* SEINE Liebe ist grenzenlos!

Es kann nur dem engen Herzen und den bitteren Gedanken eines Waisenkindes entspringen, was wir oftmals an Lügen über unseren himmlischen Vater bereit sind zu glauben. Hartnäckig halten sich die **Lügenfestungen in uns**: *„Der Vater liebt mich nicht genug. Es ist nicht genug da. Ich habe Mangel an materieller Versorgung, Gesundheit, Erfolg. Ich bin IHM nicht wichtig genug. Ich genüge anscheinend nicht. Oder ich lebe nicht heilig genug, so dass ER mich bestraft. Wenn ER mich wirklich lieben würde, dann würde ER diese Not von mir nehmen. Ja, dann hätte mich dieses Leid erst gar nicht treffen dürfen. Nein, ER liebt mich nicht! Das ist ganz offensichtlich. Andere bevorzugt ER. Das ist so ungerecht. Ich fühle mich von IHM verlassen. Ich höre SEINE Stimme nicht mehr und sehe auch nichts von SEINER Macht in meinem Leben …!"* Kommen Dir solche Gedanken bekannt vor? Kein Wunder, denn dem Teufel fällt nichts Neues mehr ein. Er versucht es immer wieder mit der alten Masche. Und leider hat er immer noch Erfolg damit. Seine Lügen sind so durchschaubar, seine Anklagen so fadenscheinig.

Wir müssten es besser wissen! Schauen wir uns nur einmal in der **Schöpfung** um. Die Himmel und alles Erschaffene erzählen über die Größe Gottes. Die ganze Natur ist **verschwenderisch** aufgestellt. Jedes Jahr seit Menschengedenken wiederholen sich die gleichen Zyklen: Saat und Ernte, Jahreszeiten, Ebbe und Flut, ein Kommen und Gehen, Leben und Sterben. Das Ganze in einer unüberschaubaren Fülle und Vielfalt. Die gesamte Schöpfung predigt es uns: **Es gibt mehr als genug!** Ein Samenkorn würde ausreichen, aber der Sämann streut tausende aus. In unserer Galaxie gibt es Millionen über Millionen von Sternen. Aber nur ein kleiner blauer Planet ist unser Zuhause geworden. Irgendwo blühen haufenweise Blumen, die nie ein Mensch sehen und pflücken wird. Irgendwo schlummern Schätze, von denen keiner weiß. Irgendwo in den Tiefen des Meeres existieren Lebewesen, die noch keiner zuvor erblickt hat, noch jemals sehen wird. Wir erahnen die Existenz von Nanoteilchen und Partikeln im Mikrokosmos. Je mehr wir forschen, umso gewaltiger tun sich neue Geheimnisse der Möglichkeiten auf. Es wäre so, als ob wir den Sand am Meer oder die Sterne am Himmel zählen wollten …

„Wie kostbar sind mir deine Gedanken, o Gott! Wie ist ihre Summe so gewaltig! Wollte ich sie zählen – sie sind zahlreicher als der Sand. Wenn ich erwache, so bin ich immer noch bei dir!“ (Psalm 139,17+18)

Vielleicht haben wir es schon gelernt, Gott für unser *tägliches Brot* zu vertrauen, für die **Grundbedürfnisse unseres Lebens**, wie Arbeit, Wohnung, Essen, Kleidung oder soziale Kontakte. Das wäre wirklich gut – aber es wäre nicht genug! Das reicht nicht für eine tiefe Vertrauensbeziehung mit Abba! Denn Eltern, die nur die Grundbedürfnisse ihrer Kinder erfüllen, wären auch ersetzbar durch Heimleiter, Pädagogen und anderes Personal. Ein liebender Vater wird immer mehr geben als die Grundbedürfnisse abverlangen! Die Liebe des Vaters ist ausgerichtet auf unsere **Herzenswünsche.** Ein Vater kennt das Herz der Kinder.

> *„Habe deine **Lust am HERRN**, so wird er dir geben, **was dein Herz begehrt**!“ (Psalm 37,4)*
>
> *„Ich will einen ewigen Bund mit ihnen schließen, dass ich **nicht von ihnen ablassen will, ihnen wohlzutun** … damit ich mich über sie freuen kann, ihnen **wohlzutun** …!“ (Jeremia 32,40+41)*
>
> *„Damit ich denen, die mich lieben, ein wirkliches **Erbteil verschaffe** und ihr **Schatzkammern fülle**!“ (Sprüche 8,21)*
>
> *„… dem lebendigen Gott, der uns **alles reichlich zum Genuss darreicht** …“*
> *(1.Timotheus 6,17)*

„Mein Gott aber wird ***allen euren Mangel ausfüllen*** *nach dem Reichtum in Herrlichkeit in Christus Jesus." (Philipper 4,19)*

Abba-Papa ist ein **Gott der Fülle**. Es bereitet Ihm Freude, SEINEN Kindern Gutes zu tun. Lohnenswert ist ein Bibelstudium zu Begriffen wie *Fülle, Reichtum, Größe, Segen* Überfluss. Besonders das kleine Wort überfließend hat es mir angetan. Es wird verwandt in der Bandbreite von überströmend, übergroß, überwältigend, übertreffend, *über das Maß hinausgehend usw.*

Abbas Maß ist Überfluss und Fülle!

Wenn Du aus einem sozialen Umfeld kommst, wo Mangel an der Tagesordnung war, wo Beraubung im Materiellen oder im Seelischen vorherrschte, dann wird die Vaterliebe Gottes wie heilende Medizin auf Deine Wunden wirken. Du kannst immer und immer wieder kommen und Dein Mangelgefühl, Dein Mangelerleben von IHM ausfüllen lassen. Das Unfassbare ist, ER schickt uns niemals fort und sagt: *„So jetzt ist aber genug, jetzt musst Du fertig sein!"* Deshalb kommen auch wir als *Mitspieler* (wir haben das alte Wort *Mitarbeiter* dadurch ersetzt, weil das besser zu unserem Erleben passt) bei den Seminaren und empfangen genauso Gebet, wie alle anderen. Wir sind keine *Besser-Wisser* oder *Mehr-Haber.* Wir sind hungrige und bedürftige Kinder, die sich erneut unter den Wasserfall SEINER Liebe stellen.

Alle unseren Quellen sind in IHM! *(Psalm 87,7)*

Das ist Teil des Lebensgefühls in der Abba-Kultur. **Papa hat immer überfließend mehr als genug!** Wir kommen nicht zu kurz, wenn wir bei IHM sind. Wenn wir nur IHN haben, dann wird es uns gut gehen. Früher oder später. Bis dahin haben wir schon mal IHN! Gott nahe zu sein ist unser wahres Glück *(Psalm 73,28)!* Ich liebe diesen Wind des Geistes. Da ist kein Platz für *Geizkragen*, die nur ungern teilen und abgeben, für *Krämerseelen*, die alles aufrechnen müssen, oder für *Schalksknechte,* die nur Gnade für sich beanspruchen und dabei selber ungnädig bleiben. Papas Großzügigkeit lässt uns **großherzig** werden. Ich könnte viele Geschichten erzählen von großzügigen Geschenken, enormen Zeitopfern aus Liebe, überaus fantasievolle Hilfsaktionen. Menschen, bewegt durch die überfließende Liebe des Himmels, haben zu ungewöhnlichen Taten und Mitteln gegriffen. Sie konnten es sich erlauben, denn sie leben in der Realität der Fülle ihres Vaters. Und selbst, wo noch schmerzhafte Begrenzungen im Hier und Heute vorherrschen, akzeptieren sie das nur bedingt. Sie setzen sich bewusst darüber hinweg, in dem sie den göttlichen Kreislauf von Saat und Ernte anstoßen. So manches Wunder der überfließenden Gnade Gottes hat seinen Ursprung in einem schenkenden Herzen, das die letzten Brote und Fische gerne hergibt! Die mit Tränen säen, werden mit Jubel ernten! *(Psalm 126)*

Deine Gedanken und Impulse …

3.9 geborgen

Das ist eine der stärksten Mauern in unserem Haus des neuen Miteinanders. *AWG* -das steht nicht nur für *Abba-Weg-Gemeinschaft*, sondern vor allem für:

Alles wird gut!

Die Erfahrung der Vaterliebe Gottes vermittelt ein völlig neues Lebensgefühl in einer **Welt voller Umbrüche** und verwirrender Veränderungen. Nichts ist so beständig wie der Wandel in unserer Zeit. Das macht uns zu heimatlosen Nomaden des dritten Jahrtausends. Wir sind auf der Flucht vor uns selbst, Vertriebene und Getriebene der ständigen Innovationen, wir sind die *Generation Z wie Zisch,* die Luft ist raus … wir leiden unter Stress, Burnout, psychosozialen Massenepidemien. Noch nie hat eine Generation vor uns gelebt, die so kompetent und zugleich so hilflos war. Wir bekommen die einfachsten Dinge nicht geregelt wie Liebe, Freude, Zufriedenheit, Geborgenheit. Die Zukunft ist voll mit unfassbaren Größen: So war das immer schon, nur mit dem Unterschied, dass wir heute die Fähigkeit besitzen, die Größen der Gefahren auch noch zu berechnen und zu definieren, aber wir haben keine schlüssigen Antworten und Auswege. Solange die Wirtschaft in diesem Jahr wächst, solange heute meine Arbeitsstelle sicher ist, solange ich mir morgen etwas Luxus und Lebensqualität leisten kann. Wir verschieben einfach die Fragen und Probleme auf übermorgen. Wir leben auf Pump, so wie es alle tun. Aber unsere Seelen sind dabei ängstlich und aufgewühlt. Denn ganz tief in uns drinnen spüren wir, dass es nicht immer so weitergehen kann und wird, und dass wir auf einem Vulkan tanzen, der kurz vor dem Ausbruch steht. Wir fühlen seismografisch überall die Erschütterungen und sehen die Zeichen der Zeit. Wir **leben in den letzten Tagen** der Menschheit (und das mindestens schon seit 2000 Jahren). Unser Herr Jesus Christus will und wird wiederkommen! Das Ende der Zeiten reift aus. Der Vulkanausbruch wird beides hervorbringen: Feuer und Asche, Leben und Zerstörung, Erweckung und Antichristliches. Entscheidend ist, worauf wir schauen! Werden wir zu der ***Angsthasen-Gemeinde*** gehören, die überall *Mister 666* erblickt, sich in ihrer Höhle versteckt und abwartet, bis alles Schlimme vorübergezogen sein wird? Oder gehören wir zu der ***Löwenherz-Gemeinde***, die sich mutig hinauswagt und einmischt, weil sie an der Hand des Vaters geht? Abba ist ihr Schutz und Schirm.

„Wer ***unter dem Schirm des Höchsten*** *sitzt, der bleibt unter dem Schatten des Allmächtigen. Ich sage zu dem HERRN:* ***Meine Zuflucht und meine Burg****, mein Gott, auf den ich traue! … Er wird dich mit seinen Fittichen decken und unter seinen Flügeln wirst du dich* ***bergen****; seine Treue ist Schirm und Schild.* ***Du brauchst dich nicht zu fürchten*** *… ob tausend fallen zu deiner Seite und zehntausend zu deiner Rechten,* ***so wird es doch dich nicht treffen*** *…* ***kein Unglück wird dir zustoßen*** *… denn er wird seinen Engeln deinetwegen Befehle geben, dass sie dich* ***behüten auf allen deinen Wegen*** *…!“*
(Psalm 91,1ff)

Was für ein wunderbares Lebensgefühl der Geborgenheit wird uns hier im **Psalm 91** vor Augen gemalt! Wir gehen, wie ein kleines Kind an der Hand des Vaters, durch das Minenfeld unserer Zeit. Überall lauern Gefahren und Bomben auf uns. Überall sind Fangnetze und Fallen aufgestellt. Wären wir allein, würden wir es ganz gewiss nicht schaffen. Unsere Unbedachtsamkeit würde uns zerfetzen. Aber mein Vater hat den Überblick und ich vertraue IHM! Ich bin an SEINER Hand. Mir kann nichts geschehen! So hüpfe ich fröhlich und guten Mutes meines Weges, wohl wissend wie gefährlich das Leben auf dieser Erde sein kann.

In den letzten Jahren wurde ich oft gefragt, was denn nun das so *Besondere* an der Vaterherz-Offenbarung sei? Und jedes Mal gab ich zur Antwort: **Das tiefe Lebensgefühl von Geborgenheit und Frieden in Abbas Armen!**

Wer in der Liebe des Vaters ankommt, kommt zur Ruhe. Der Schalom Gottes hüllt ihn ein wie ein wärmender Mantel. Das ist eine unbeschreibliche Realität, die sich da ausbreitet. Es kann uns nichts mehr passieren. Nichts kann uns etwas anhaben. Wir könnten das Allerschlimmste erleben, aber dennoch wäre unser Immanuel bei uns.

Wir sprechen in der Vaterherz-Bewegung an dieser Stelle von der **Taufe in der Liebe des Vaters.** So wie Jesus damals im Taufwasser steht (Wassertaufe), der Heilige Geist spürbar-erfahrbar auf ihn herabkommt und SICH lagert (Geistestaufe) und aus dem Himmel die Stimme des Vaters ertönt: **„Du bist mein geliebter Sohn, an dem ich Wohlgefallen habe!“**

(Taufe in der Vaterliebe). Diese Erfahrung wurde zum zentralen Ereignis in der Biografie Jesu hier auf Erden, wie eine Säule, die absolut tragfähig ist. Immer wieder neu brauchte Jesus die Vergewisserung der Liebe des Vaters (siehe auch: *Matthäus 17,5 / Johannes 12,28 / Lukas 22,43).*

In der Liebe des Vaters **finden Menschenkinder endlich nach Hause und bergen sich bei IHM.** Die Zeit der Schutzlosigkeit und der Ängste ist vorbei. Sie leben in der wunderbaren Geborgenheit von Abba. Dieses Lebensgefühl trägt durch und prägt unsere Kultur des Miteinanders, sowie den Alltag von jedem von uns. Ich werde es nicht vergessen, als wir vor ein paar Jahren in Polen zu einem Seminar mit einem Team unterwegs waren und folgende überraschende Entdeckung machten: Viele unserer Mitspieler erzählten ihre Vater-Geschichten und jedes Mal tauchte das kleine Wörtchen *geborgen* auf. Allerdings gibt es in der polnischen Sprache leider keine passende Übersetzung dafür. Es wurde mit *Sicherheit* und *Schutz* übersetzt, was dem Ganzen ja schon ziemlich nahe kommt. Aber das Wort *Geborgenheit* strahlt für mich noch so viel mehr aus: Es bedeutet mehr als nur Sicherheit und Bewahrung, als ob ein Bodyguard mich beschützen würde. Abba-Papa schenkt mir Geborgenheit in SEINER Burg, in SEINEM Zuhause. Ich darf bei IHM wohnen und bei IHM bleiben für immer. Weil ER da ist, bin ich unantastbar für das Böse.

Deine Gedanken und Impulse …

3.10 gesegnet

Der **aaronitische Segen** lautet:

> ***„Der HERR segne dich und behüte dich!***
> ***Der HERR lasse sein Angesicht leuchten über dir und sei dir gnädig!***
> ***Der Herr erhebe sein Angesicht auf dich (wörtlich: wende es zu dir hin) und gebe dir Frieden!"***

Wow! Was für ein Wort! Wenn man dann noch bedenkt, in welchem Buch der Bibel diese Worte zu finden sind. Sie stehen im 4. Buch Moses *(Numeri 6)*. Ist das nicht das Buch mit den vielen Zahlen und öden Namensauflistungen? Ist das nicht das Buch, in dem so viel von der Rebellion und dem Murren Israels die Rede ist? Ja, richtig! Und mittendrin dann diese Segensworte. Der Reformator Martin Luther war davon so sehr angetan, dass er den *aaronitischen Segen* fest als liturgisches Element zum Ausklang eines jeden Gottesdienstes übernahm. So haben diese drei kleinen Verse eine enorme **Wirkungsgeschichte.** Das ist typisch für den Segen des Vaters, denn der hinterlässt immer himmlische Wirkung.

Segen ist ein ganz zentraler Begriff in der Bibel. Wir könnten ihn schlicht übersetzen mit *Gutes aussprechen / Hilfreiches wünschen / loben.* Das ist keine Einbahnstraße. Der Vater *segnet* uns, in dem ER heilvolles Gutes über uns ausspricht, wie ein Schöpfungswort. Da liegt Gottes Kraft drin. Und wir wiederum *segnen IHN*, indem wir Gutes über IHN weitersagen, IHN loben und preisen. So thront und wohnt Gott im Lobpreis SEINER Kinder und wir wiederum sind zu Hause in SEINEM Schalom-Segen.

Ich hatte bereits darauf hingewiesen, dass der **Jahwe-Gottesname** eine Botschaft in sich selber trägt: *Gott ist für uns und ER ist wirklich absolut für uns da!* Das ist *der HERR*, von dem hier der Segen ausgeht. Ein naher Gott und liebender Vater! Und das bereits im Alten Testament. Mancher Bibelleser hat den Eindruck gewonnen, unser Gott müsse sich zwischen Altem und Neuem Testament *„bekehrt haben"*, weg von einem strafenden Richter des Alten Bundes, hin zu einem lieben Vater im Neuen Bund. Aber so ist dem nicht. **Jahwe ist Abba**; ER war immer schon voller Liebe und ein guter Hirte! Das zeigt sich hier im Segenswort.

Die Aussage, dass der HERR *SEIN Angesicht leuchten lässt*, ist eine überraschende Neuigkeit für Israel. Denken wir nur daran, wie sich das Volk damals gefühlt hat, als sich Gottes Herrlichkeit auf dem Berg Sinai offenbarte. Sie versteckten sich vor Furcht und wollten nicht näher herankommen. Sie hatten Angst vor diesem Gott. Und nun das! Der Zuspruch: *„MEIN strahlendes Gesicht geht über euch auf, wie die Sonne! Ihr braucht keine Angst vor MIR haben. Ich bin vertrauenswürdig. Schau mir in die Augen, Kleines!"*

Im Orient durfte man einem König nicht unaufgefordert in die Augen sehen. Wer den Augenkontakt riskierte, spielte mit dem Tod. Nur Freunden des Königs war es gestattet, frei in sein Angesicht zu schauen. Das **Angesicht des Königs** entschied über Leben und Sterben. Wenn er strahlte, ging Leben von ihm aus. Ergrimmten seine Gesichtszüge, hatte das nichts Gutes zu bedeuten. **Aber auf Abbas Angesicht liegt ein Strahlen der Liebe und Annahme** für uns! Der Vater lächelt uns zu. ER freut SICH mit Jauchzen über SEINE Kinder *(Zephanja 3,17)*.

Unser Vater ist durch und durch **gnädig**. Das ist ein weiteres Wort, das nicht von dieser Welt stammt. Gnade ist ein unverdientes Geschenk Gottes. Das griechische Wort für *Gnade* hat dieselbe Wurzel wie **Freude und Geschenk.** War ein König *gnädig*, dann *begnadete* er die Schuldigen und erwies seine Gunst an ihnen. Diese *Gnadenerweise* markierten die Herrschaft eines Königs und stellten unter Beweis, wie mächtig und großherzig er mit Feinden und Schuldnern umgehen konnte. Je machtvoller ein Herrscher war, umso mehr konnte er sich den Luxus von Gnade erlauben, denn er hatte von den Feinden nichts zu befürchten. Unser Abba ist so großartig, dass ER vor nichts und niemandem sich fürchten müsste. SEINE Gnade ist grenzenlos für SEINE Kinder.

Die Formulierung, dass der HERR uns *SEIN Angesicht zuwendet*, erschließt sich erst aus der hebräischen Sprache. Gott wendet SEIN Angesicht ganz nahe zu uns hin. Das ist eine Umschreibung für die *Annäherung, jemanden zu küssen*. Da haben wir es schon wieder! **Der Vater kommt mit Küssen!** Hast Du schon einmal versucht, jemanden zu umarmen oder gar zu küssen, der missbraucht und geschlagen wurde? Wie wird der wohl reagieren? Die meisten Menschen wenden sich ab, ducken sich weg vor der Liebe, nach der es sie eigentlich so sehr verlangt, weil sie bereits so viele Schläge in ihrem Leben einstecken mussten. Wir gleichen dem kleinen misshandelten

Hund, der die Hand anknurrt, die sich nach ihm ausstreckt, um ihn zu streicheln und zu liebkosen. Doch unser Vater weiß, wie die unsichtbaren Wunden unserer Seele zu heilen sind.

Da kommt SEIN **Schalom-Frieden** mit ins Spiel. *Schalom* ist mehr als das, was unser Wort *Frieden* auszudrücken vermag. Es geht um einen umfassenden Zustand von **Wohlbefinden an Leib, Seele und Geist**. *Schalom* ist der Inbegriff von allem Guten: Das ist Versorgung, Wohlstand, Gesundheit, Schutz, Glück, Lebensfreude, gute Beziehungen, Erfolg, Glaubensgewissheit, ewiges Leben – ein allumfassender Segen! Egal, wie unsere vorherigen Lebensumstände waren, wie tief die Wunden der Vergangenheit gehen: Abba-Vater will uns umhüllen mit diesem *Schalom-Segen*.

Als ER den Leichnam SEINES geliebten Sohnes Jesus in diesem *Schalom* barg, wie in einem schützenden Mantel, verlor jede Macht des Todes ihr Anrecht. Die Liebe des Vaters besitzt die **Macht der Auferweckung**. Sie brennt stärker als der Tod, selbst Wasserströme löschen sie nicht aus!

In unserem Netzwerk nehmen wir uns gerne Zeiten der Anbetung, wo wir lange und intensiv dem Vater in die Augen schauen. Früher haben wir immer nur SEINE Hände gesucht, mit anderen Worten, wir wollten SEINE Wunder und Taten haben. Jetzt schauen wir IHM ins Angesicht, das heißt, wir suchen die Gemeinschaft mit IHM persönlich. **Abba ist unser Segen in Person**, wir suchen nicht vordergründig nur nach SEINEN *Segnungen*. Wir wollen IHN haben, nicht nur etwas von IHM! Das macht einen großen qualitativen Unterschied. So erschließt sich der Segen Gottes für uns auch nicht erst in dem Augenblick, in dem wir die Geschenke, wie kleine Kinder zu Weihnachten unter dem Tannenbaum, in Händen halten. Wir können unsere aufgescheuchten **Herzen bei Abba zur Ruhe bringen**, selbst unter widrigsten Umständen. In unserer *TST-Netzwerkfamilie* haben wir schon so manches Leid und manche Freude miteinander geteilt. Die eine geliebte Tochter wurde von Krebs geheilt und darf hier unter uns weiterleben. Die andere geliebte Tochter hatte auch Krebs und starb. Sie darf nun auf goldenen Straßen mit Abba tanzen. Der eine geliebte Sohn erlebte eine Spontanheilung an seiner Seele. Der andere geliebte Sohn musste und muss weiterhin einen mühsamen Weg mit vielen Schritten auf dem Weg seiner Heilung gehen. Es gibt kein Schema und keine Schablone. Papa liebt uns einzigartig. SEINE Liebe macht niemals einen Fehler. ER weiß genau, was ER tut und wie ER es am besten macht – mit jedem von uns. Und wir können IHM voll vertrauen. Wir sind SEINE Gesegneten! Was für eine starke tragende Wand ist SEIN Segen in allen Situationen!

Deine Gedanken und Impulse …

Teil IV: Lebensräume

Im Haus unseres Vaters sind **viele Wohnungen** *(Johannes 14,2)*. Durch das Leben mit Abba erschließen sich unendlich viele neue Lebensräume. Noch nie habe ich mich so **lebendig gefühlt** wie in den letzten Jahren, seitdem ich Gottes Vaterherz anfangen durfte, näher kennenzulernen und ich bin kein Einzelfall. Ich kenne Hunderte von Menschen, wenn nicht sogar Tausende, die das Gleiche bestätigen können:

„... dann kam Abba und mein Leben wurde von Grund auf neu!“

Die Offenbarung der Vaterliebe Gottes schenkt uns ein neues Gottesbild und eine neue Gottesbeziehung, eine neue Identität als geliebtes Kind, einen Perspektivwechsel und eine neue Sicht auf alle Dinge, **einen neuen Lebensstil aus der Vaterliebe Gottes geboren**: die ***Abba-Kultur!***

Mir kommt es so vor, als habe ich meine alte, enge Hütte verlassen und bin in Papas riesengroßen Palast eingezogen. Dieses **Schloss** steht auf einem sicheren Bergfelsen. Das Fundament ist solide und hält allen Stürmen stand. Die Mauern sind gewaltig, unüberwindbar und massiv. Alles strahlt Schönheit, Herrlichkeit und Majestät aus. Obwohl mich die Größe fast erschlagen könnte, bin ich völlig geborgen, denn mein Abba, der König, ist bei mir. ER ist das Herz und Zentrum von allem. Und weil ER mir so vertraut ist, empfinde ich kein Fremdsein an diesem Ort. Das Schloss hat Zimmer ohne Zahl. Das sind die **Lebensräume**, die ich auf meiner Reise mit Abba bereits entdecken durfte und von denen ich Dir gerne ein paar zeigen möchte.

Viele Räume kenne ich selber noch gar nicht und ich bin dabei, Neues zu entdecken. In einigen dieser Lebensräume fühle ich mich schon ganz zu Hause und lebe täglich darin. Andere Zimmer betrete ich nur von Zeit zu Zeit. Manche Räume muss ich selber erst erobern. Alles ist so herrlich und aufregend in dem Palast meines Vaters. ER führt mich von Raum zu Raum, erklärt mir die Welt mit SEINEN Worten und lässt mich alles durch SEINE

Augen betrachten. Hier darf ich sein, hier gehöre ich hin, hier will ich leben alle Tage, bis in Ewigkeit!

Die folgenden *20 Lebensräume*, die wir in der *Vaterherzbewegung* miteinander entdeckt haben und teilen, sind nur ein kleiner Ausschnitt. Das sind unsere *Gemeinsamkeiten*, die wir bisher schon mal entdecken durften. **Es gibt aber noch so viel MEHR!** Wie gesagt, das Schloss ist riesig und es gibt jeden Tag etwas Neues zu bestaunen. Ganz gewiss kennst auch Du bereits einige dieser Räume aus Deinem eigenen Erleben. Dann schaue bitte noch einmal hin, was Du an weiteren Einblicken hinzugewinnen kannst. Rufe Dir bitte auch in Erinnerung, welche weiteren Lebensräume Du bei Deinem Gott schon kennengelernt hast.

4.1 Was macht das mit Deinem Herzen?

Diese Frage ist **typisch für Vaterherz-Bewegte**! Ich habe sie in den letzten Jahren zigmal gehört, anderen gestellt oder selbst beantwortet. In meiner Erinnerung war *Maria Hamann* die erste Person, die uns mit dieser Frage konfrontierte. Heute ist sie gar nicht mehr wegzudenken. Wenn wir als Teams unterwegs sind und unsere Lebensgeschichten erzählen, dann fokussiert uns das konzentrierte Nachfragen in die richtige Richtung. Denn schließlich geht es unserem Gott um die Hauptsache, um unser **Herz**!

> ***Sprüche 4,23:***
> ***„Mehr als alles, was man sonst bewahrt, behüte dein Herz!***
> ***Denn in ihm entspringt die Quelle des Lebens." (ELB)***

Es kamen einmal zehn sehr kranke Männer zu Jesus, so lesen wir in ***Lukas 17.*** Sie waren alle aussätzig. Leprakranke mussten als Ausgestoßene der Gesellschaft außerhalb der Dörfer in gesonderten Siedlungen vegetieren. Die Ansteckungsgefahr war einfach zu hoch. Diese zehn aber durchbrachen die unsichtbare Grenze und näherten sich einem Dorf, wo Jesus, der Messias und Heiler, von dem sie viel gehört hatten, sein würde. Damit riskierten sie Leib und Leben. Hätten die Dorfbewohner sie erwischt, hätte man sie sicherlich gewaltsam vertrieben, verprügelt oder gar gesteinigt. Aber das war ihnen egal. Es war ihre letzte Chance. Bestimmt weißt Du, wie diese Geschichte endet: Jesus heilt alle zehn Todgeweihte. Wow, was für ein Megawunder! Sogleich veranstalteten die Geheilten einen Lobpreisgottesdienst. Die waren gänzlich aus dem Häuschen. Das traurige Ende dieser Story ist, dass nur *ein Einziger* von ihnen zurückkam (dazu noch ein „verhasster Ausländer") und sich bei Jesus bedankte!

Wir würden gerne alle zehn Personen gefragt haben: *„Was hat diese Heilung mit Deinem Herzen gemacht?"* – Was meinst Du, was werden die neun antworten, die es nicht mehr für nötig hielten, zu Jesus zu gehen? Vielleicht waren sie zu beschäftigt. Jetzt, wo sie wieder ein funktionierender Teil der Gesellschaft sein konnten, hatten sie andere Prioritäten und Verpflichtungen. Sie mussten arbeiten, heiraten, eine Familie versorgen, Dienste übernehmen. Sicherlich waren sie zu gestresst vom Alltag. Oder vielleicht hatten sie einfach keine Lust, wollten das Leben in vollen Zügen genießen, nach all den Entbehrungen der letzten Jahre. Wäre das nicht nur fair und gerecht? Es gibt also viele gute Argumente. Doch warum kehrte *der Eine* zu Jesus zurück? Dazu noch ein Samariter, ein Ausländer? Der hätte doch wirklich ein Alibi haben können und sagen: *„Sorry, ich muss zu meiner Familie reisen und das ist ziemlich weit weg von hier, ihr wisst ja – aber grüßt den Jesus schön von mir!"* Warum war ihm das so wichtig, noch einmal Jesus zu sehen – und den anderen neun Kandidaten nicht? Ich glaube, der Samariter würde auf unsere Frage antworten: *„Dieser Jesus hat mich nicht nur von meinem Aussatz befreit und geheilt.* ***Dieser Rabbi hat mein Herz berührt und erobert!*** *Deshalb muss ich IHN sehen und bei IHM sein!"*

Es gibt Wunder, Gebetserhörungen, Heilungen, mächtige Taten Gottes, die nichts, aber auch gar nichts mit unserem Herzen machen. Wir bleiben innerlich unberührt davon. Wir bleiben die Alten. Oftmals sind wir so fixiert auf das Endergebnis. Wir wollen das Geschenk um jeden Preis: den Traumprinzen, die Arbeitsstelle, die Heilung, oder was auch immer. Wir beißen uns fest in unsere Wünsche und Visionen. Dabei können wir sehr leicht übers Ziel hinausschießen.

Plötzlich entpuppt sich das große Geschenk des Himmels in Wirklichkeit als ein Götze oder ein Fluch, der uns nur davon abhält, uns tiefer auf Gott einzulassen. Es gibt **eine Dimension dahinter**, auf die es ankommt! Hinter jedem Eingreifen Gottes steht ein noch größerer Segen. **Der wahre**

Segen, das ist Jesus selbst, das Vaterherz Gottes in Person! Der wahre Segen ist die Liebesbeziehung zu IHM!

Wir können diesen *wahren Segen* verpassen, wenn wir mehr auf die *Gaben* schauen als auf den *Geber.* Segnungen Gottes, die nicht zu Herzen gehen, vergleicht die Bibel mit **Liebe ohne Intimität**. Liebe ist aber weitaus mehr als Sex oder Prostitution. Im Alten Testament beschwert SICH Gott oft darüber, dass Israel wie *eine Hure* sei, die nur auf Geld und Macht aus ist und nicht wirklich IHN meint. Genau darum geht es: Gottes Liebe ist nicht käuflich, SEINE Segnungen sind nicht losgelöst von SEINER Person zu bekommen. Wer Gottes Liebeserweise haben will, ohne IHM dafür das eigene Herz zu schenken, benutzt den Allmächtigen für die eigenen Ziele – und da wird Gott nicht mitmachen!

In diesem Licht der Offenbarung muss so manche scheinbare Segnung Gottes noch einmal neu auf den Prüfstand. Paulus sagt: *Alles ist erlaubt, aber nicht alles zieht mich zu Gott hin (1. Korinther 10,23).* Und Jesus weist darauf hin, dass es auf **die Früchte** der Segnungen ankommt *(Matthäus 7,16).* Ein kranker Baum kann keine guten Früchte hervorbringen. Interessanterweise verwendet die Bibel ein und dasselbe Wort für das menschliche *Herz,* sowie auch für den **Kern** einer Frucht. So wie im *Kern* das genetische Potenzial für neue Frucht angelegt ist, so liegt der Schlüssel zum Leben in unserem Herzen.

Für mich öffnete sich ein neuer Lebensraum durch die Frage: *„Was macht das mit Deinem Herzen?"* Ich lerne mehr und mehr, Situationen und Ereignisse in meinem kleinen Leben, oder auch im Leben anderer, **neu zu bewerten**. Das, was auf den ersten Blick wie eine Katastrophe aussehen mag, hat womöglich im Kern das Potenzial, mich näher an Abbas Herz heranzudrücken. Hingegen stellt sich mancher *oberflächlicher Schein-Segen* als reines Ablenkungsmanöver heraus. In diesem neuen *Lebensraum* lerne ich, auf *die Dimension dahinter* zu achten. Ich lerne durch Abbas Augen, mit dem zweiten Blick zu sehen und komme zu völlig neuen Ergebnissen.

Beim ersten Hinschauen hätte ich in der Bibel so manches anders gemacht: Angefangen in Eden – da hätte ich aufgepasst, dass keine Schlangen ins Paradies kommen. – Dem Noah hätte ich gesagt, er soll bitte keine Katzen mit auf die Arche nehmen, denn Katzen mag ich nicht. – Die Sarah und den Abraham hätte ich nicht so lange zappeln lassen, sondern ihnen gleich einen Erben geschenkt – das hätte uns eine Menge Ärger mit Ismael erspart. – Den kleinen Moses hätte ich niemals in einem Korb auf dem Nil ausgesetzt. Das weiß doch jeder, dass da gefährliche Nilpferde und Krokodile drin leben. Nun, es ist ja noch mal gut gegangen. Aber dann hätte ich später wenigstens dem alten Moses einen Tipp gegeben, dass es da eine Abkürzung nach Kanaan gibt, die ihm fast 40 Jahre Zeitersparnis eingebracht hätten. – Den Gideon hätte ich zurückgepfiffen, als er die große Armee Israels nach Hause schickte (spinnt der?), um die Feinde mit seinen paar Leuten anzugreifen. – Dem König David hätte ich nach Ehebruch und Mord die Lizenz zum Regieren entzogen. Völlig unbrauchbar, solch ein Kerl. – So jemand wie Petrus wäre bei mir gar nicht erst ins Team gekommen; auf den ist doch sowieso kein Verlass. Heute himmelhoch jauchzend und morgen down. – Und den Thomas hätte ich auch nicht mitgenommen. Kritiker töten jeden Visionär! – Ja, und warum überhaupt Judas bei den Jüngern dabei sein durfte, ist mir echt schleierhaft – das war doch gleich klar, dass der es gar nicht ernst meint mit Jesus, der wollte den Rabbi doch nur für seine eigenen politischen Ziele und Zwecke benutzen. – Und Paulus? Paulus! Gibt es keine einfacheren Persönlichkeiten und Charaktere? Müssen wir immer die schlimmsten Typen in die Gemeinde aufnehmen? … Merken wir was? So könnten wir fortfahren und alle möglichen Situationen in der Bibel nach unserem Geschmack umändern – und dabei **ein bisschen Gott spielen**. Aber dann hätten wir nicht mehr die Bibel als Gottes Geschichte mit den Menschen. Wir hätten ein menschliches Drehbuch für Hollywood, in dem *wir selber* die Hauptrolle spielen und auch noch die Regie führen. Für unseren Gott bliebe bestenfalls die Nebenrolle vom *Flaschengeist,* der unsere Wünsche zu erfüllen hat.

Auf den zweiten Blick erschließt sich uns die Wahrheit: Unser Abba-Vater hat viele Situationen in der Bibel bewusst zugelassen, manche sogar aktiv herbeigeführt, damit ER unmögliche Lebenslagen in **SEINE Möglichkeiten** verwandeln kann. Die Liebe des Vaters ist großartig darin, aus Engpässen Geburtskanäle für neues Leben zu schaffen. Das ist die Botschaft der Bibel. Aber das ist auch die Botschaft unseres Lebens. Wenn wir anfangen, in unserer kleinen Welt Gott zu spielen, dann enden wir im Chaos. Wer sich ein möglichst schmerzfreies, unkompliziertes und reibungsloses Leben wünscht, hat immer noch nicht verstanden, worum es geht. **Gott**

lässt unser Leben zu – mit allen *Herausforderungen und Erschütterungen*, damit wir unsere Herzen besser kennen lernen. Aber auch mit allen *Segnungen*, damit wir entdecken, was wirklich in uns steckt. **Abba macht die Herzen offenbar**, mal durch Schweres und mal durch Leichtes. Sowohl Kämpfe als auch Siege haben die Fähigkeit, uns von Gott abzulenken oder uns zu IHM hinzulenken. Einzig entscheidend ist dabei unser Herz. Wo steht unser Herz? Davon hängt ab, ob die *gute oder böse Situation* mich näher ans Vaterherz Gottes bringen wird.

Diese Entdeckung ist aufregend und lässt mich mein Leben neu betrachten. Ich will lernen, nicht zu schnell die Unbequemlichkeiten wegzubeten. In jeder Krise und Notlage steckt **eine Botschaft an mein Herz**. Gleichfalls will ich die Geschenke des Himmels nicht leichtfertig konsumieren, sondern hinhören, was der Vater mir dadurch mitzuteilen hat. Ich will die Botschaft dahinter. Ich will SEIN Reden, SEINEN Herzschlag. Ich will IHN darin finden – in allem Schönen und in allem Schweren. **Ich suche nach dem Gold** des Himmels. Abba ist mein Schatz – so oder so.

Nun lebe ich seit ein paar Jahren in diesem *neuen Lebensraum* und entdecke täglich mehr Details darin. Es bereitet mir enorme Freude, andere Menschen an diesen Ort mit einzuladen. Hier werden Biografien neu geschrieben und Urteile revidiert. Gerne weise ich die *Verzweifelten* darauf hin, dass es sich lohnt, tiefer zu graben und eine zweite Meinung des Himmels einzuholen. Und den *Verbitterten* will ich sagen, es ist nicht alles so, wie es auszusehen scheint. Entscheidend ist, was in unseren Herzen dabei rumkommt. Es kommt auf die Frucht in uns an. Alles verfolgt einen tieferen **Sinn und Plan bei Abba**. Auf einmal gibt es für uns kein sinnloses Leid oder planloses Chaos mehr. Selbst über dem *Tohuwabohu – Durcheinander* brütet immer noch der Geist Gottes und kann Gutes daraus kreieren. Es gibt auch keinen ziellosen Segen. Gott verfolgt SEINE Absichten. Unser Vater führt die Regie. ER spricht immer das letzte Wort – und darauf kommt es an!

In der *TST-Familie* erzählen wir uns unsere Geschichten und lernen dabei, unsere Herzen zu zeigen. Das hat über Jahre eine Atmosphäre des Vertrauens aufgebaut. Da fällt es leichter, aufrichtig und authentisch zu leben. Ohne Masken und ohne Schönfärberei. Umso gravierender ist dann der gefühlte Temperatursturz, wenn wir uns in anderen Kreisen – etwa in der

Berufswelt oder im privaten Umfeld – aufhalten. Dort erleben wir so viel Unfähigkeit, über Herzensangelegenheiten zu sprechen oder innere Prozesse zu zulassen. Menschen wollen lieber ihre Herzen bedecken und verstecken. Ja, und dann kommen wir und fragen: *„Was macht das mit Deinem Herzen?"* Wir wirken ein bisschen wie Aliens auf einem gefühlskalten Planeten. Aber das macht nichts! Wir stehen mitten im leidenschaftlichen **Angriff der Liebe des Vaters** auf die Herzenskälte unserer Welt. Es mag sein, dass viele unserer Zeitgenossen (auch in Kirchen und Gemeinden) noch keine Sprache für ihr eigenes Herz gefunden haben. Dennoch gilt, wir haben es nicht mit *herzlosen Wesen* zu tun. Abba hat einem jeden Menschen ein Herz geschenkt! ER sehnt SICH so nach einer innigen **Liebesbeziehung von Herz zu Herz!** Der Vater hat eine neue Ära eingeläutet, wo Herz wieder Trumpf ist! Und wir dürfen da mitmachen. Ganz nebenbei – ist es nicht auffällig, wie **Herzen, als Motiv,** in den letzten Jahren überall wieder zu finden sind? Herzen sind ganz neu en vogue! Da muss der Vater wohl dahinter stecken!

Und danke, Maria, für die Frage, die unser aller Leben verändert hat!

Deine Gedanken und Impulse …

4.2 Du selbst bist die Botschaft

Als ich vor „Ewigkeiten" Theologie studierte, galt es als eine der Todsünden eines Verkündigers, die eigene Person beim Predigen zum Thema zu machen. In den protestantischen Kirchen wurde propagiert, man solle lieber die vorgegebenen Bibeltexte im Kirchenjahr predigen, um ja nicht Gefahr zu laufen, subjektivistisch abzuschweifen. Das Ergebnis war dann leider, dass bestenfalls seelenlose Richtigkeiten und blutleere Wahrheiten ohne Alltagsbezug von den Kanzeln ertönten. Gottes Wort spricht da eine andere Sprache. Wir haben nicht nur eine Botschaft. **Unser ganzes Leben ist eine Botschaft.** Du selbst bist Teil dieser Botschaft. Ja, Du selbst bist die Botschaft! Unser Leben predigt lauter, als unsere Worte.

> *2. Korinther 3,2+3:*
> *„**Unser Brief seid ihr selbst,** in unsere Herzen geschrieben, erkannt und gelesen von jedermann. Es ist offenbar, dass **ihr ein Brief des Christus seid**, durch unseren Dienst ausgefertigt, geschrieben nicht mit Tinte, sondern mit dem Geist des lebendigen Gottes, nicht auf steinerne Tafeln, sondern auf fleischerne **Tafeln des Herzens!"***

Im Zeugnis der Bibel hatte **ein Bote** mehr als nur den Auftrag, einen Brief oder eine Nachricht zu übermitteln. Er war Repräsentant und Gesandter eines Höheren und verkörperte mit seiner ganzen Existenz die Autorität des Sendenden. Das hebräische Wort für *Bote (malak)* hat dieselbe Wortwurzel wie das Wort für *König (mäläk)*. Der *Knecht* oder *Bote* des Königs kam in dessen Auftrag und wer ihn hörte, der hörte die Worte des Herrschers durch ihn. In dieselbe Richtung zielen auch die griechischen Worte für *Bote/ Engel (angelos)* und *Gesandter/Apostel (apostolos)*. Der Bote ist **Botschafter**. Er hat nicht nur eine Botschaft, er repräsentiert und verkörpert sie, beziehungsweise die Autorität, die dahinter steht.

2. Korinther 5,20:
„So sind wir nun ***Botschafter für Christus,*** *und zwar so, dass Gott selbst durch uns ermahnt, so bitten wir nun* ***stellvertretend für Christus****: Lasst euch versöhnen mit Gott!"*

Die Begrifflichkeit des *Apostels* setzte sich bald in der jungen Kirche durch. Die *Christen* sahen sich in der Nachfolge ihres Messias-Königs. Sie wollten mit ihrer ganzen Existenz diese *Gute Nachricht* verkündigen und *evangelisieren*. Hinzu kam noch das Wort *Märtyrer*, was ursprünglich ein neutrales Wort war und lediglich *Zeuge* bedeutete. Doch schon sehr bald stand dieses Wort für die ersten *Blut-Zeugen,* die mit ihrem Leben für ihr Bekenntnis bezahlten. **Botschaft und Leben** gehören, biblisch gesehen, untrennbar zusammen.

Diese alte Wahrheit des Wortes Gottes findet bei uns in der Vaterherzbewegung eine neue Betonung. Wir wollen mit unserem ganzen Sein und unserer ganzen Existenz unseren König-Vater repräsentieren. ER hat uns nicht nur die Botschaft von SEINER Vaterliebe gegeben, damit wir sie unter allen Völkern weitererzählen. ER macht uns selber zur gelebten **Botschaft auf zwei Beinen.** Unsere Biografien sind wie Beispielmodelle. Sie gewähren Einblick in das, was Gottes Liebe an Veränderungen schaffen kann. Sie geben Zeugnis von der Güte Gottes und bieten Anschauungsunterricht. Wir leben einen **prophetisch-zeichenhaften Lebensstil** inmitten des Wunders SEINER Liebe!

Kennst Du die Lebensweisheit: ***„Da, wo deine Anfechtung ist, da liegt auch deine Berufung!"****?* Also sage mir, wo Deine Kämpfe sind und ich gebe Dir einen Hinweis darauf, was wohl die Bestimmung Deines Lebens sein könnte! Der Feind Gottes verrät sich. Wenn Du viel mit Krankheit zu kämpfen hast, dann ermutige ich Dich, fange an für kranke Menschen zu beten; wahrscheinlich liegt dort ein Segenspaket für Dich bereit. Wenn Du ständig Stress mit Finanzen hast und Dich pausenlos beraubt fühlst, dann schüttele den Staub von Dir ab und beginne im entgegengesetzten Geist zu operieren: verschenke, sei großzügig und gebe gern. Das wird höchst wahrscheinlich ein Teil Deiner Bestimmung sein, von der der Teufel Dich zurückhalten will. Wenn Du immer wieder mit Missverständnissen und Komplikationen in Beziehungen zu tun hast, dann schau bitte noch einmal genau hin. Ganz gewiss liegt da ein Schlüssel Deiner Berufung, aber Du sollst lahmgelegt werden, damit Du den Schlüssel Deiner Autorität möglichst nicht in die Hand nimmst.

Ich glaube, **mein Leben ist kein Zufall, sondern volle Absicht Gottes!**

Alle Zutaten meiner Biografie können und sollen dabei eine wichtige Rolle spielen. Meine Stärken und Gaben, meine Fähigkeiten und Erfolge. Selbst meine Fehler und schlimmsten Sünden. Selbst Umwege und Irrwege. Auch alles, was der Feind angezettelt haben mag. Abba-Vater ist ein wunderbarer Gärtner meines Lebensgartens. ER nimmt den ganzen Mist meines Lebens und macht Dünger daraus! Es gibt nichts, womit ER nicht fertig werden könnte. Keine peinliche Situation, keine schamvolle Erinnerung, kein hässlicher Abgrund in mir, könnte SEINE Liebe aufhalten. Auf einmal können wir **versöhnt mit unserer Biografie** leben lernen.

Bei Vaterherz-Schulen bieten wir manchmal einen besonderen Abend an unter der Überschrift: ***„Papa, erzähle mir bitte meine Geschichte!"*** Das sind erstaunliche Stunden, in denen Gottes Liebe unsere Lebensgeschichten neu schreibt. Nach einer hilfreichen Einleitung und Erklärung bekommt jeder Teilnehmer Zeit und Raum, um allein beim Vater zu sein. Jeder bringt seine Biografie und breitet sie vor Abba aus. Wir bitten den Vater, uns einen oder einige neue Aspekte zu offenbaren. So wie Kinder, die ihre Eltern fragen: *„Wie war denn das damals Mama/Papa bei meiner Geburt? Ich war zwar dabei, habe aber keine bewussten Erinnerungen!"* (Danke, Tanja und Willi Sawatzki, dass ihr uns die Augen dafür geöffnet habt!) Es gibt so viele Situationen auf unserem Lebensweg, wo wir unbewusst oder bewusst dabei waren, die für uns noch im Verborgenen liegen. Vielleicht sogar schmerzhafte, traumatische Ereignisse. Aber wie sieht das Ganze aus Abbas Perspektive aus? So gehen wir an SEINER Hand zu Punkten unseres bisherigen Lebens und schauen noch einmal nach, fragen nach, was ER uns dazu zu sagen hat. Es hat sich als hilfreich herausgestellt, die Gedanken und Gefühle in Form eines Briefes, den der Vater an SEIN Kind schreibt, zu formulieren. Ich bin jedes Mal neu überrascht, wie tief diese Zeiten der heilenden Gegenwart Gottes gehen. Mich fasziniert es, wenn Gottes Kinder entdecken, dass ihr Abba stets dabei war und sie nie in Stich gelassen hat. Da klären sich Ungereimtheiten, Friede kehrt ein. Wir mögen zwar immer noch nicht alles verstehen, wieso, weshalb, warum, aber wir bekommen **Herzensfriede,** weil Abba dabei gewesen ist; dann muss es uns ja am Schluss zum Besten mitwirken!

> *Römer 8,28:*
> *„Wir wissen aber, dass denen, die Gott lieben,* ***alle Dinge zum Besten dienen*** *(wörtlich: mitwirken)."*

Ich wünsche Dir so sehr, dass Du **Frieden schließen** kannst mit Gott und Deinem Lebensweg. Mein größter Feind bin ich leider oftmals selbst – wenn ich mich anklage (dann mache ich mich eins mit dem Teufel, denn der ist ja der Ankläger der Brüder), wenn ich mir selber mein Versagen nicht verzeihen kann, wenn ich mit den vermeintlichen Ungerechtigkeiten in meinem Leben hadere und wenn ich schließlich auch noch Gott Vorwürfe mache. Es hilft mir so sehr, wenn ich dann **die Abba-Brille** aufsetze und mein Leben durch SEINE Augen betrachte. Alle Dinge müssen mir zum Besten mitwirken! Das, wodurch ich jetzt gerade gehe, wird zu einer neuen Botschaft SEINER Agape-Liebe werden. Ich verstehe noch nicht alle Einzelheiten. Vielleicht werde ich es sogar nie richtig erklärt bekommen, so wie bei *Hiob*. Dem hat Gott auch keine rational-befriedigende Antwort auf alles Leid, das ihm da widerfahren ist, gegeben. Aber *Hiob* hat etwas Stärkeres erlebt: nämlich Gottes Gegenwart. *„Vom Hörensagen hatte ich von dir gehört, aber nun hat mein Auge dich gesehen!" (Hiob 42,5)*

Abbas Präsenz in unserem Leben hilft uns durch die dunkelsten Täler und sie bewahrt uns auf den höchsten Höhen. Wer sein Leben in dem Licht der perfekten Liebe des Vaters anschaut, wird langsam begreifen, **dass nichts umsonst war**. Darin liegen Trost, Hoffnung und Zukunft. Ich kenne geliebte Kinder Gottes, bei denen hat unser Abba selbst aus größten Traurigkeiten, wie dem Verlust eines geliebten Menschen oder dem schmerzhaften Zerbruch einer Ehe oder einer Gemeinde oder aus der maßlosen Überforderung des Alltags, noch etwas ganz Herrliches geformt. Diamanten entstehen unter größtem Druck. Perlen werden geboren unter Schmerzen. Gold wird geläutert im heißen Feuer. **Die kraftvollsten Lebensbotschaften entstehen in den Stunden größter Schwachheit**!

Deine Gedanken und Impulse …

4.3 Es ist nie zu spät für eine glückliche Kindheit!

Die Gelehrten streiten sich noch, wer diesen klugen Satz zum ersten Mal gesagt haben mag. Ich weiß es (schmunzel)! Es muss unser himmlischer Vater gewesen sein! Denn dieses Zitat drückt genau das aus, was in SEINEM Vaterherzen vorhanden ist. Da ist genügend Lebensraum für glückliche und geliebte Kinder Gottes! Wenn wir Gott als liebenden Vater entdecken, dann erhalten wir auch eine neue Sicht von uns selbst. ER ist **Ewig-Vater** und wir sind **Ewig-Kinder!**

Die Schöpfung macht es deutlich: Es gibt Lebewesen unter Gottes Kreaturen, die voll erwachsen und geschlechtsreif auf die Welt kommen. Also, so ginge es doch auch! Aber unser Papa wollte es anders! Das meiste Leben auf diesem Planeten geschieht **wachstümlich**. Es beginnt ganz klein und unscheinbar. Es dauert Monate von der Zeugung bis zur Geburt. Danach müssen noch weitere Wachstumsstadien durchlaufen werden. Und selbst, wenn das Leben schon ziemlich erwachsen und ausgereift aussieht, bleibt es doch ein ständiger Prozess von neuen Lernschritten.

Ich werde den Eindruck nicht los, dass wir bei weitem noch nicht das Geheimnis gelüftet haben, was Gott SICH dabei gedacht hat. In SEINEN Plänen spielt das **Kind** eine extrem wichtige Rolle!

> *Jesus sagt in Matthäus 18,3+5:*
> *„Wahrlich, ich sage euch: Wenn ihr nicht umkehrt und **werdet wie die Kinder,** so werdet ihr nicht in das Reich der Himmel kommen! … Und wer ein solches **Kind** in meinem Namen aufnimmt, der nimmt mich auf!“*

> *Weiter lesen wir in Jesaja 9,5:*
> *„Denn **ein Kind** ist uns geboren, ein Sohn ist uns gegeben; und die Herrschaft ruht auf seiner Schulter, und man nennt seinen Namen: Wunderbarer, Ratgeber, starker Gott, Ewig-Vater, Friedefürst …“*

Und in Jesaja 7,14:
„Darum wird euch der Herr selbst ***ein Zeichen geben****: Siehe eine Jungfrau wird schwanger und einen* ***Sohn*** *gebären und wird ihm den Namen* ***Immanuel*** *geben!“*

Neulich hörte ich den Slogan: **Mache es so, wie Gott – werde Kind!**

Die Menschwerdung Gottes fängt mit dem Kindwerden an. Das Wunder von Weihnachten ist ein ganz starker Hinweis darauf, wie wir zu Gottes Herzen finden können. Gott zeigt uns den Weg. ER geht ihn schon einmal voraus – aus SEINER Richtung kommend. Gott wird klein, ein Kind. Jesus wächst heran und behält auch, als erwachsener Mann, **das Herz eines geliebten Kindes,** voller Vertrauen zum Vater! Und allein darauf kommt es an!

Kind sein ist, biblisch verstanden, kein Synonym für Dummheit, Unvollkommenheit und Unreife, sondern für positive **Abhängigkeit und Glauben!** In Jesus zeigt uns Gott-Vater, wie kindliches Grundvertrauen in SEINE göttliche Vaterschaft aussieht. Die *Vater-Kind-Beziehung zwischen Jesus und SEINEM Abba* wird zum Urmodell für alle Kinder Gottes. Der Vater kommt aus SEINER Höhe herab, wird klein, ein Kind, und zeigt uns den Weg an SEIN Vaterherz. Indem auch wir in unseren Herzen vom hohen Ross herabsteigen und klein werden, Kinder werden – so finden wir zurück zu IHM. Ich predige immer wieder: Nur Kinderfüße passen auf den *schmalen Weg* und nur Kinderherzen passen durch *die enge Pforte!* Gottes Ziel mit uns ist es nicht, dass wir möglichst schnell erwachsen werden, im Sinne von autonom und unabhängig. Vielmehr ist der Lebensstil im Himmelreich des Vaters von **liebender Hingabe und kindlichem Vertrauen** durchdrungen.

Der Teufel hasst Kinder. Wo er nur kann, versucht er Kinder zu quälen und zu töten. Die Exzesse von Kinderpornografie, Kindesmissbrauch, häuslicher Gewalt, verhungernden Säuglingen, Kindersoldaten, bis hin zu abgetriebenen Babys, sind die traurige Bilanz seiner dämonischen Aktivität in unseren Tagen. Jedes Kind muss ihn daran erinnern, dass er in Wahrheit gar nicht Gott-Vater sein kann! Denn nur ein Vater kann Kinder zeugen und hervorbringen. Aber der Feind Gottes ist kein Vater. Jesus nennt ihn den Pseudo-Vater, den Möchte-gern-Vater der Lüge. Der Teufel ist impotent. Er besitzt keine Schöpferkraft. Seine Domäne ist nur die Zerstörung und Zersetzung. Er kann nur kaputt machen, aber nichts aufbauen. ER ist der ultimative Waisenknabe. Er ist der **Geist der Waisenkinder**. Waisenkinder müssen für sich selber sorgen; sie haben niemanden, der für sie sorgt. So versucht der Teufel uns mit hineinzuziehen in seine Gang von heimatlosen Straßenkids, die alle schrecklich erwachsen tun und sich wie Halbstarke aufführen.

Vielen unter uns wurde **die Kindheit geraubt.** Sie mussten schnell erwachsen werden und funktionieren. Einige haben Partnerersatz spielen müssen und wurden seelisch oder körperlich missbraucht. Andere wurden emotional überfordert mit Sorgen und Ängsten, die viel zu schwer für eine Kinderseele wiegen. Die meisten aber unter uns haben schlichtweg manche Phasen in der Entwicklung einfach übersprungen, in der irrigen Meinung, dass wir dann schneller ans Ziel kämen. Und dann sind wir aufgewacht in dem Körper eines erwachsenen Menschen und können uns gar nicht mehr daran erinnern, wann wir das letzte Mal so gelacht haben, dass wir davon Bauchweh bekamen – oder wann wir das letzte Mal etwas ganz Verrücktes spontan gewagt haben, ohne nachzudenken oder abzuwägen. Oder wann wir das letzte Mal so richtig glücklich waren!

Die Wissenschaften weisen uns erneut darauf hin, was uns Gottes Wort seit Ewigkeiten lehrt: Es kommt auf das Kind in uns an! Unsere Kindheit ist ausschlaggebend für unser ganzes Leben. **Die Kindheit eines Menschen ist der Schlüssel zu seinem Herzen!**

Wie war Deine Kindheit? Welche Erinnerungen kommen Dir in den Sinn? Oder kannst Du Dich an vieles gar nicht mehr erinnern – und warum nicht? Woran denkst Du besonders gern? Was bekümmert Dich und lässt Schmerz zurück? Deine und meine Kindheit sind viel zu kostbar, als dass wir sie ignorieren dürfen. Wer versöhnt mit seiner Biografie leben kann, der bekommt einen neuen Zugang zu verschütteten Schatzkammern und Lebensräumen. Hier wartet eine Fülle von unausgepackten Geschenken unserer Kinderjahre. Durch die Liebe des Vaters haben so viele Menschenkinder die **Laufmaschen ihres Lebens wieder aufnehmen** können. Es fühlt sich tatsächlich ein wenig danach an, Versäumtes nachzuholen. Mir hat schon mancher Vaterherz-Bewegter erzählt, dass er im Anflug von neuer Kindlichkeit sich selbst ungewohnte Dinge machen sah: Eine Frau ging auf einen Spielplatz und schaukelte, weil sie das als Kind so sehr genoss … ein Mann erfüllte sich einen Kindheitstraum und kaufte sich ein bestimmtes Auto … jemand anderes lud seine Freunde ein und feierte mit ihnen einen Kindergeburtstag (was allen Beteiligten enormen Spaß bereitete). Ist das zu verrückt?! Ist das zu kindisch?! Nein, wir würden sagen: *Es ist nie zu spät für eine glückliche Kindheit!* Der Feind Gottes hat uns zu lange beraubt. Jetzt gehen wir zusammen mit unserem Abba-Vater hin und holen uns zurück, was uns immer schon gehört hat. Und das noch mit haushohen Zinsen!

In der **Freiheit der Kinder Gottes**, wie wir sie gerade in der Vaterherz-Bewegung unter uns erleben können, hat so mancher schon ein Stück verloren gegangene Kindheit nachgeholt. Es ist schwer, das zu beschreiben. Du solltest es am besten selber einmal miterleben. Auf unseren Seminaren und Konferenzen kann es passieren, dass nach Zeiten der Heilung und Wiederherstellung der Herzen, Menschen ganz neu vom **Geist der Kindschaft** erfüllt werden. Für Außenstehende sieht das unter Umständen manchmal *emotional und kindisch* aus, wenn da auf einmal ein paar Leute im Lobpreis eine Polonaise starten und durch den Raum tanzen, oder wenn über jemanden (der gestern noch seinen tiefen Schmerz hinaus weinte) eine Lachsalbung kommt und er sich kaum einkriegen kann, oder wenn Menschen, die eine Freisetzung von Sorgen und Ängsten erlebt haben, in der Gegenwart Gottes, wie aufgeregte, kleine Kinder vor Freude herum hüpfen …

Aber keine Angst, Du musst nicht mitmachen, wenn Du es nicht willst! Auch das ist typisch Kind: Zwar verkleiden sich Kinder gerne und machen Rollenspiele, aber sie sind **absolut authentisch**, wenn es um ihr eigenes, reales Leben geht. Da unterscheiden sie ganz klar: Spiel ist Spiel und Ernst ist Ernst. Sie weinen, wenn ihnen wirklich danach zumute ist, und sie lachen ungebremst, wenn sie wirklich froh sind. Sie sind nicht berechnend oder spielen eine Show. Sie tragen keine Masken vor ihren Herzen. Sie leben ihr wahres Innerstes aus.

Darum wünscht SICH unser Vater im Himmel, dass wir es ihnen gleich tun. **Von den Kindern lernen!** So frei und so unbekümmert, so voller Zutrauen und so echt – wie Kinder leben. Wir brauchen diese kleinen Persönlichkeiten, um von ihren Beispielen zu profitieren. Wie schrecklich muss wohl eine Welt ohne Kinder aussehen? Wie abartig wird sich eine Gesellschaft, die mehrheitlich überaltert ist, benehmen? Dort, wo Kids mitmischen, wird alles etwas unperfekter zugehen, aber auch umso bunter und lebendiger. **Kinder sorgen für himmlische Normalität.** Ich verstehe die Empfehlung von Paulus, dass möglichst Leute, die eine eigene Familie mit Kindern zu Hause haben, der Gemeinde vorstehen sollen. Wer **das normale Chaos einer Familie im Alltag** erfolgreich überlebt, der ist auch qualifiziert für den Rest des Lebens! Ich finde, wir sollten diesen Erfahrungsschatz auf alle Lebensbereiche ausdehnen! Wie würde dann wohl unsere Kultur aussehen?

In der *Abba-Kultur* können wir bereits viel davon schmecken. Ich bin so dankbar für treue Weggefährten aus dem TST. Ich lerne von ihnen und mit ihnen als vielgeliebtes Kind Gottes zu leben. Zum Beispiel, die Lebensdevise von meinem Freund *Manfred Lanz* bewegt mich immer wieder neu: **kindlich – einfach – unperfekt leben.** Das ist ein Lebensstil gegen den heutigen Mainstream. Das bewahrt uns vor Stress und Überforderung. Kinder haben in der Regel keinen Herzinfarkt oder Burn-out. Sie hören einfach auf, wenn sie kein Interesse mehr haben oder zu müde sind. So lernen auch wir mehr auf unser Inneres zu hören. Wann brauchen wir eine Pause? Was tut uns gut – und was nicht? Danke, Manfred, für diese Lektion – ich will auch davon lernen.

Ich bin so sehr dankbar für Persönlichkeiten im TST, wie z.B. *Sigrun Czech,* die mit ihrer spontanen Art unsere Bewegung mitgeprägt haben. Sie verkörpern für mich diesen Geist der Kindschaft. Ihre Art von Musik und die Kinderlieder des Himmels sind ansteckend und befreiend. Manchmal etwas verrückt und zum Schmunzeln. Dann wieder entwaffnend ehrlich und tiefgehend. Abba hat sich das sehr gut ausgedacht. Da singen wir die fröhlichen Kinderlieder, machen die Bewegungen mit wie kleine Kinder, und finden dabei **das Kind in uns selber.**

Vor einiger Zeit waren wir wieder zu einem Seminar in einer Gemeinde eingeladen. Wir übernachteten in einer Gastfamilie. Im Team hatten wir viel Spaß, lachten und scherzten miteinander und erzählten so gerne, was die Liebe des Vaters in uns bewirkt. Die etwa zehnjährige Tochter des Hauses beobachtete mich (und die anderen) sehr genau, dann kam sie zu dem Entschluss: *„Du bist gar kein Erwachsener. Du siehst nur so aus. In Wirklichkeit bist Du ein Kind!"* – Ich glaube, das war für mich eins der schönsten Komplimente der letzten Jahre!

Deine Gedanken und Impulse …

4.4 Papas Liebe ist alltagstauglich!

Und hier kommt eine weitere Lebensweisheit aus der Vaterherzbewegung. Ich verbinde diesen Satz unauflöslich mit dem Leben von *Petra Leppert*. Sie ist eine meiner ganz großen Helden im Vaterhaus. Ich lernte sie vor Jahren kennen. Damals durchlebte sie eine extrem dunkle Zeit. Ihr Ehemann war gerade nach Jahren schwerer Krankheit verstorben. Nun stand sie da mit ihren vielen Kindern, dem großen Haus und einem riesigen Berg an Überforderung. Wie bekommt man das zusammen: Berufsalltag, Großfamilie, Gemeindestress, und dazu der Schmerz der Einsamkeit und Verlassenheit. Wir alle in der TST-Familie konnten Augenzeuge davon werden, wie Abbas Liebe Petra und ihre Familie umhüllte. Der *Gott der Witwen und Waisen* gab ihr ein neues Zuhause der Geborgenheit. Ich kenne wenig Menschen, die so viel Lebensfreude und Energie ausstrahlen wie Petra. Sie hat die Krise nicht nur irgendwie überlebt, sondern mitten darin **das volle Leben bei Abba** gefunden. Nun kann sie gar nicht mehr anders und muss es überall bekennen: *„Mein Papa ist alltagstauglich!"*

Die Vaterliebe Gottes ist zum Glück nicht nur auf geistlichen Sonderveranstaltungen anzutreffen. Sie zeigt ihre wahre Kraft **mitten im Alltag.** Und sie ist auch nicht nur etwas für „Seelsorgefälle". Es macht mich traurig, wenn uns immer wieder dies hartnäckige Vorurteil begegnet. Wie oft musste ich das schon hören: *„Nein, ich brauche die Vaterliebe nicht. Mir geht es doch blendend. Ich hatte eine gute Kindheit. Und auch jetzt bekomme ich mein Leben ganz ordentlich geregelt."* Als ob Gottes Vaterliebe nur etwas für die ganz kaputten Typen sei! – Hallo? Ich kenne niemanden, der so kompetent und weise ist wie mein himmlischer Vater. ER steht mit beiden Beinen mitten im Alltagstrubel dieser Welt. ER hat Ahnung von den komplexesten Fragen in Beruf, Schule, Studium, Gesellschaft. Wir können IHN alles fragen. ER kennt SICH aus mit PC, defekten Maschinen und Modetrends. ER ist der beste Eheberater, Pädagoge und Therapeut. ER weiß Bescheid über Finanzen und Steuererklärungen, ER besitzt den Überblick über Gesetze und allen möglichen Paragrafen. Es gibt nichts, was für IHN zu groß oder zu schwer ist. Und auch nichts, was zu klein und zu banal wäre, dass ER SICH nicht persönlich darum kümmern und es zu SEINER Chef-Sache machen würde. **Mein Papa kann einfach alles!**

Wer in dieser Dimension Gott persönlich kennen und lieben lernt, der beginnt in der Wahrheit zu ruhen: *Mein Papa hat alles unter Kontrolle, denn ER ist der Herr! Wir dürfen im Geist der Kindschaft leben lernen.* Das bedeutet, wir setzen alles mit Abba in Verbindung, so wie Kinder es tun. **Wir bringen alles zu IHM.** Dann leben wir nicht mehr in getrennten Welten, sondern nur noch in der einen Realität: **Wir leben im Vaterhaus SEINER Liebe!** Diese Realität bestimmt jetzt alles. Konkret heißt das, ich schreibe die Klausur nicht allein, sondern Abba sitzt neben mir. Ich gehe nicht allein in das schwierige Gespräch auf der Arbeitsstelle, sondern Abba geht mit mir und wird dabei helfen. Ich fürchte mich nicht vor der Untersuchung beim Arzt, denn Abba hält meine Hand und mir kann nichts passieren.

Ich weiß, dass klingt ein bisschen **einfältig** – aber genauso ist es auch gemeint! Ich habe IHN als meine Nummer EINS erwählt. Als den einzigen Weg! Ich habe keine zweite Option. Mein Lebensmotto lautet: **Halleluja! Es ist nicht zu schaffen!**[7] – Damit will ich sagen: Ich bin mündig und erwachsen genug, um zu wissen, dass die Welt aus sehr vielen Herausforderungen und Überforderungen besteht. Es ist einfach nicht zu schaffen! Aus diesem Grund bin ich mutig und demütig genug, um zuzugeben, dass ich Hilfe brauche. Ich muss und kann es nicht alleine packen. Doch Preis sei Gott! Abba schafft es mit mir. ER hat immer einen Ausweg! Das ist die feste Größe im Koordinatensystem meines Lebens, selbst wenn alle anderen Größen unbekannt und flexibel wären.

SEINE Hilfe kommt nie zu spät! Dennoch kann es sehr gut sein, dass sie etwas Zeit braucht und später kommt. Ja, ich habe die Entdeckung gemacht, dass der Vater ein *bisschen Drama* mag. SEIN Eingreifen erfolgt oftmals auf den letzten Drücker. Vermutlich lässt ER sich *ewig lang* Zeit, weil ER ja der *Ewig-Vater* ist und das letzte Wort hat. Gerade wenn es ums Timing geht, habe ich mich schon oft geirrt. Abbas Uhren gehen so anders. Für IHN sind Jahre wie Tage und Augenblicke wie Ewigkeiten. Das kann uns schon ein wenig durcheinander bringen. Da hilft mir, mich daran zu erinnern, dass Verliebte kein Zeitempfinden haben. Wer liebt, dem schlägt keine Stunde. *John Wimber* pflegte zu sagen: *„Wir müssen Liebe folgendermaßen buchstabieren: Z-E-I-T! Zeit!“*

---

7 Matthias Hoffmann: Halleluja, es ist nicht zu schaffen – wie dieses Buch erschienen im cap-Verlag, Bestell-Nr.: 52 50406

Abbas Alltagstauglichkeit ist ein wunderbarer Lebensraum für SEINE Kinder. **Ich beziehe meinen Vater-Freund in alle Lebenslagen mit ein.** Ich spreche mit IHM über alles, was mich bewegt. Wirklich alles. Über den verlegten Schlüssel, über meinen Ärger mit anderen Menschen, über das defekte Auto, über die Enttäuschung in der Ehe. Ich erwarte SEINE Hilfe konkret in allen Fragen und Herausforderungen meines Alltags. Aber ich lasse IHN auch teilhaben an allen Facetten meiner Existenz. Ich öffne IHM mein Herz und bin offen für SEIN Herz. Das ist ein aufregender Lebensstil. Gefüllt mit zahlreichen großen und kleinen Geschichten über Gottes Eingreifen. Früher dachte ich, ich dürfte zu dem großen Gott mit meinen unwichtigen Kleinigkeiten nicht kommen. Schließlich hat ER das ganze Universum zu beherrschen, was interessiert IHN da schon meine winzig kleine Angelegenheit. Doch weit gefehlt!

Wir haben einen Vater, der unsere Haare zählt und dem nicht einmal entgeht, wenn ein kleiner Spatz vom Himmel fällt. Ich musste meine Einstellung völlig revidieren. **Meine kleine Welt ist enorm wichtig für IHN!** Weil ER mich liebt, liebt ER auch alles, was zu mir gehört! Mein Vater interessiert SICH für meinen Alltag! Mehr noch! ER kommt und hilft mir bei meinen Aufgaben.

In der TST-Familie erzählen wir uns besonders gerne Geschichten, wie uns Abba ganz praktisch in Alltagsfragen hilft. Das ermutigt uns, denn wir wissen, was ER bei anderen getan hat, das kann und will ER auch in unserem Leben tun.

Deine Gedanken und Impulse …

4.5 Lebe deinen Traum!

Sicherlich hast Du diesen Satz schon einmal irgendwo gehört: *Es gibt Menschen, die ihr Leben träumen und es gibt Menschen, die ihre Träume leben.* – Durch die Begegnung mit Abba wurde uns eine Tür weit geöffnet, unsere Träume zu leben. **Lebensträume** sind Geschenke des Himmels. Jeder Mensch trägt solche Spuren der Ewigkeit in seinem Herzen. Was meine ich damit?

Nun, ich denke an den **Schatz in Dir**. Da steckt ein Potenzial in jedem von uns, das uns so einzigartig macht. Wir alle kennen das Lebensgefühl, wenn wir diesen Schatz berühren. **Dann fühlen wir uns absolut lebendig!** Wir erahnen, dass wir genau dafür erschaffen wurden, genau dies Eine auszuleben. Es geht nicht um Erfolge und Höchstleistungen. Nicht einmal um effektive Produktivität. Es geht um echtes, tiefes Leben, um **unsere Bestimmung**, die den Sinn unserer ganzen Existenz ausmacht. Ich will wissen, wofür ich lebe und warum ich auf diese Erde gekommen bin, bevor ich sterbe. Das ist die legitime Sinnfrage eines jeden Menschen.

Manchmal berühren wir diesen Schatz in uns, wenn wir eine Gabe, ein Talent, ein Charisma in uns zum Klingen bringen. Da spürt einer seinen Körper ganz intensiv beim Laufen oder Tanzen. Bei einem anderen strahlt etwas von der Schönheit auf, wenn er Musik macht oder etwas anderes Kreatives. Wieder ein anderer atmet Leben, wenn er in seinem Garten oder in der freien Natur die Größe der Schöpfung Gottes nachempfindet. Es kann uns begegnen, wenn wir unsere Kinder betrachten und sie zärtlich im Arm halten. Oder, wenn wir ganz vertieft in unsere Arbeit sind und auf einmal spüren, dass wir da etwas enorm Wichtiges bewegen. Ich meine diese speziellen Augenblicke, wo alles in uns sagt: ***„Mein Gott, ist das Leben schön!"*** Bitte erinnere Dich daran! Ich weiß, dass es auch solche Augenblicke in Deinem Leben gibt!

Nur leider sind wir so ernüchtert und enttäuscht worden, dass wir das Träumen in unserer westlichen Kultur verlernt haben. Träumerei sei etwas für Schwärmer und Fantasten. Wir sind lieber Realisten und erwachsen genug mit den harten Fakten des Alltagsgeschäfts umzugehen. Hingegen in unserer Freizeit, da lassen wir für uns träumen und verlagern unsere Traumwelten nach Hollywood oder in die Cyberdimension. Der **Rationalismus des 21. Jahrhunderts** ist eine eigentümliche Mischung aus materialistischer Diesseits-Gläubigkeit mit einer Menge verworrener, esoterisch-virtueller Anteile. Die Waisenkinder des 3. Jahrtausends spielen mit ihren Handys und Tablets, zwischen Börsenberichten und Horoskopen, zwischen den aktuellsten News aus aller Welt und alten buddhistischen Weisheiten.

Weil wir so schnell funktionieren mussten, haben wir das Träumen verlernt. Selbst **das Träumen im Schlaf** ist uns vielfach abhanden gekommen. Schlafstörungen sind eine weit verbreitete Folgeerscheinung unseres westlichen, rasanten Lebensstils. Die mediale Welt mit ihrer Reizüberflutung überschwemmt uns und der allgegenwärtige Stress lässt uns innerlich nicht zur Ruhe kommen. Dabei würde uns der Vater so gerne selbst noch im Unterbewusstsein beim Schlafen begegnen und uns SEINE Liebesbotschaften vermitteln. Jetzt müssten zwei besondere Schätze aus unserem Netzwerk, *Frauke und Günter Frohwerk,* ihre fantastischen Lehren und Einsichten über Abbas Botschaften in der Nacht weitergeben. Sie haben uns die Augen dafür geöffnet, wie bedeutend für Gottes Kinder das Träumen in der Nacht ist. Seitdem lege ich mich viel bewusster schlafen und versuche mich am Morgen zu erinnern, was ich geträumt habe. Früher dachte ich, meine Träume seien alle irgendwie nur *Pizza* – ein kunterbunter Mix meiner Seele. Aber je mehr ich es lerne, die Bildsprache meiner Träume zu verstehen, umso mehr lerne ich, Abbas Reden darin zu entdecken.

Andere Freunde aus dem TST, *Jeannie und Del Penner,* haben beim Thema **Lebensträume** ein paar sehr interessante Entdeckungen gemacht. Sie sprechen von einer *Traumkultur:* Welche verborgenen Wünsche, Hoffnungen, Sehnsüchte und unerfüllten Kindheitsträume schlummern noch in uns? Ihre Gedanken haben mir und vielen anderen sehr geholfen, bewusster auf die großen und kleinen Träume meines Lebens besser achtzugeben. Seitdem stecke ich mir wieder neu Ziele, was ich erreichen möchte. Ich schreibe mir meine Wünsche konkret auf und rede mit Abba darüber.

Ist Dir schon einmal aufgefallen, dass wir Menschenkinder eine besondere Gabe Gottes bekommen haben: **unsere Vorstellungskraft** (Imagination)?! Wir können Pläne machen und Gedankenspiele konstruieren. Wir besitzen die Fähigkeit zur **Fantasie.** Das ist etwas ganz Großartiges und unterscheidet uns (unter anderem) von allen anderen Lebewesen. Es muss etwas zu tun haben mit dem, was Abba in SEINE Kinder hineingelegt hat – **die Ewigkeit in unseren Herzen** *(Prediger 3,11).* Unser Vater hat uns die

Gabe geschenkt, in unseren Herzen Gedanken, Pläne und Träume zur Geburt zu bringen. Die Bibel nennt diese schöpferische Gabe: **Vision!** Unser inneres geistiges Auge sieht etwas. Wir erblicken einen Horizont, auf den wir zugehen. Und indem wir mit Leidenschaft der Vision folgen, entsteht neues Leben. In *Sprüche 29,18* lesen wir, dass *ein Volk ohne Vision* zu Grunde geht. Und weiter heißt es in *Epheser 1,17-19: „… der Vater der Herrlichkeit gebe euch den Geist der Weisheit und* ***Offenbarung*** *(wörtlich: Vision) in der Erkenntnis seiner selbst. Er* ***erleuchtete die Augen eures Herzens,*** *damit ihr wisst, was die Hoffnung seiner Berufung, was der Reichtum der Herrlichkeit seines Erbes in den Heiligen und was die überragende Größe seiner Kraft an uns, den Glaubenden, ist …!"*

Gott selbst will unsere Vision sein! In diesem Lebensraum entfalten sich alle unsere Lebensträume. Wenn wir nur bei IHM sind und IHN bei uns haben, dann können wir nichts mehr verpassen! So kommen wir zur Ruhe in SEINEM liebenden Arm. Dort, ganz nahe an SEINEM Herzen, wo es nur noch um IHN geht, passiert das Wunder. Wir empfangen eine neue Offenbarung, wie SICH Abba unser Leben gedacht hat. SEINE ewig guten Gedanken und Pläne. ER sagt:

> *„Denn ich weiß, was für Gedanken ich über euch habe, spricht der HERR,* ***Gedanken des Friedens*** *und nicht des Unheils, um euch eine* ***Zukunft*** *und eine* ***Hoffnung*** *zu geben." (Jeremia 29,11).*

Die Offenbarung der Vaterliebe Gottes ist eine **Brutstätte** für neue Lebensvisionen und spannende neue Lebenswege. Die meisten in unserer Netzwerkfamilie können davon berichten, wie sie zuerst Heilung und Wiederherstellung ihrer Herzen bei Abba fanden. Aber sobald es ihrem Herzen wieder etwas besser ging, wurden Träume in ihnen wach. Manche dieser Träume waren jahrelang verschüttet oder lagen in Trümmern. Andere Träume kamen völlig überraschend und ganz unvorhersehbar. Das Bewusstsein von Abbas grenzenloser Liebe hat uns erst den Mut gegeben, neue ungewöhnliche Schritte zu wagen. Wenn ich auf die letzten Jahre blicke, kann ich nur staunen, wie viele meiner Geschwister diesen neuen Lebensraum betreten haben, ihre Glaubensschritte darin gehen und neues Land der Verheißung einnehmen.

Sie folgen ihren Lebensträumen und leben in ihrer Vision.

Einige haben **mutig Ziele angepackt**. Sie haben Dinge getan, die sie immer schon tun wollten. Es wurden Arbeitsstellen gewechselt, eigene Firmen und Ministries gegründet, Häuser gebaut, Projekte verwirklicht, Bücher geschrieben, CDs produziert, Reisen unternommen, körperliche Veränderungen (wie Abnahme und Outfit) vollzogen, Beziehungen geklärt, neue Hobbys und Fähigkeiten erobert usw. So viele Abenteuer mit Abba! Die meisten von uns würden sagen, dass sie, durch die Liebe des Vaters inspiriert, **weit über sich hinausgewachsen sind**. Und selbst wenn wieder einmal ein Traum nicht in Existenz kommt und vorzeitig stirbt, hat es sich doch gelohnt, den Weg zu wagen. Wir können es uns erlauben, dass Träume zerplatzen, solange Abba unsere Vision bleibt!

Was sind Deine Lebensträume? Nehme Dir Zeit und höre in Dich hinein. Frage Abba, was SEINE Absichten und Pläne für Dein Leben sind. Heute ist ein guter Tag, damit anzufangen: Lebe Deinen Traum! **Lebe Abbas Traum in Dir!**

Deine Gedanken und Impulse …

4.6 Ich habe die Vater-Brille auf!

Seit meiner Begegnung mit Abbas Liebe habe ich eine völlig neue Sichtweise. Ich sehe die Welt mit anderen Augen. Ich habe die **Vater-Brille** auf. Das hat zu einem *Paradigmenwechsel* geführt, wie ich es niemals für möglich gehalten hätte. Eine Umwertung und Neubewertung aller Dinge. **Durch die Vaterherz-Offenbarung erscheint alles in einem neuen Licht.** Das ist aufregend und bringt viel Schönes, Neuartiges zum Vorschein. Gleichzeitig ist es verunsichernd, denn selbst altvertrautes Terrain ist nicht mehr sicher. Ich muss lernen, alles mit Abba in Beziehung zu setzen. Früher dachte ich, die Offenbarung von der Vaterliebe Gottes sei wie *ein neues Buch* zum Thema, das ich in mein Bücherregal stelle. Ich setze es neben all die anderen guten Bücher, die ich bereits gelesen habe. Themen wie Seelsorge, Ehe und Familie, Evangelisation, Gemeindegründung, Gebet etc. *Eine* Offenbarung unter vielen anderen wichtigen Offenbarungen in Gottes Königreich. Und so mag das auch zutreffend sein für viele Leser meiner Bücher. Sie sind gesegnet mit *etwas* Vaterliebe und stellen das Buch auf ihr Regal. Aber für mich und für viele andere Zeitgenossen ist diese Offenbarung von der Vaterliebe Gottes **weitaus mehr als *nur eine* weitere Offenbarung und lehrreiche Erkenntnis!** Sie ist eine Schlüsseloffenbarung, durch die alle anderen Offenbarungen eine andere Dimension erhalten! Wir sagen immer wieder: *Dein ganzes Bücherregal mit allen bisherigen Erkenntnissen und Offenbarungen muss in das Vaterherz Gottes hinein!* Also nicht nur ein weiteres Buch für Dein Regal, sondern Dein ganzes Regal im Herzen des Vaters!

Seit Jahren buchstabieren wir als Vaterherzbewegung neu, was das **im Einzelfall** bedeutet. Wie sehen Gebet und Fürbitte aus, wenn Gott unser Vater ist und wir SEINE geliebten Söhne und Töchter? Wie leitet man als geliebtes Kind Gottes eine Gemeinde, einen Hauskreis, ein Team? Welche Auswirkungen hat das Vaterherz Gottes auf unser Miteinander? Was bedeutet dann Prophetie? – Alles bekommt einen neuen Klang, Farbe und Geschmack!

Besonders gravierend haben wir die Veränderungen im Bereich der **Seelsorge** erlebt. Ging es in früheren Konzepten darum, die Ursachen der Not herauszufinden, zu benennen und zu behandeln, um Umkehr (Buße), Vergebung, Innere Heilung und Befreiungsdienst und um die Frage: „Was muss ich tun?", so steht jetzt **die Beziehung zu Abba** im Mittelpunkt des Interesses. Weder das, was der Seelsorgesuchende tun könnte, noch das, was der Seelsorger unternimmt (so wichtig das alles auch ist), wird nicht allein die erhoffte Lösung bringen. Entscheidend ist, was macht Abba? Wo ist ER in dem Ganzen wiederzufinden? Was sagt ER dazu? Was empfindet ER in SEINEM Herzen? (Diesen Ansatz finden wir übrigens auch in der *Sozo*-Seelsorge aus Bethel/Redding[8]).

Ein weiterer Bereich, in dem wir uns durch die Offenbarung der Vaterliebe völlig neu aufstellen mussten, ist der Bereich von **Dienen und Leiten.** Wir wurden gelehrt: *Jesus starb für uns am Kreuz und tat damit alles für uns. Was tust Du jetzt für IHN?* Folglich ist unser Dienen ein Dank für Golgatha. Leider hatte diese Lehre eine fatale Nebenwirkung. Es brachte uns ein falsches Dienstverständnis in den Leib Jesu. Christen versuchen durch ihre Leistung, Gott zu gefallen. Sie versuchen sich die Liebe zu verdienen. Aber am Schluss bleibt immer nur übrig: *Es genügt nicht. Du genügst nicht!* Wenn dann das helle Licht der Vaterliebe in dieses falsche Lehrgebäude hineinstrahlt, dann wird alles anders. Ich diene nicht mehr länger aus dem verdrehten Bemühen, bei Gott Pluspunkte sammeln zu müssen. Vielmehr ist mein Dienen ein Ausfluss vom Überfluss SEINER Gnade und Güte über meinem Leben.

Auch unser *Leiterschaftsverständnis* hat sich diametral verändert. Weil wir *alle nur Kinder* sind, können wir als Leiter aufhören, Gott zu spielen. Wir sind nicht mehr länger zuständig für die Lösung aller Probleme. Wir sind nur kleine Jungs und Mädchen an der Hand unseres großen Vaters. ER ist Gott und nicht wir! Wir brauchen SEINE Hilfe! Das entspannt ungemein! Wir werden unsere Verantwortung für Menschen in der Gemeinde oder Gesellschaft anders wahrnehmen. Eher im Sinne von geistlicher **Mutter- und Vaterschaft**. Solche Leiter missbrauchen nicht andere Menschen als Erfüllungsgehilfen zur Realisierung eigener Erfolgsprojekte. Eltern, die ihre Kinder lieben, haben vornehmlich das Wohl der Kinder im Fokus. Und sie freuen sich sogar, wenn ihre Nachkommen sie überholen und größere Siege einfahren.

Ein letzter Aspekt, auf den ich noch gerne an dieser Stelle eingehen möchte, ist der Bereich **Evangelisation**. Vor einiger Zeit haben wir unter

---

8 Siehe auch www.bethelsozo.de

dem Thema: *Herz – mit Hand und Fuß* eine Schule durchgeführt. Zunächst mussten wir uns bei allen Beteiligten durch eine dicke Ascheschicht von verbranntem Land durchbeißen. Für die meisten war das Thema *Evangelisation* – also die Weitergabe der Frohen Botschaft an Menschen, die noch nicht unseren Gott kennen – mit negativen Erinnerungen zugedeckt. Es gab in der Vergangenheit zu viel Druck, Krampf und Enttäuschung. Natürlich wissen wir von der Bibel herkommend, wie wichtig das Weitersagen der Guten Nachricht ist. Aber gleichzeitig fühlen wir uns erschlagen von der ablehnenden Haltung der meisten Zeitgenossen. Dazu sind wir genervt von tausend Programmen und äußerst peinlichen Aktionen, die wir in der Vergangenheit über uns haben ergehen lassen müssen. Mit viel Frust und wenig Frucht!

Was kann da die Liebe des Vaters an Veränderungen bringen? Auf unserer Schule machten wir in den folgenden Tagen absolut heilsame Erfahrungen. Zunächst erreichte uns neu Abbas Liebe für SEINE Welt. Neue Babys entstehen nicht durch Programme, sondern durch Liebe und Intimität! Nur wer die Menschen mit Abbas liebenden Augen sehen lernt, weil SEINE Liebe unsere eigenen Herzen erreicht hat, der wird auch die Herzen der anderen Menschen erreichen können. In den wenigen Tagen durften wir wunderschöne neue Erfahrungen sammeln, wie Evangelisation aus der Vaterliebe Gottes richtig Freude machen kann. Wir gingen hinaus, nicht um *Menschen zu bekehren,* sondern um sie **mit der Liebe des Vaters zu beschenken** – und wir hatten dabei so viel Spaß! Wir verschenkten Rosen und Liebesbriefe des Himmels, wir boten kostenloses Putzen von Fahrrädern an, wir spielten mit Kindern auf einem Spielplatz, wir machten einen Flash-Mob auf der Straße und luden Passanten ein, einfach mitzutanzen, wir verschenkten Umarmungen, wir zogen durch die City mit unseren roten Stoffherzen und wünschten allen einen guten Tag. Die Reaktionen waren erstaunlich positiv, aber darum ging es nicht zuerst. **Wir wollten den Vater bei SEINEN verlorenen Kindern sehen** – und das haben wir. Das hat uns froh gemacht!

Wo ist Abba, wenn es um Politik geht? Wenn wir für Israel beten? Wenn wir uns neue soziale Barmherzigkeitsprojekte überlegen? Wo ist Abba im Kindergottesdienst oder in der Jugendgruppe oder bei den Senioren? Wo ist Abba auf der geplanten Hochzeit? Oder auf der Beerdigung? Wo ist Abba auf meiner Geburtstagsparty? Auf meiner Arbeitsstelle? Es lohnt sich, die

Vater-Brille aufzusetzen! Wir dürfen mit IHM **das Leben noch einmal neu kennenlernen**! Das hält uns flexibel und demütig. Wir sind nicht die Alleskönner und Besserwisser, sondern Kinder, die mit ihrem Vater unterwegs sind und sich von IHM die Welt erklären lassen.

Deine Gedanken und Impulse …

4.7 Mehr Sein als Schein!

Halt, ist da nicht ein Dreher drin? Muss es nicht vielmehr heißen: *mehr Schein als Sein?!*

Tastsächlich gibt es im Reich Gottes viel **Scheinheiligkeit**. Christliche Superstars wollen sich darstellen, auf ihre Verdienste und besonderen Fähigkeiten hinweisen. Dahinter verbirgt sich der Geist der Waisenkinder, der sich profilieren muss. Erfolge werden zur Schau gestellt. Meine Gemeinde, mein Ministry, mein Mega-Wachstums-Programm. **Christen, die mehr im Schaufenster zeigen, als sie in Wirklichkeit auf Lager haben.** Im Laufe meines Lebens an der Seite Jesu habe ich Dutzende von solchen, schillernden Lichtfiguren der christlichen Szene miterlebt. *Charismatische Persönlichkeiten*, die andere in ihren Bann ziehen können. Und jedes Mal bin ich neu schockiert, wie leichtfertig und bereitwillig die Kinder Gottes der *Melodie des Rattenfängers* folgen. Wenn dann wieder einmal einer dieser Pseudohelden vom Sockel stürzt, werden erneut Fragen aufgeworfen: *Warum haben wir es nicht eher kommen sehen? Wie konnten wir uns nur so blenden lassen? Gibt es denn keinen wirksamen Schutz gegen Verführung?*

Doch, den gibt es! Dafür hat unser himmlischer Vater gesorgt. **Im alltäglichen Zusammenleben der Kinder Gottes werden unsere Stärken und Schwächen offenbar. Der beste Schutz, um real und authentisch zu leben, ist die Nachfolge in der Gemeinschaft der Familie Gottes.** Unsere Alarmsysteme müssen sofort anspringen, wenn wir merken, da wollen Leute *einsame Spitze* sein. Christliche Führungspersönlichkeiten, die sich nicht in die Karten schauen lassen. Elitäres Gehabe und Einzelgängertum verraten den Waisengeist dahinter. Wir brauchen das Geerdet-Sein in der Gemeinschaft der anderen.

Meine Frau Karin vertritt folgende These (in Anlehnung an Jakobs Kampf mit Gott am Jabbok, siehe *Genesis 32):* **Vertraue keinem Leiter, der nicht humpelt!**

Aalglatte Siegertypen mit Erfolgsrezepten sollten uns misstrauisch werden lassen. Unser Vater im Himmel schreibt Geschichte mit zerbrechlichen, fehlerhaften Menschen. Die Bibel und auch die Kirchengeschichte stellen das unter Beweis. Es darf uns nicht reichen, auf die Performance zu schauen. Was uns interessieren muss, ist **das Herz eines Leiters.** Das Herz eines

Mannes Gottes oder das Herz einer Frau Gottes. Wenn wir keinen Einblick in das Herz eines anderen (insbesondere eines Leiters) bekommen können, dann stimmt etwas nicht, dann muss er oder sie etwas zu verbergen haben.

Ich bin so glücklich, zu einer Bewegung dazugehören zu dürfen, wo dies ein hohes gemeinsames Gut ist. Wir wollen **echt und authentisch** voreinander sein und real miteinander leben. *Mehr Sein als Schein* – ist unsere Devise! Im medialen Zeitalter, wo es uns so leicht gemacht wird, Gottesdienste im Internet oder im Fernsehen mitzuverfolgen, sitzen viele der Lüge auf, sie bräuchten **die reale Gemeinschaft** der Brüder und Schwestern gar nicht so dringend (schließlich ist es ja auch einfacher, sich mit seinem Laptop zu vertragen, als mit Menschen aus Fleisch und Blut). Aber merken wir es? Da kann doch etwas nicht stimmen! Obwohl mehr Menschen Zugang in soziale Netzwerke haben, ist die Vereinsamung größer denn je zuvor. Eine virtuelle Gemeinde ersetzt halt keine reale Familie! Wir brauchen reale Beziehungen mit realen Menschen. Wir brauchen **Herzensgemeinschaft.**

Das versuchen wir in der Abba-Kultur zu leben! Zwei unterschiedliche Dynamiken treten dabei zutage:

Zum einen wollen wir **unsere Schwächen nicht verdrängen** oder verleugnen. Wir sind Normalos. Kleine Menschen mit einem großen Gott. Wir machen Fehler und müssen ständig dazu lernen. Den Dreck auf meinem Rücken kann ich nicht selber sehen. Dazu brauche ich die Hilfe meiner Geschwister. Deshalb leben wir bewusst in Beziehungen, wo einer den anderen nötig hat.

Zum anderen glauben wir an die Stärken, die der Vater jedem von uns geschenkt hat. Gottes Potenzial in uns. Das Gold in unseren Herzen. Wir sind dahinterher, **die beste Version von uns selbst zu werden!** Auch dazu brauchen wir die Gemeinschaft. Erst in der Ergänzung der anderen treten unsere individuellen Stärken hervor. In Liebe ermutigen wir einander, das Beste aus uns zu machen, zur Ehre des Vaters.

Das Wort für **Vollmacht** in der Bibel heißt *exousia – wörtlich: aus dem SEIN vor Gott.* Gott segnet nicht stolze und unabhängige Herzen. ER segnet den Demütigen, der sich beim Vater birgt und Zuflucht bei IHM sucht.

1. Petrus 5,5–7:
„... Gott widersteht den Hochmütigen, den ***Demütigen*** *aber gibt er Gnade. So* ***demütigt*** *euch nun unter die gewaltige Hand Gottes, damit* ***er euch erhöhe*** *zu seiner Zeit! Alle eure Sorge werft auf ihn; denn er sorgt für euch."*

Früher dachte ich, wenn ich genug bete, faste und arbeite, dann wird mir Gott SEINE Vollmacht anvertrauen, als eine Art Belohnung. Aber Vollmacht ist kein Produkt von Leistung, sondern das Geschenk von Beziehung und Vertrauen.

Eine besondere Vollmacht liegt auf dem **authentischen Miteinander** in unseren Teams. Seminarteilnehmer bestätigen uns das immer wieder, wie tief sie berührt sind von der **radikalen Ehrlichkeit**, mit der wir von uns selbst erzählen. Wir berichten von Eheschwierigkeiten, von falschen Tröstern, auf die wir reingefallen sind, von Missbrauch und Enttäuschungen. In unseren Berichten kommt die ganze Palette von Alltagssituationen vor, die jeder kennt. Denn wir leben auf der gleichen Ebene von realer Umwelt, wie alle anderen. Wir kennen die gleichen Niederlagen, Kämpfe und Einsamkeiten. Wir sind genauso bedürftig wie jeder andere, der zum Seminar erschienen ist. **Den einzigen Unterschied macht die Liebe des Vaters!**

Wir haben SEINE Liebe erfahren. Das hält uns mit unserem ganzen Sein in Balance. Weil wir geborgen sind unter der segnenden Hand unseres Abba-Vaters, brauchen wir nicht mehr länger Machtspielchen zu spielen. Wir lernen gleichermaßen uns unserer Schwachheiten zu rühmen, wie unserer Stärken.

Deine Gedanken und Impulse …

4.8 Vater-Briefe und Tagebücher

In einem weiteren Lebensraum im Haus der Abba-Kultur geht es um das Reden Gottes. **Der Vater redet mit uns.** Wie wir bereits gesehen haben, liebt ER es vor allem durch die Bibel, SEINE 66 Liebesbriefe, zu uns zu sprechen. Aber ER hat auch noch viele andere Kanäle, um unsere Herzen zu erreichen. Zwei davon haben ihren besonderen Ausdruck unter uns gefunden.

Wir nennen das eine: **Vater-Briefe** schreiben.

Wir nehmen uns Zeit und hören auf die leise Stimme des Heiligen Geistes in unserem Herzen. Die Gedanken und Empfindungen, die wir dann in uns wahrnehmen, schreiben wir mit unseren eigenen Worten so auf, als ob der Vater im Himmel es direkt zu uns sagen würde. Zu Beginn kamen wir uns dabei sehr merkwürdig vor. Wir fragten uns: Dürfen wir das überhaupt? Missbrauchen wir da nicht den Namen Gottes? Oder wir dachten, dass wir uns das alles nur einbilden und schönreden. Wollen wir etwa nur unsere eigenen Gedanken und Wünsche dem Vater in den Mund legen? Aber je häufiger wir uns aufmachen, Vater-Briefe zu schreiben, desto mehr merken wir den Unterschied. Ja, das sind unsere Redewendungen und unser Sprachschatz. Aber das sind nicht unsere Gedankengänge! **Gottes Gedanken sind so viel höher als unsere Gedanken!** ER denkt so viel liebevoller über uns als wir es uns je vorstellen können.

Jeder Mensch denkt laut oder leise tausende Gedanken am Tag. Davon entspringt das meiste unserer Seele. Aber auch die Lügen des Feindes mischen sich darunter: Anklage und Verdammnis, Minderwertigkeitsgefühle oder Stolz. Sollte da nicht auch Abba SEINE guten Gedanken und Worte in uns hineinlegen? Ich glaube fest daran, dass der Vater beständig gute Worte zu uns spricht. So wie damals Jesus im Taufwasser, auf dem Berg der Verklärung oder im Garten Gethsemane die Stimme SEINES Vaters hören musste, so brauchen auch wir immer wieder neu die Vergewisserung SEINER Liebe zu uns. Für die neutestamentliche Gemeinde war es ganz klar, dass jedes Gotteskind die Stimme des Vaters hören kann. Paulus fordert die Gemeinde im *1. Korinther 14,1* dazu auf, vor allen anderen Charismen, **die Gabe der Prophetie** zu begehren. *Prophetie* bedeutet *Reden aus Eingebung. „Meine Schafe hören meine Stimme und ich kenne sie, und sie folgen mir nach!“ (Johannes*

10,27). „Was kein Auge gesehen und kein Ohr gehört und keinem Menschen ins Herz gekommen ist, was Gott denen bereitet hat, die ihn lieben!" (1. Korinther 2,9) „Der Mensch lebt nicht vom Brot allein, sondern von einem jeden Wort, das aus dem Mund Gottes hervorgeht!" (Matthäus 4,4) Unser Vater will mit SEINEN Kindern reden! Die Inspiration Gottes hat mit dem Niederschreiben der Bibel nicht aufgehört. Es gibt da natürlich einen riesigen, qualitativen Unterschied. Gottes Wort, die Bibel, ist **die ultimative Norm** für alles, was wir sonst noch als Reden Gottes wahrnehmen können.

Das bedeutet, jedes Reden Gottes, das wir vernehmen, muss sich an diesem Maßstab messen lassen; es muss durch dieses Sieb der Wahrheit hindurchpassen. Gott wird SICH niemals widersprechen. Was ER sagt, das gilt und ist zuverlässig! Darum sind die *Vater-Briefe* auch so herrlich, denn auf einmal lernen wir zu begreifen, dass der Vater immer schon so liebevoll über uns gedacht hat – es steht längst in SEINEM Wort aufgeschrieben. Doch jetzt spricht ER es neu in unsere Lebenssituation hinein. Das ewig gültige *Logos-Wort* wird zum *Rhema-Wort*, das sich jetzt in meinem kleinen Leben ereignet. Nein, wir können wahrhaft nicht übertreiben, wenn es um die Agape-Liebe unseres Vaters in unserem Leben geht. Abba wird immer noch so viel gütiger und gnädiger sein, als wir es denken und niederschreiben könnten.

Für Menschen, denen ein Niederschreiben von Gedanken Gottes total ungewohnt ist, empfehlen wir zunächst **eine kleine Übung.** Nehme Dir eine vertraute Bibelstelle, zum Beispiel Psalm 23. Und dann formuliere diese Worte Gottes als einen persönlichen Zuspruch, etwa so: *„ICH bin Dein guter Hirte, mein geliebtes Kind, und passe super auf Dich auf. Deshalb wirst Du keinen Mangel haben, nichts wird Dir fehlen, denn ICH bin bei Dir …!"* Siehst Du, da kannst Du nichts falsch machen, denn unser Gott ist wirklich so krass liebevoll!!!

Bei fast allen Seminaren bieten wir *Vater-Briefe* schreiben, als *einen möglichen* **Zugang zum Vaterherzen Gottes** an. Wenn wir nachfragen, wer das schon einmal gemacht hat, stellen wir fest, dass immer mehr Kinder Gottes diese Form für ihre persönliche Zeit mit Gott übernehmen. Wir hören Berichte von Menschen, die durch Krisenzeiten gegangen sind (Scheidung, der Verlust eines geliebten Menschen, etc.) und denen es dabei eine unschätzbare Hilfe wurde, die Gedanken des Vaters in Form solcher Briefe zu hören, aufzuschreiben und nachzulesen. Oft sagen mir die Leute, sie hätten es sonst gar nicht geschafft; es habe sich, wie eine göttliche Therapie des Himmels angefühlt. Einmal zeigte mir eine Frau ein kleines Kästchen – es sah wie ein Schatzkästchen aus –, in dem sie ihre Vater-Briefe aufbewahrt. Sie sagte mir, dass sie diese Worte immer wieder liest, weil sie wie Medizin für ihr Herz seien.

Wer sich oft oder gar täglich darauf einlässt, Botschaften der Liebe des Vater zu empfangen, dem wird auch das zweite Gefäß, das ich vorstellen will, bekannt sein: **Geistliches Tagebuch schreiben** *(Journaling – wie es unsere englischsprachigen Freunde nennen).* Ich weiß, wie komisch das schon wieder auf einige wirkt. Das hört sich doch nach Poesiealbum oder unreife Teenagerjahre an. Weit verfehlt! Bedeutende Persönlichkeiten im Reich Gottes (wie z. B. Bill Hybels oder Graf Zinzendorf) bestätigen den großen persönlichen Gewinn, regelmäßig geistliches Tagebuch zu führen.

Geistliches Tagebuch schreiben geht noch weit über *Vater-Briefe* schreiben hinaus. **Wir sammeln Schätze im Himmel.** Ja, solche Tagebücher sind wie Schatzkammern, in denen wir unsere Kleinode aufbewahren: Impulse, prophetische Worte, Visionen, Bilder, Eindrücke, Empfindungen, Psalmen, Gebete, Entdeckungen, Träume, Hoffnungen, Gebetsanliegen, Gebetserhörungen, biblische Schätze der Weisheit und Erkenntnis, Gesprächsnotizen, Zitate, Skizzen, Mindmapping, Pläne und Wünsche. Ich schreibe seit Jahren fast täglich auf, was ich alles mit Abba erlebe. Diese Tagebücher sind mir **Wegbegleiter meiner Reise ans Vaterherz Gottes** geworden. Sie verhelfen mir auch bei der Verarbeitung vieler Erlebnisse und sind wie ein geistliches Klärwerk meiner Seele. Ich wüsste wirklich nicht, wo ich ohne sie wäre! Sie helfen mir dabei, in der Fülle aller Segnungen, Abenteuer und Entdeckungen den Überblick zu behalten. Sie ordnen mein Innenleben und schenken mir Orientierung auf dem Weg. Sie sind mir eine Hilfe, nicht zu vergessen, was Abba mir Gutes getan hat. In größeren Zeitabständen gönne ich mir einen **Oasentag.** Dann hole ich sie hervor und lese in Ruhe nach. Betend gehe ich durch meine Notizen und erlebe jedes Mal, wie der Geist Gottes einzelne Dinge *hervorhebt.* Oft kann ich erst jetzt im Nachhinein den Sinn erkennen, wie bestimmte Dinge gemeint waren und zusammenpassen. Im Rückblick und Überblick lerne ich die wundersamen Fügungen und Führungen Gottes besser zu verstehen. Ich hätte garantiert ganz, ganz viele

Wunder in meinem Leben verpasst, wenn ich nicht aufgeschrieben hätte, was ich von Gottes Realität in meinem Alltag wahrnehme. Es begeistert mich zu sehen, wie weit über 90 Prozent der Impulse, die ich in zahlreichen Tagebüchern aufgeschrieben habe, bereits in Erfüllung gegangen sind. Ja, Abba redet wirklich zu mir – und ich, als SEIN Freund und Kind, kann SEINE Stimme hören! So entsteht eine noch engere **Verbindung der Herzen** zwischen uns beiden. Und ER will auch zu Dir reden, denn ER liebt Dich ja nicht weniger als mich! ER liebt Dich so unendlich mehr, als Du Dir vorstellen kannst.

An dieser Stelle will ich allen meinen Lesern ganz viel Mut machen. Ich weiß, wie viele Christen fälschlicherweise glauben, sie könnten Gottes Stimme nicht hören. Jede Woche auf den Seminaren erzählen uns Leute davon. Verzweifelte Menschen kommen und wollen, dass wir für sie beten und stellvertretend für sie hören, was der Vater zu ihnen sagen möchte. Aber bitte schau mal: Es wäre doch eigenartig, wenn meine Kinder zu unseren Nachbarn gingen und diese fragen würden: „*Was denkt unser Papa eigentlich über uns?* Könnt ihr *ihn bitte mal stellvertretend für mich fragen, wie er dieses oder jenes gemeint hat?*“ Als Vater wäre ich sehr traurig, wenn meine Kinder nicht das Vertrauen hätten, zu mir persönlich zu kommen. So muss es Abba auch mit uns ergehen. Wir suchen Gottes Reden lieber bei anderen, denen wir einen besseren Draht zu IHM zutrauen, als uns selbst.

Ja, Du bist Gottes Kind und der Vater hat so unendlich viel mit Dir zu bereden! Trau Dich, höre IHM zu. Erzähle IHM Deine Gedanken und empfange SEINE Gedanken. Schreibe sie auf und staune, wie sehr ER Dich liebt!

Deine Gedanken und Impulse …

4.9 Symbole – Portale zu Gottes Wirklichkeit

Der nächste Lebensraum ist gefüllt mit einer Vielzahl von Gegenständen. Das sind in der Regel ganz normale Sachen aus unserem Alltag. Zugleich sind sie **Requisiten des Himmels** auf Erden. Unser Vater liebt es mit diesen Dingen zu spielen. Auf den ersten Blick erkennen wir das oft nicht. Wir könnten meinen: *Was ist schon Besonderes an einem Schofarhorn? Das ist doch bloß ein altes Blasinstrument.* Aber in Gottes Realität wird dieses Horn zu einem Signal, das den Himmel öffnet. *Brot und Wein* werden zur Tischgemeinschaft, die uns der Lebendige anbietet. *Ausgegossenes Öl* wird zu einer Kraftquelle, die Menschen heilt, befähigt und autorisiert. Ein *Zelt in der Wüste* wird zur Landefläche für himmlische Herrlichkeit. Eine *Kiste mit Engelfiguren* obendrauf wird zum sichtbaren Gnadenthron für den unsichtbaren Allmächtigen. Ein *Holzkreuz* auf einem Hügel vor Jerusalem wird zum Baum des Lebens und Rettungsort der ganzen Menschheit.

Die Bibel ist voll von **Symbolen und Zeichen**. Symbole gehören zur Bilderbuchzeichensprache Gottes und weisen über sich hinaus auf die himmlische Dimension. Wir sehen hier in unserer sichtbaren Welt etwas, das ein **Portal zu Gottes unsichtbarer Wirklichkeit** werden kann. Das sind Kontaktpunkte zwischen den beiden Realitäten. Berührungspunkte zwischen Himmel und Erde. Da fasst *hier* jemand den Saum des Gewandes von Jesus an und tritt *dort* in Gottes neuer Welt in Verbindung mit der Heilungssalbung. Da streckt *hier* Moses seinen Stab übers Wasser und die Fluten teilen sich, und *dort* in der unsichtbaren Welt bahnt der Mitarbeiterstab Gottes Israel einen Weg durchs Meer. Da legt *hier* jemand segnend im Gebet die Hände auf einen Menschen und *dort* im Himmel berühren die durchbohrten Hände Jesu die gleiche Person. **Wie im Himmel so auf Erden!**

Leider wissen heutzutage *New-Age-Leute und Esoteriker* manchmal besser Bescheid über *Kraftlinien und Portale,* die uns Zugänge zur unsichtbaren Welt verschaffen können, als die viel geliebten Kinder Gottes. Wir leiden unter der **Vergessenheit von prophetischer Symbolik.** Es wird gefragt: *Warum soll man beim Gebet Hände hoch heben? Warum muss man bei der Taufe ganz unter Wasser getaucht werden? Was soll das mit dem Zehntengeben? Warum fallen beim Segensgebet manchmal Menschen um? Was hat das auf sich mit den bunten Fahnen im Lobpreis?* Viele Christen haben total vergessen, wozu das alles gut ist. Und so wurde Tradition und Religion daraus. Rituale, Reliquien und Sakramente. Ohne irgendeinen Bezug zu unserem Alltag. Das sind lange schon Sackgassen und zugemauerte Türen.

Prophetische Symbole haben keine Kraft in sich selber. Die Schweißtücher des Apostel Paulus waren nur ein Stück Stoff. Aber die Salbung der Kraft Gottes, die im Apostel wirksam war und auf seinem Leben ruhte, machte den Unterschied. Paulus lebte im Glauben und **so verband sich Glaube mit Salbung, und die Salbung verband sich mit Materie**. Das wurde zum Kanal für die Herrlichkeit und Macht Gottes. Eine geöffnete Tür, durch die Gottes geistliche Kraft in diese stoffliche Welt hineinfluten konnte. Ohne Glauben, ohne Vertrauen, ohne Liebesbeziehung zu dem Himmlischen, bleiben die Schleusentore zur Himmelswelt verschlossen.

Kaum etwas anderes steht so repräsentativ für die Vaterherzbewegung wie der Umgang mit *prophetischer Symbolik*. Wir glauben fest daran, dass sich die Vaterliebe Gottes darin **manifestiert**, wenn wir mit roten Stoffherzen für Menschen beten, ihnen Kronen aufsetzen, sie unter langen Stoffbahnen hergehen lassen oder sie unter einen überdimensionalen Mantel einladen. Natürlich ist uns klar, dass das alles nur Äußerlichkeiten sind. Aber unser Glaube macht diese Dinge zur **Landefläche für Abbas Liebe.** Wir öffnen den menschlichen Sinnen eine Tür, Gottes Nähe körperlich spürbar zu erfahren. Diese Nähe erleben sehr viele Leute wohltuend und hilfreich. Für manchen *Verstandesmenschen* ist die Liebe des Vaters dadurch erst überhaupt zugänglich geworden. Über das körperlich Handgreifliche entsteht oftmals ein tieferes Begreifen im Geist und Ergriffensein im Herzen. Wir sehen Menschen, deren Leben radikal verändert wird durch eine schlichte Umarmung oder durch ein Segensgebet auf einem Stuhl, der mit ein paar drapierten Tüchern zu Gottes Thron umdeklariert wird.

Nach meiner Beobachtung scheint sich im Volk Gottes der hilfreiche Umgang mit Symbolen mehr und mehr auszubreiten. Dafür bin ich dankbar! Wir müssen nur aufpassen, dass es keine kurzlebige Modeerscheinung wird oder sich falsche religiöse Mystik einschleicht. Abba will, dass wir fühlen, sehen und schmecken, wie freundlich ER ist – aber auch, dass wir es mit unserem Verstand erfassen. Die meisten Symbole Gottes haben eine **biblische Tiefendimension**, die es zu entdecken gilt. Alles hat SEINE Bedeutung: Zahlen, Farben, Namen, Personen – sie stehen für ganz bestimmte

Anliegen Gottes. Es lohnt sich, die Bibel zu studieren. Wir erhalten eine Menge Verstehenshilfe und Anschauungsunterricht.

Wer in der *Abba-Kultur* mitlebt, dem öffnen sich überall Türen, Fenster und Kanäle zur himmlischen Wirklichkeit. Unser **ganzes Bewusstsein ist dafür sensibilisiert**.

Jeder Ort und jeder Umstand kann eine neue Chance bieten, dass der Himmel zu uns kommt. Ja, wir haben solche Sehnsucht nach dem Vater, dass wir IHM überall den roten Teppich ausrollen. Wir laden IHN ein, dass SEIN Königreich zu uns kommt und sich ausbreitet. Im Garten Eden hatte unser Papa ein Stück Himmel auf die Erde verpflanzt. Nachdem wir das Paradies für so lange verloren hatten, lehrt uns Jesus ganz neu, Gottes Himmelreich auf die Erde zu pflanzen.

Der Himmel ist auf einmal wieder überall zugängig und erreichbar. An jedem Ort der Welt können wir die *Himmelsleiter von Beth-El* antreffen. Selbst noch im heidnischen Götzentempel-Areal von Athen und bei deren zeitgenössischen Dichtern findet der Apostel Paulus *ein Wurmloch zur göttlichen Himmelswelt.* Wir müssen ebenfalls in unserer Zeit Ausschau halten nach Verbindungskorridoren zu Abbas erstem Wohnsitz.

Deine Gedanken und Impulse …

4.10 Wundertüten

In meiner Kindheit gab es für ein paar Groschen die sogenannten *Wundertüten* zu kaufen. Das war eine undurchsichtige Tüte mit ein paar Süßigkeiten drin und einer kleinen Spielzeugfigur, auf die wir es als Kinder besonders abgesehen hatten. Meistens ein Cowboy oder Indianer. Man wusste es vorher nie so genau. Man konnte ja nicht sehen, was drin war. Aber schon bald, waren wir clever genug, **die geheimnisvollen Überraschungen** zu ertasten. In der Vaterherzbewegung kennen wir auch *Wundertüten. Sybille und Otto Krull* haben diesen Impuls vor Jahren unter uns gebracht. Darunter verstehen wir **Gegenstands-Kurz-Predigten**. Kinder können besser Bilderbücher lesen. Jesus machte viele *Wundertüten* für die Kinder Gottes, indem ER alles gleichnishaft mit dem Königreich des Vaters in Beziehung setzte. ER veranschaulichte es anhand von Objekten, wie einem Fischernetz, einer Hand voll Korn oder einem Brotteig. Ein anderes Mal stellte ER ein Kind in die Mitte oder ER packte Matschepampe auf die Augen eines Blinden. So demonstrierte ER SEINEN Nachfolgern die Inhalte der Botschaft. Alles wurde ganz lebendig und plastisch vor dem inneren Auge SEINER Zuhörer.

Diese Art von göttlicher **Erlebnispädagogik** ist auch ein Teil der Abba-Kultur geworden. Wir veranschaulichen biblische Inhalte und persönliche Offenbarungen am liebsten durch **symbolische Gegenstände oder Rollenspiele**. Wenn jemand sein Vater-Zeugnis erzählt, hat er meistens etwas dabei in der Hand. Das macht das Gesagte so eindrücklich. Legendär sind auf unseren Seminaren die *Spontan-Theateraufführungen.* In Form eines *biblischen Anspiels* laden wir Teilnehmer ein, zum Beispiel die Geschichte vom Vater mit den Söhnen aus *Lukas 15* nachzuspielen. Das erzeugt nicht nur jede Menge Lacher, wenn wir uns verkleiden und in unsere Rollen schlüpfen. Es schenkt auch viele neue Einsichten und Zugänge in Altvertrautes. Angefangen bei einer Menge aufschlussreicher Fragen: *Welche Rolle willst Du* überhaupt *spielen? Willst Du der stolze große Bruder sein oder der kleine Rebell? Bist Du der Sklave, der immer alle bedient? Zu wem passt am besten die Vaterfigur und was für ein Charakter drückt er aus? Wo stehst du und wo lebst Du, ganz nahe oder abseits, im Vaterhaus oder in der Fremde?* Ich garantiere, das ist jedes Mal echt spannend!

In einer hightech-medialen Zeit, wo alles perfekt gestylt daherkommt und jeder mit genialen Videoclips aufwarten kann, wirken unsere Elemente eher etwas *analog* und schlicht, aber dafür von Herzen – und das passt ja zu uns! Diese **lebenden Schaufenster und Kleinkunst-Bühnen-Acts** sind geradezu passend für unser Setting. Selbst in anderen Sprachen und Kulturkreisen wirken die Bilder. Sie sind **global verständlich** und nachvollziehbar – selbst ohne Powerpoint und Beamer.

Als wir vor einiger Zeit einer Einladung nach *Thailand* folgten, um dort Abbas große Liebe weiterzugeben, trafen wir auf einen Bibellehrer eines dort ansässigen Instituts. Er ist zuständig für die theologische Ausbildung von Missionaren in diversen fernöstlichen Ländern Asiens. Als er uns dabei zusah, wie wir ein paar unserer *Wundertüten* präsentierten, war er ganz aus dem Häuschen. Er fragte uns, ob es o.k. sei, wenn er die Wundertüten an seine Studenten weitergeben würde, denn bei uns käme die Botschaft von Gottes Liebe so eindrücklich und verständlich rüber. Das zeigte uns wieder einmal, dass die **Zeichensprache der Liebe des Vaters zeitlos, international und allgemein verständlich** ist.

Wie und womit würdest Du Deine Geschichte erzählen? Welches Symbol, welcher Gegenstand wäre Dir dabei hilfreich? Mit welcher Person aus der Bibel kannst Du Dich am meisten identifizieren? Welche biblische Geschichte würdest Du gerne als Regisseur in Szene setzen?

Durch die Abba-Kultur ist eine **spielerische Leichtigkeit** in unser Leben gekommen. Wir lachen viel mehr über uns selbst und müssen uns nicht mehr so verbissen ernst nehmen. Unser Abba-Vater besitzt ganz viel Humor. ER ist die fröhlichste Person im ganzen Universum. Deshalb fällt es uns auch nicht so schwer, mit IHM zu lachen – und sei es über uns selber.

Meine Frau *Karin* hat da eine besondere Gabe vom Papa geschenkt bekommen. Sie macht *Theater!* Also ich meine, sie spielt Theater und verkörpert eine bestimmte Rolle auf unseren Konferenzen. Das ist so genial und wird dankbar von den Zuschauern entgegengenommen. Verkleidet als *Putzfrau Irene Grabowski* übernimmt sie den Part der fragenden und skeptischen Teilnehmer und verleiht ihnen eine Stimme. Sie stellt deren Fragen und wundert sich über Ungewohntes aus deren Blickwinkel. Das baut eine Brücke des Vertrauens und nimmt die Luft raus bei überkritischen Reaktionen. *Die da* ist eine von uns, empfinden die Zuschauer. Ich kann mich schlapplachen über diese Frau Grabowski mit ihrem lustigen Akzent und vergesse gelegentlich darüber, wer eigentlich hinter der Maske steckt. Im Mittelalter übernahm der Narr am Hof des Königs eine vergleichbare Rolle. Er durfte frei heraus und laut sagen, was alle dachten und empfanden. Da passt ganz gut, was der Apostel Paulus sagt*: „Wir sind Narren um Christi willen!" (1. Korinther 4,10)*

Deine Gedanken und Impulse …

4.11 Segenstunnel ... und noch mehr

Im Laufe der Jahre hat sich unter uns in der Vaterherzbewegung eine **reichhaltige Kultur von Segnungsformen** entwickeln und entfalten können. Vieles davon wird mittlerweile mancherorts kopiert, adaptiert und modifiziert weitergegeben. Das stört uns keineswegs, sondern ist eher eine Freude und Ehre! Schließlich hat der Heilige Geist das Copyright auf alles Originale, was vom Himmel kommt, und nicht wir Menschen! Außerdem ist es bei einer *Bewegung* immer schwierig zu sagen, wann, wo, von wem etwas zum ersten Mal ausprobiert wurde. Das ist ja eigentlich auch ganz egal. Wichtig ist nur der Segen, der am Schluss unterm Strich stehen soll.

Es begann bei uns mit den ersten dekorativ gestalteten **Abendmahlstischen.** Das *Abendmahl bzw. Herrenmahl* ist in den christlichen Kirchen eine allgemein anerkannte prophetische Zeichenhandlung, bei der wir Gottes Wirken in besonderer Weise erwarten (unabhängig von den jeweiligen theologischen Erkenntnissen, die noch hinzukommen mögen). *Brot und Wein* sind Zeichen der ewigen Liebe unseres Gottes, die wir mit allen Sinnen in uns aufnehmen dürfen. Beim Abendmahl passiert etwas, weil Menschen die Zuschauerrolle verlassen und **voller Glauben in Aktion treten.** Diese *Mitmachaktion des Himmels* lädt ein, Gott bewusst zu begegnen. Auch wenn Jesus bereits alles für uns getan hat, müssen wir selber kommen und uns **den Segen persönlich abholen.** Wir sind eingeladen zum Tisch des Herrn. Diese Dynamik haben wir in den letzten Jahren konkret aufgegriffen. Die Weitergabe von den Zeichen SEINER Liebe bekam einen neuen Rahmen durch gezielte Dekoration. Gerade *Kamila und Michael Thiele,* zwei Freunde aus dem TST, haben durch ihr prophetisches Hinhören und ihren enormen Einsatz bei der Umsetzung eine neue Kultur in diesem Bereich mitgestaltet. Unvergesslich bleiben Szenen vor meinem inneren Auge: einmal war es eine lange königliche Tafel mit feinstem Geschirr und Kristallgläsern, mit erlesenem Wein und duftenden Brotsorten unterschiedlichster Art.

Ein anderes Mal saßen wir an einem Tisch mit einer goldfarbenen Tischdecke, auf der die Vornamen aller Teilnehmer zu lesen waren als Zeichen, dass jeder persönlich eingeladen ist. Und wieder ein anderes Mal fanden wir uns mitten in der Umsetzung von *Hesekiel 47* vor: ein gigantischer

Wasserstrom (mit echt fließendem Wasser), an dessen Ufern Bäume der Heilung wachsen. Wer dort für einen Moment Platz genommen hat, um die Gemeinschaft mit Jesus zu genießen, erfährt mit allen Sinnen ein Stück Himmel auf Erden. Das Ambiente spricht für sich. Hier haben Geschwister stunden- und tagelang kreativ gewirkt, damit ich diesen Augenblick jetzt erleben kann. Das macht etwas Großartiges mit unseren Herzen!

Bei den meisten Seminaren und Konferenzen darf auch nicht fehlen, dass wir zu **Segnungsstationen** einladen. Als Team bauen wir einen ganzen Parcours von unterschiedlichen Segnungsmöglichkeiten auf. Wir können damit sehr individuell auf die unterschiedlichen Bedürfnisse der Teilnehmer eingehen. Nur um einige Beispiele zu nennen:

Der **Schautisch** – ein Tisch mit diversen alltäglichen Gegenständen, die man in die Hand nehmen darf. Sie sollen dazu einladen, dass dadurch der Heilige Geist Wege zu unserem Herzen findet. Auf einmal spricht Gott z. B. durch ein Fläschchen mit feinem Maschinenöl. Gott will kommen und das seelische „Quietschen" beseitigen.

Die **Klagemauer** – ein paar Haftis und Stifte liegen parat. Die Teilnehmer sind eingeladen, ihre Sorgen und Klagen stichwortartig aufzuschreiben und an eine bestimmte leere Wand zu heften. Dort beten sie (ähnlich wie die Juden in Jerusalem) an die Wand gelehnt ihre Klagegebete. Dies kann ein hilfreicher erster Schritt sein, sich dem Wirken Gottes zu öffnen.

Die roten **Stoffherzen** – ein Stuhlkreis mit roten Herzen auf den Plätzen wartet darauf, dass Leute kommen und in Kontakt zu ihrem eigenen Herzen treten. Das äußere Zeichen eines Stoffherzens (besonders, wenn noch Arme dran sind) kann wie eine himmlische Umarmung sein. Wir erleben gerade in dieser Runde sehr häufig, wie sich die Liebe des Himmels auf Menschen lagert und Emotionen frei gesetzt werden.

Der **Herrlichkeitsschirm** – ein großer Sonnenschirm mit goldenen Tüchern bespannt. Wir laden ein, hier in der Gegenwart Gottes zu verweilen. Menschen stellen sich unter den Schirm des Höchsten *(siehe Psalm 91)* und warten auf Gott. Sie hören auf mit allem, was sie sonst tun und sind einfach nur vor IHM. Diese empfangende Herzenshaltung liebt der Heilige Geist. Etliche haben unter dem Schirm ganz starke Erlebnisse mit der Präsenz Gottes gemacht. Wir hören Zeugnisse von Visionen, Engelerscheinungen, bis hin zu tiefen Heilungen an Leib, Seele und Geist.

Die **Dankes-Rolle** – wir laden ein, einen überdimensionalen Dankpsalm gemeinsam zu schreiben und/oder zu malen. Auf einem Tisch ist eine Papierrolle ausgebreitet und wartet darauf, von vielen mit bunten Stiften beschriftet zu werden. Wir sind gesegnet worden und wollen nun unseren Vater im Himmel mit Lob und Dank zurücksegnen.

Die **Segens-Stühle** – wir stellen einzelne Stühle auf und legen bunte Tücher darüber. Dort warten jeweils ein oder zwei Leute aus unserem Team auf Menschen, die sich gerne persönlich segnen lassen wollen. Man darf symbolisch auf dem Thron der Liebe Gottes Platz nehmen. Mit prophetischen Worten unter Handauflegung beten wir den Segen des Vaters aus. Oftmals nehmen wir noch weitere Utensilien hinzu, wie Kronen, Perlen, Siegelringe und andere Gegenstände, um SEINE Liebe *begreifbar* werden zu lassen.

Ein **Holz-Kreuz** – das Kreuz ist das stärkste Symbol von allen! Hier hat Jesus den Sieg errungen! Hier wird Abbas Liebe am deutlichsten offenbar! Darum beziehen wir häufig das Kreuz mit ein, wenn wir geistliche Wahrheiten darstellen. Am besten geht das mit einem freistehenden Holzkreuz. Wir laden ein, es zu berühren. Manch einer möchte es umarmen, sich daran festhalten oder anbetend davor niederknien. Zusätzlich stellen wir manchmal eine *Sündentonne* auf – einen Behälter, in den wir symbolisch unsere Schuldscheine (Zettel, auf die wir stichwortartig unsere Sünden bekennen) reinwerfen. Oder Seile, mit denen wir uns am Kreuz festmachen, wie Seeleute im Sturm an einem Schiffsmast.

Installationen: gemeint sind Aufbauten mit *Erlebnis-Charakter* z. B. ein begehbares überdimensionales *Herz*, in das man sich hineinlegen kann, ein riesiger *Gnadenthron*, auf dem wir uns so klein wie Kinder fühlen, ein *Kreuz in Form einer Tür*, durch die wir Einlass finden in einen Raum der Liebe, oder ein Zimmer, das als *himmlische Werkstatt* umgestaltet wird.

Besonders hat mich gefreut, davon zu hören, wie ein Team von uns Waisenkindern in Indien diente. Sie bauten mit Kindern und Jugendlichen zusammen einen *Herrlichkeits-Raum*. Die Materialien waren äußerst einfach: Stoffe, Holz und etwas Farbe. Aber das Ergebnis ist fantastisch. Aus einem ungenutzten Lagerraum wurde ein Thronsaal der Vaterliebe Gottes. Kinder, die im Heimleben keine Privatsphäre kennen, konnten bei Abba auf den Schoß kommen, wovon sie dann auch reichlich Gebrauch machten.

Zeichenhandlungen: Wir stellen leere Gefäße auf, als Zeichen für unsere Offenheit Neues von Gott zu empfangen, wir ziehen unsere Schuhe aus als Ausdruck unserer Ehrfurcht, wir schreiben unsere Sorgen stichwortartig auf einen Zettel, den wir anschließend zerknüllen und unters Kreuz werfen (Sorgenweitwurf).

Der **Segenstunnel** – unser Team bildet ein Spalier zum Gebet. Wir ermutigen die Leute, die Augen zu schließen und mit offenen Händen und Herzen langsam durch diesen Segenstunnel zu gehen. Dabei sprechen wir ihnen Segensworte und Wahrheiten zu wie: „Du bist Papas Liebling!" oder „Der Vater hat Dich ganz besonders lieb!" Das ist keine Gehirnwäsche, wohl aber eine Art *Waschstraße*, in der Lügen abgewaschen werden. So manch einer bestätigte uns, als er circa zwanzig Mal die gleichen Wahrheiten über sich gehört hatte, wie das sein Herz für Gottes Liebe mehr öffnete. Diese Segenstunnel können unterschiedliche Salbungen haben. Manchmal kommt Gottes Geist ganz still und friedevoll – wie ein *Heilungsstrom*, der die Herzen umspült. Ein anderes Mal ist es wie ein *Feuertunnel*, in der die Kraft Gottes fällt und Zeichen und Wunder geschehen.

Diese prophetisch-symbolhaften und kreativen Formen sind zu einem wichtigen Erkennungszeichen der Abba-Kultur geworden. Wir wollen sie gerne intensiv genießen, ihnen aber auch den richtigen Platz zuordnen. Kein Feuerwerk an Dekoration oder Effekten ersetzt **die pure Gegenwart Gottes.** Unser Vater kann durch viel oder wenig helfen. Aber **ER ist die Hauptperson und Quelle des Segens**. Alles andere ist bestenfalls ein Vehikel und gibt Hilfestellung zum Empfangen. Wir rollen unserem König-Vater den roten Teppich aus. Doch, wenn ER nicht käme, wäre unser Bemühen umsonst. **Wir suchen IHN** und nicht nur SEINE Segnungen – egal in welcher Form!

Deine Gedanken und Impulse …

4.12 Gesegnete Wüstenzeiten

Wenn wir unsere Vater-Zeugnisse erzählen, könnte ein Außenstehender manchmal den Eindruck gewinnen, man müsse erst eine Krise oder besser noch einen Burn-out erlebt haben, um Gott als Vater kennenzulernen. Tatsächlich sind die meisten von uns erst unter schwierigen Lebensumständen für SEINE Liebe offen geworden. **Krisen und Katastrophen können eine Chance sein, Gottes Liebe neu zu begegnen!** Aber das ist keine Garantie. Manch einer wird nur hart und verbittert, wenn ihm Leid begegnet. Einen anderen hingegen treibt die Not näher ans Vaterherz Gottes. Da gibt es keinen Automatismus. Der Volksmund sagt: *Not lehrt fluchen oder beten.* In den notvollen Zeiten unseres Lebens zeigt sich unser wahres Gesicht. Dann wird unser Herz offenbar – mit allem, was da drin sein mag. Solche Zeiten fühlen sich absolut nicht schön an, aber sie bringen Realität und Klarheit in unser Leben.

In der Tiefe zeigt sich erst wer wir ganz tief drinnen sind. Deshalb lässt unser Vater, bei all SEINER Liebe für uns, solche Zeiten der **Prüfung und Bewährung** zu. Unser Vertrauen kommt auf den Prüfstand. Paulus fragt in *Römer 2,4: „...erkennst du nicht, dass dich Gottes Güte zur Buße (Herzensumkehr) leitet?"* Unsere Antwort müsste lauten: *„Nein, das erkennen wir leider oftmals nicht auf den ersten Blick!"* Dafür brauchen wir schon eine kleine Besinnungspause.

Wir bezeichnen diese Phasen als **Wüstenzeiten.** In der Bibel gilt die *Wüste* als **Ort der Gottesbegegnung.** Jahwe führte SEIN Volk Israel 40 Jahre durch die Wüste der Sinaihalbinsel, bis ER es ins gelobte Land brachte. Die Wüstenwanderung wurde zu einer besonderen Zeit der **Charakterformung und Herzenszurüstung**. Jemand sagte einmal: *Es hat nur wenige Tage gebraucht, Israel aus Ägypten zu bringen. Aber es hat 40 Jahre gebraucht, Ägypten aus Israels Herzen zu bringen.* Die Wüste ist ein Ort göttlicher Pädagogik. Der Vater erzieht SEINE Kinder durch Güte und Strenge, durch Weite und Enge, durch Liebe und Härte.

> *Hebräer 12,5–7:*
> *„... ihr habt das **Trostwort** vergessen, das zu euch als zu **Söhnen** spricht: Mein **Sohn,** achte nicht gering die Züchtigung (wörtlich:*

__Erziehung__/Pädagogik) des Herrn und verzage nicht, wenn du von ihm __zurechtgewiesen__ wirst. Denn wen der Herr liebt, den züchtigt (wörtlich: __erzieht__) er, und er schlägt jeden Sohn, den er annimmt. Wenn ihr Züchtigung (wörtlich: __Erziehung__) erduldet, so behandelt euch Gott ja als __Söhne__; denn wo ist ein __Sohn__, den der __Vater__ nicht züchtigt (wörtlich: __erzieht__)?"

Es gehört zu **Abbas guter Pädagogik**, uns als SEINE Kinder nicht vor allem Leid zu bewahren. Wer seine Kinder wirklich liebt, wird sie nicht überbehüten, sondern ihnen auch ein Maß an Herausforderung und Lebensbewältigung zumuten, das sie stark und tüchtig macht für den realen Alltag.

So war es auch bei Jesus. ER verfolgte nicht das Ziel, SEINE Jünger *vor* den Gefahren einer bösen Welt zu bewahren, sondern ER wollte sie *vielmehr in* den Kämpfen dieser Welt bewahren. Keine Weltflucht oder Vermeidungsstrategie, sondern Gottes Zusage, dass ER bei uns sein wird, mittendrin in allem Chaos und in Krisen.

Johannes 16,33:
„In der Welt habt ihr __Bedrängnis,__ aber __seid getrost,__ ich habe die Welt überwunden!"

Wüstenzeiten sollen zum Segensort für Abbas Kinder werden! Der Vater probiert es immer zuerst mit Güte und Erbarmen. Wenn SEINE Kinder aber nicht hören wollen, muss ER den Druck etwas erhöhen, damit ER unsere Aufmerksamkeit bekommt. Das ist **die harte Seite der Liebe Gottes**, die genauso dazugehört. Wir missverstehen oftmals SEIN Schweigen oder Zulassen von Schwierigkeiten, bis hin zum Wegnehmen SEINER schützenden Hand, als Verlassenwerden oder Strafe Gottes. Doch hier findet kein Liebesentzug statt, sondern das ist Papas Liebe im Vollzug. Durch die schweren Zeiten unseres Lebens redet Abba nur um so lauter. Alle SEINE Wege sind pure Güte und Barmherzigkeit. Niemals wird ER SICH von uns abwenden! Nichts und niemand kann uns von SEINER Liebe trennen *(Römer 8,39)!* Wenn ER schon zu harten Maßnahmen greifen muss, dann immer nur mit guten Absichten. In SEINER Weisheit verfolgt ER höhere Pläne und Ziele als das momentane Wohlbefinden oder die schnelle Lösung eines Problems. Der Vater sucht die Frucht des Ganzen und nicht nur eine Momentaufnahme.

> *Römer 5,3–5:*
> *„… wir rühmen uns in den* ***Bedrängnissen****, weil wir wissen, dass die* ***Bedrängnis*** *standhaftes* ***Ausharren*** *(Geduld) bewirkt, das standhafte* ***Ausharren*** *(Geduld) aber* ***Bewährung****, die* ***Bewährung*** *aber* ***Hoffnung****; die* ***Hoffnung*** *aber lässt nicht zuschanden werden, denn die* ***Liebe Gottes*** *ist ausgegossen in unsere Herzen durch den Heiligen Geist …"*

In der Wüste werden Charaktere geformt. Ein Mose hätte nie Israel den Weg durch die Wüste zum verheißenen Land führen können, hätte er nicht selber zuvor seine Lektionen in der Wüste gelernt. Fast alle Führungspersönlichkeiten der Bibel sind durch ein spezielles Trainingsprogramm des Himmels gegangen. Dazu gehören manchmal Gefängniszellen und Verbannung, sowie Zeiten von Krieg und Krankheit. Auch unser Meister Jesus begann seinen Dienst in der Wüste.

Eine Geschichte, die wir uns untereinander oft erzählen, heißt: **Broken to be more beautiful!** Diese kleine Geschichte handelt von einem englischen Architekten, der vor einigen Jahrhunderten in Indien von einem reichen Maharadscha den Auftrag erhielt, einen ganz besonderen Palast zu erbauen. Der Architekt entwarf kühne Pläne und wollte mit den erlesensten Materialien dem Gebäude eine unvergleichliche Note verleihen. So orderte er unter anderem kostbare Spiegel aus dem fernen Italien, die dem Festsaal einen königlichen Glanz geben sollten. Als das Frachtgut endlich ankam und der Architekt die Kisten öffnete, musste er betroffen feststellen, dass die meisten der Spiegel auf dem langen Transport Risse bekommen hatten oder zerbrochen waren. Für einen Moment schienen alle Pläne dahin. Aber dann nahm er einen Hammer und schlug auf die restlichen Spiegel, die noch heil geblieben waren ein und rief dabei: „Broken to be more beautiful! – Zerbrochen, um noch schöner zu sein!" Die umherstehenden Arbeiter befürchteten, jetzt sei der arme Mann ganz von Sinnen. Was sie nicht sehen konnten, war, dass vor dem inneren Auge des Engländers ein neues Bild entstand. Er sah nicht nur die Scherben, sondern er sah dahinter die Möglichkeit, etwas Neues und Schöneres aus dem Zerbrochenen zu formen. Schließlich wurden diese Spiegelfragmente an den Wänden des Festsaales angebracht und schenkten dem Raum eine unvergleichbare Atmosphäre von strahlender Herrlichkeit, die jeden Besucher in ihren Bann zog.

So ist es auch in unserem Leben: Abba-Vater nimmt die Fragmente unseres Daseins und gestaltet schöpferisch etwas viel Kostbareres daraus. Unsere Verlegenheiten sind SEINE Gelegenheiten! Unsere Unmöglichkeiten sind SEINE Möglichkeiten! Unsere Wüsten sind SEINE Schnellstraßen, auf denen ER zu uns kommen will!

Deshalb schämen wir uns unserer Krisen und Zerbruchserfahrungen nicht mehr länger – wir kokettieren aber auch nicht damit. Wir vertrauen vielmehr, dass unser Abba aus allem noch etwas Gutes machen kann und will. Immer schreibt ER das letzte Kapitel der Geschichte. Wer sich IHM anvertraut, für den gibt es immer einen Ausweg. ER macht Wege in der Wüste und teilt vor uns sogar das Meer.

Deine Gedanken und Impulse …

4.13 24/7 – Wir sind Gebet

Der neue Lebensstil in der Liebe des Vaters zeichnet sich besonders durch ein befreites **Gebetsleben** aus. Gebet ist die **lebendige Zwiesprache** mit unserem himmlischen Freund. Wir kommen als SEINE Königskinder zu IHM und **dürfen über alles mit Papa-Allmächtig sprechen**. Die Worte, die wir im Gebet benutzen, geben Hinweis auf die Beziehung, die wir zu IHM haben. Es lässt sich wirklich daran ablesen, wie wir zu Gott stehen. So wie wir IHN ansehen, so werden wir mit IHM reden. Angefangen, wie wir IHN ansprechen. Aber auch die Art und Weise, wie förmlich oder wie schematisch wir Gebete formulieren. Hier zeigt sich der himmelweite Unterschied zwischen religiösem Einstudierten oder freiem Zugang zum Thron der Gnade. In der Vaterherz-Bewegung lernen wir **mit Abba so zu reden, wie es uns ums Herz steht.** Also keine fromme Show und auch keine druckreifen, wohlfeilen Ausführungen. Wir sprechen zu Gott, so wie wir auch normalerweise mit IHM leben.

In allen Religionen der Welt wird *irgendwie gebetet,* das heißt, der Versuch unternommen, mit etwas oder jemand Höherem in Kontakt zu treten. Selbst Atheisten führen manchmal eigenartige Selbstgespräche auf dem Weg nach höherem Beistand. Doch bei aller Suche bleiben die Menschen oftmals in Äußerlichkeiten stecken. Sie benutzen Dinge wie Gebetsteppiche oder Gebetsmühlen. Sie verwenden besondere Formeln wie Mantras oder leiern bestimmte Litaneien herunter. Das ist Plappern wie die Heiden, so nennt es die Bibel.

Leider gibt es auch unter der Christenheit viel Geplapper und tote Religion, wenn es ums Beten geht. Rosenkränze, Ave-Marias, Vaterunser usw. Was wird da nicht alles monoton heruntergeleiert?! In vielen Kirchen werden vorformulierte Gebete wie literarische Werke heruntergelesen.

Aber Gebete ohne Herzblut sind leblose Hülsen und laufen nur ins Leere. Wir müssen wissen, mit wem wir da sprechen. Wissen, wer ER ist und wer wir sind. Ohne echte Beziehung gibt es keine wahre Kommunikation. **Beten ist gelebte Gottesbeziehung.** Beim Beten soll Reden und Hören auf beiden Seiten stattfinden. So vielschichtig, wie die Facetten unseres menschlichen Alltags ausfallen, so vielfältig wird auch das Gebetsleben der Kinder Gottes aussehen.

Eine besondere Kategorie christlichen Gebetes will ich kurz hervorheben, denn das ist einzigartig auf der ganzen Welt: **Das Klagen**. Nur beim Gott Israels, der unser lieber Abba-Vater ist, findet Klagen einen Raum und ist erlaubt. Wer Gott seine Not klagt, der bekennt zugleich, dass es wirklich einen Gott gibt. Er wendet sich hilfesuchend an den Gott, den er momentan nicht versteht, der fern zu sein scheint oder dessen Existenz er gar anzweifelt. Im Klagen setzt sich der Beter mit seinem Gott auseinander, um wieder zueinander zu finden. Wie gesagt, solche Form der Gebetssprache gibt es sonst in keiner anderen Glaubensrichtung.

Aber genau das ist typisch für das göttliche Familienleben: **In Gottes Familie spricht man miteinander über alles!** Ich verstehe das Handeln meines himmlischen Vaters oftmals nicht, aber ich kann immer noch mit IHM darüber im Gespräch sein. Ich ringe mit IHM (so wie Jakob), ich feilsche mit Ihm (so wie Abraham), ich beschwere mich bei IHM (so wie Moses), ich bringe IHM meine Wut und Verzweiflung (so wie Jeremias), ich schütte mein ganzes Herz bei IHM aus (so wie David). Klagelieder und Klagegebete sind **Seelenhygiene** für die Freunde Gottes. Wir dürfen echt vor IHM sein, ohne respektlos dabei zu werden – und das selbst im Gebet. Der Vater hat Interesse an unseren ungeschminkten Herzensregungen. Besser wir besprechen es mit IHM, als dass wir es verdrängen, runterschlucken und totschweigen, bis schließlich etwas in uns selber stirbt.

Seitdem ich in der Liebe des Vaters angefangen habe zu leben, ist meine Gebetssprache viel **ehrlicher und direkter** geworden. In meiner Freundschaft zu Abba soll alles beim Namen genannt werden können. Und alles, was nicht in SEINEM Licht genannt werden kann, soll am besten aus meinem Lebensstil verbannt sein: also keine Geheimniskrämereien mehr, keine versteckten Leichen im Seelenkeller und keine gekünstelte Zurschaustellerei.

Es gibt sehr viel gute, **christliche Literatur** zum Thema Gebet! Unsere Weisheit über Gebet hat sich in den Jahrhunderten enorm vergrößert. Man könnte den Eindruck gewinnen, Christen sind Experten, wenn es ums richtige Beten geht: Loben zieht nach oben. Danken schützen vor Wanken. Komm in den Vorhof mit Dankgebeten, ins Heiligtum mit Lobpreis und ins Allerheiligste mit Anbetung. Wir wissen, wie wir im Gebet kämpfen müssen, wie wir für Kranke um Heilung beten sollen und wie wir den Sieg proklamieren.

Das Alles ist absolut richtig und wichtig! Und wir wollen da keine Abstriche machen. In der Vaterliebe haben wir aber noch etwas Neues entdeckt, was unser Gebetsleben stark verändert.

Wenn wir **Jesus**, den Sohn Davids, betrachten, dann sehen wir, wie ER aus allem ein kindlich-vertrauensvolles Gebet gemacht hat, so wie sein Vorfahre **König David**. David machte einmal eine erstaunliche Aussage: *„Ich aber bete!" (Psalm 108,4b)* Wörtlich heißt es: **„Ich bin Gebet!"** – Mit anderen Worten: *„Ich lebe vollkommen im Gebet! Meine ganze Existenz ist ein Gebet, ein fortwährendes Gespräch mit dem lebendigen Gott. Ich bin ständig mit IHM verbunden. Und alles, was ich lebe und erlebe, bringe ich mit IHM in Verbindung. Ich tauche es in ein Gespräch mit dem Allerhöchsten!"* Das kann der Meister Jesus auch von SEINEM Leben sagen. Die Jünger wollten unbedingt lernen, so mit dem Vater zu sprechen, wie Gottes Sohn es tat. *„Herr, lehre uns beten!" (Lukas 11,1)*. Das war alles andere als religiös oder formelhaft, sondern ansteckend und lebendig. Zu beten wie Jesus hat alles revolutioniert! Die neutestamentliche Gemeinde wird beschrieben, als *„Leute, die überall, an allen Orten, den Namen des Herrn Jesus anrufen" (1. Korinther 1,2)*. Paulus schreibt: *„Betet ohne Unterlass, das heißt: unaufhörlich!" (1. Thessalonicher 5,17)*. Christen brauchen also nicht mehr länger heilige Orte, heilige Zeiten und heilige Formeln, sondern sie können **spontan und authentisch auf direktem Weg** zum Vater kommen, und das vierundzwanzig Stunden am Tag, sieben Tage die Woche, jeden Tag im Jahr, ein ganzes Leben lang! Wow!

Diese Dimension von Gebet entdecken wir im Haus der Abba-Kultur ganz neu. Nach der Devise **„Mach aus allem ein Gebet!"** kann es passieren, dass wir mitten im Gespräch mit anderen Geschwistern den Vater selber konsultieren und mit einbeziehen, quasi umschalten ins Gebet. Beten wird mehr und mehr kein messbarer Zeitraum, den wir hin und wieder aufsuchen, sondern eine **Lebenshaltung**, die unseren ganzen Alltag durchzieht und durchwebt.

Vor einiger Zeit wurde ich als Autor interviewt. Der christliche Journalist wollte wissen, wie viele Stunden am Tag ich zu Gott bete. Ich antwortete, ohne lange nachgedacht zu haben: „24 Stunden!" Natürlich kenne ich auch ausgesonderte Zeiten und Stunden, in denen ich vor Gott stehe, liege oder knie, und nichts anderes tue, als nur IHN im Gebet zu suchen. Aber ich habe mich ganz bewusst davon getrennt, Gebet als eine bestimmte messbare Größe anzusehen. Zu lange bin ich dem frömmelnden Leistungsirrglauben aufgesessen, wenn wir nur so und so viele Stunden am Tag beten, dann wird Gott handeln müssen. Wir können eine **Herzensbegegnung** nicht in Minuten messen! Die entscheidende Frage ist: Sind unsere Herzen einander begegnet? Habe ich Gottes Herz getroffen? Und hat SEINE Liebe mein Herz berühren können? Eine tiefe Begegnung kann manchmal Stunden brauchen und manchmal kann es in einem Wimpernschlag geschehen. Lange Lobpreiszeiten, Predigten oder Gottesdienste sind noch keine Garantie für mehr Heiliger Geist! Ich wünsche uns da ein Umdenken und einen neuen Fokus. Es kommt einzig und allein darauf an, IHM zu begegnen und Gemeinschaft mit IHM zu haben. Von Herz zu Herz! **SEINE Gegenwart** ist alles, was wir brauchen und alles, was wir suchen!

Weil wir **SEIN Tempel** sind, können wir beständig ein Wohnort für SEINE Liebe sein, ein Haus des Gebetes: der Anbetung und der Dankbarkeit, sowie der Fürbitte und des Segens.

Es macht mich glücklich, dass an vielen Orten der Impuls von **24/7-***Gebetszeiten* aufgegriffen und kreativ umgesetzt wird. Wunderbare neue Gefäße entstehen: *Fürbittegebetsketten* (wie das Wächtergebet) laufen ununterbrochen, wie zu alten Herrnhuter-Zeiten; *Burn* – das Feuer überkonfessioneller Lobpreisgottesdienste greift um sich. Halleluja, ein frischer *Gebetswind* weht durch unser Land! Überall entstehen *Gebetshäuser.* Es finden fantastisch motivierende *Gebets-Events* statt. Vielerorts gibt es spezielle *Israel-Gebetskreise*, Geschäftsleute beten für ihre Betriebe, Mütter beten für die Schulen ihrer Kinder; es gibt so viele gesegnete *Gebets-Initiativen,* wie das Gebet für die moslemische Welt, usw.

Bitte lasst uns das alles weiterhin fortführen!

Aber wäre es nicht wunderbar, wenn wir darüber hinaus begreifen und ergreifen könnten: **Wir sind Gebet!** Unser ganzer christlicher Lebensstil ist ein vitaler Ausdruck der Liebesbeziehung und Freundschaft, die wir als Kinder zu unserem himmlischen Vater haben. Wir sprechen mit IHM und ER redet zu uns. (Bitte glaubt mir: Unser Abba will nicht nur über *die Arbeit* mit uns reden ...!)

Dann tun wir genau das, was ER gesagt hat – und bitte nur das!!!

Danke, *Ilse-Marie Japp*, dass Du mir und uns dabei geholfen hast, Gebet aus dem Vaterherzen Gottes neu zu entdecken!

Deine Gedanken und Impulse …

4.14 Lebenskünstler

Im nächsten Lebensraum gibt es herrliche Dinge zu bestaunen. Dieser Raum der Abba-Kultur ist gefüllt mit **Kunst**, Ästhetik und Schönheit. Allesamt entsprungen aus der neuen Lebensqualität nahe am Vaterherzen Gottes.

Menschenkinder, die durch die Liebe des Vaters zum Leben wachgeküsst worden sind, entwickeln oftmals ein neues Maß an künstlerischen Gaben und Fähigkeiten. Die grenzenlose Agape-Liebe setzt Quellen von Inspiration und schöpferischer Kraft frei, wie wir es uns in den kühnsten Träumen nicht ausgemalt hätten. In der Vaterherz-Bewegung habe ich mit Freude zahlreiche Geschwister weit über sich hinauswachsen gesehen. In vielgeliebten Menschen werden Talente und Fähigkeiten aktiviert oder reaktiviert: Malen und Zeichnen, Dichtung und Schriftstellerei, Tanz und Bewegung, Handwerk und Dekoration … (Unvergesslich sind die Bilder, die *Victor Geist* spontan in den Anbetungszeiten malte!)

In unseren Reihen sind mittlerweile zahlreiche Geschwister, die ihre eigenen Vater-Bücher geschrieben haben, oder eigene Musikproduktionen mit selbst komponierten Vater-Liedern veröffentlichen konnten. **Kunsthandwerk** verschiedener Art (wie Malerei, Fotografie, Holzprodukte und Textiles) findet auf professionellem Niveau statt – und dennoch mit spielerischer Leichtigkeit, aus dem Geist der Kindschaft geboren. Die Angebote werden von Jahr zu Jahr bunter und reichhaltiger. Das alles ist nur ein kleiner Ausfluss der **freigesetzten Kreativität** unter uns, die der Vater bei SEINEN Kindern erweckt.

Alle Menschen auf der Welt sehnen sich nach **wahrer Schönheit**. Unsere Freundin im TST, *Vicki Trustrum* aus Neuseeland, weißt uns gerne darauf hin, wie sehr wir alle nach dieser Schönheit Ausschau halten. Jeder Mensch möchte gerne gut aussehen. Wir wollen uns das Leben schön machen. Die ganze Schöpfung strahlt unendliche Harmonie und Schönheit aus. Egal, wo auf der Welt und in welcher Kultur, alle Menschen haben, trotz Verzerrung durch die Macht der Sünde, noch ein gewisses Maß an Empfinden für Schönes: ein neugeborenes Baby, ein Sonnenuntergang am Meer, ein Regenbogen am Himmel, ein auftauchender Wal im Ozean, eine Wiese voll bunter Blumen, funkelnde Sterne am nächtlichen Firmament: Solche Lichtblicke der Schöpfung faszinieren alle Menschen auf dem ganzen Globus gleichermaßen ohne Unterschied. Der Geist des Menschen besitzt eine besondere Antenne und Empfänglichkeit für Herrliches. Schließlich wurden wir für die Herrlichkeit Gottes geschaffen. Wir sollen **Träger SEINER Herrlichkeit** sein! Unser Freund *Manfred Lanz* hat das so genial biblisch-exegetisch herausgearbeitet:

Die Vaterliebe Gottes ist ein Synonym für die Herrlichkeit Gottes!

> *2. Petrus 1,17:*
> *„Denn er (Jesus) empfing von Gott, dem* ***Vater****, Ehre und* ***Herrlichkeit****, als eine Stimme von der* ***hocherhabenen Herrlichkeit*** *(damit ist der Vater im Himmel gemeint) an ihn (Jesus) erging: Dies ist* ***mein geliebter Sohn****, an dem ich Wohlgefallen habe!“*

Die Herrlichkeit Gottes ist die Substanz des Himmels. Sie ist die flüssige Agape-Liebe des Vaters, der **Strom des Lebens** aus dem Allerheiligsten, der River aus **Hesekiel 47**. Das ist die Realität, in der unser Vater, der Vater aller Herrlichkeiten, SEIN Zuhause hat. Adam und Eva waren mit dem Glanz dieser Herrlichkeit im Garten Eden bekleidet, bevor der Sündenfall sie nackt machte und bloßstellte. Da verloren sie diese Herrlichkeit Gottes. Moses und die Ältesten aßen und tranken von dieser Herrlichkeit der *Shekina-Wolke* auf dem Berg Sinai. Jesus tauchte tief ein in diese Herrlichkeit, so zum Beispiel auf dem *Berg der Verklärung*. Die Vaterliebe Gottes erfüllte SEIN ganzes Sein. Paulus und die Apostel lebten ebenfalls von der *Ekstase* und dem *Enthusiasmus*, die die Liebe des Himmels auslöst, wenn sie die Erde überflutet.

Wo immer der Strom der Liebe Gottes hinkommt, da wird **Leben in Fülle** freigesetzt *(Hesekiel 47,9 / Offenbarung 22,1+2)!* Es gibt keine stärkere schöpferische Kraft als die Liebe. Schon in biologisch-menschlicher Urgestalt bringt diese Liebesmacht neues Leben hervor. In zwischenmenschlichen Beziehungen entfaltet sie enorme Kräfte. Es gibt tatsächlich keine stärkere Macht auf der ganzen Welt, als die Liebe im Leben der Menschen. Diese Wahrheit sollte in allen Kulturen und Rassen angekommen sein. Liebe macht erfinderisch und kreativ. Alle echte Kunst hat hier ihren Ursprung.

Gottes Vaterliebe hat diese menschliche Seite der Liebe, aus der unser menschliches Zusammenleben erst möglich wird. Aber sie besitzt auch noch eine absolut göttliche Seite: Abba-Vater hat uns in Jesus so sehr geliebt, dass ER immer noch für uns war, obwohl wir SEINE Feinde wurden und in Sünde gegen IHN rebellierten. So kann nur EINER lieben, nämlich Jesus!

Unser Papa, der Master-Designer und Schöpfer allen Lebens. Unser Abba, der Neuschöpfer-Geist, dessen Liebe stärker ist als der Tod. Jesus, unser Retter und Lebens-Spender. ER begnadet SEINE Kinder mit himmlischen Geschenken und macht uns zu **Lebenskünstlern.** Es ist eine Kunst des Himmels, jeden Tag als neues Geschenk zu erleben. Es gefällt unserem himmlischen Dad, die Schönheiten des Lebens mit uns zu teilen und gemeinsam zu genießen. Für uns in der Abba-Kultur wird es mehr und mehr zu einem Lebensstil, **jeden Tag nach einem Stück Himmel Ausschau zu halten** – wo hat sich heute die Liebe des Vaters in Schönheit in meiner kleinen Welt offenbart? Dafür lohnt es sich zu leben!

Deine Gedanken und Impulse …

4.15 Mehrgenerationenhaus

In der Bibel wird unser Abba-Vater unter anderem, als *„der Gott Abrahams, Isaaks und Jakobs"* genannt. Das sind *drei Generationen* und das klingt nach einem Mehrgenerationenhaus. So ist es auch gemeint! Das ist ein ganz starker Hinweis darauf, dass SICH unser Gott allen Generationen gleichermaßen offenbaren will. Abba wollte immer schon eine Familie, in der sich die Alten mit den Jungen an einem Tisch zusammen einfinden. **Alle sind gemeint**: Männer und Frauen, Erwachsene sowie Kids & Teens, Greise und Babys, Singles und Ehepaare … **An Papas Herzen findet jeder seinen Platz!** Diese gelebte Realität der Familie Gottes ist ein wunderschöner Lebensraum im Haus der Abba-Kultur.

> *Psalm 148,12+13*
> *„… **Alte** mitsamt den **Jungen**; sie sollen loben den Namen des HERRN!"*
>
> *Apostelgeschichte 2,17:*
> *„Und es wird geschehen in den letzten Tagen, spricht Gott, da werde ich ausgießen von meinem Geist auf alles Fleisch; und **eure Söhne und eure Töchter** werden weissagen, und eure **jungen Männer** werden Gesichte sehen, und eure Ältesten werden Träume haben …"*
>
> *1. Johannes 2,12-14:*
> *„Ich schreibe euch, ihr **Kinder,** weil euch die Sünden vergeben sind um seines Namens willen. Ich schreibe euch, ihr **Väter,** weil ihr den erkannt habt, der von Anfang ist. Ich schreibe euch, ihr **jungen Männer,** weil ihr den Bösen überwunden habt. Ich schreibe euch, ihr **Kinder,** weil ihr den Vater erkannt habt. Ich habe euch geschrieben, ihr **Väter,** weil ihr den erkannt habt, der von Anfang an ist. Ich habe euch geschrieben, ihr **jungen Männer,** weil ihr stark seid und das Wort Gottes in euch bleibt und ihr den Bösen überwunden habt."*

Wie degeneriert wirken da heutzutage manche Monokulturen in der christlichen Landschaft: Es gibt jugendorientierte Life-Style-Kirchen, wo kaum mehr Raum für Leute jenseits der Fünfunddreißig ist; anderorts verharrt man in seniorenfreundlichem Dauermodus und verpasst die Chance, die nächste Generation mit an Bord zu holen. Dabei bietet die Gemeinde Jesu etwas soziologisch Einmaliges! Jenseits aller Grenzen und Barrieren von Alter, Geschlecht und Herkunft kann die Agape-Liebe Gottes Menschen miteinander verbinden, die völlig unterschiedlich sind. Das ist das tiefe Geheimnis gelebter Vaterliebe in der Gemeinde! Die Ausgießung des Geistes Gottes zu Pfingsten ist eine Anzahlung dafür: Männer und Frauen, Alte und Junge, Juden und sogar die Nationen sind eingeladen nach Hause zu kommen. Alle sind Papas Lieblingskinder und brauchen SEINE Liebe!

In unserer Netzwerk-Familie erfahren wir oft **das Geschenk der drei Generationen**. Es belebt unsere Gemeinschaft so sehr, wenn wir in der bunten Vielfalt unserer normalen Lebenskonstellationen zusammenkommen. Jedes Alter und jeder Stand ist dabei wichtig! Wir können so viel voneinander lernen. Ich denke gern an die vielen Male, wo die Teenager uns vorgemacht haben, welchen Spaß es macht, kindliche Bewegungslieder (die so fantastisch sind, zu Herzen gehen und einen kindlichen Geist selbst in Erwachsenen freisetzen) lauthals mitzugrölen und wild dabei herumzutanzen. Ich sehe noch vor meinen Augen jene fast achtzigjährige Schwester, wie sie schweißgebadet neben den jungen Leuten auf und ab hüpft, weil die Freude des Himmels um sich greift.

Es berührt mein Herz, wie stark die Vaterliebe Gottes gerade **Ehen und Familien** wieder herstellt. Ich denke an jene Frau, die bei einem Vaterherz-Seminar nach vorne kam und beeindruckend berichtete, dass sie jahrelang versucht habe, ihren Mann zu verändern. Ihr Ehemann war auch mit im Raum und nickte heftig zustimmend! Aber dann sei sie der Liebe unseres himmlischen Vaters begegnet. Sie musste feststellen, dass sie versuchte hatte, den großen Mangel in ihrem Herzen durch ihren Mann ausfüllen zu lassen. Damit hatte sie ihn maßlos überfordert, unter Druck gesetzt und fast ihre Ehe an den Rand gebracht. Aber nun wisse sie, wo sie ihren Mangel ausfüllen lassen kann. Ihr Mann muss für sie nicht mehr länger „Gott-Ersatz spielen“. Sie habe jetzt bei Abba-Vater die Quelle der Liebe gefunden, nach der sie immer Ausschau gehalten hat. Sie konnte ihren Mann loslassen und nun haben die beiden eine ganz neue Ehebeziehung. Wieder nickte ihr Mann heftig zustimmend!

Wow, wir könnten Bücher allein damit füllen, wie die Liebe des Vaters neue Hoffnung in verfahrene Ehesituationen gebracht hat. *Elfriede und Manfred Krebs* sind da für uns solch ein leuchtendes Beispiel! Vor Jahren kamen sie auf eine unserer Konferenzen. Sie erzählen, dass es sich damals fast wie eine letzte Chance für ihre Ehe angefühlt hat. Nach vielen Jahren gemeinsamen Weges war Sand ins Getriebe gekommen (kennt das noch jemand?!). Aber dann kam Abba! ER berührte ihre Herzen, verband ihre Wunden und erneuerte die Liebe füreinander. Jetzt leben sie in einer wunderbaren, neuen Beziehung geprägt von Vergebung, Annahme und Wertschätzung. Die beiden strahlen so viel Liebe aus und sind ein lebendiges Beispiel für Papas Möglichkeiten. Ihr solltet sie mal miterleben, wenn diese zwei Goldschätze von ihrem Weg erzählen und anschließend für Ehen beten. Da strömt es nur so vom Thron der Gnade!

Danke auch an *Helga und Dieter Kontschak*. Ich liebe es, wenn sie ihre Geschichte weitergeben. Ihre Ehrlichkeit ist so erfrischend und hat mir schon oft weitergeholfen. Die Liebe des Vaters hat neue Lebendigkeit in ihre Ehe(-Person) und Familie gebracht. Es macht so viel Mut, in einer göttlichen Großfamilie mitleben zu dürfen, wo wir uns **ungeschminkt kennen lernen** dürfen, wie im echten Leben. Auch die dunklen Kapitel und Herausforderungen gehören dazu. So können wir uns mit der Not und den Kämpfen der anderen identifizieren. Weil Abba der Schwester und dem Bruder in der Vergangenheit geholfen hat, wird ER auch uns helfen, wo wir jetzt durch vergleichbare Schwierigkeiten gehen. Das ist so stark! Manchmal, wenn es mir richtig schlecht geht, dann denke ich einfach nur an meine Freunde, an diese Helden aus dem Mehrgenerationenhaus, und ich empfange sogleich neue Zuversicht! Was Papa bei den anderen geschafft hat, das wird ER auch bei mir schaffen können!

Ein Dankeschön an *Familie Voogd* und *Familie Krull*, um nur zwei von vielen zu nennen, die mit ihren Kindern gemeinsam ihren Platz in unserer Netzwerkfamilie einnehmen. Es ist so befreiend und schön, euch gemeinsam zu genießen. Und natürlich auch *Elisabeth und Maurice Luke,* ihr dürft nicht fehlen! Ihr seid unsere großen Vorbilder, wenn es darum geht, bis ins hohe Alter Jesus kindlich nachzufolgen!

Singles haben ebenfalls ihren ganz wichtigen Platz in diesem Mehrgenerationenhaus! Ich mag das Wort *Alleinstehende* nicht, denn im Vaterhaus der Liebe Gottes gibt es keine *Alleinstehenden* mehr. Jeder ist willkommen und soll mit eingebunden sein in das Netzwerk der Familie Gottes. Im TST gibt es so viele wunderbare Single-Geschwister! Es tut gut zu sehen, wie wir einander bereichern und beschenken können, alleine durch die Umstände, in denen wir zur Zeit leben. Da kommt die ganze bunte **Palette des Alltags** drin vor: von pubertierenden Teenies, über den Verlust eines geliebten Menschen, unerfüllte und erfüllte Kinderwünsche, Rudi-Rastlos-Rentner-Dasein, bis hin zu Hochzeiten und anderen Feiern ohne Ende!

Natürlich braucht es auch Zeitpunkte, wo wir uns separat treffen. Jede Gruppe will mit ihren **ganz spezifischen Bedürfnissen** wahrgenommen werden. Auch wir in der Vaterherz-Bewegung machen deshalb unterschiedliche Angebote für Frauen, für Männer, für Familien, für junge Leute, für Ehepaare, für Verantwortungsträger, usw. Das macht Sinn und bringt neue Inspiration und konkrete Hilfestellung.

Alles hat seine Zeit – aber der Normalfall ist und bleibt die **Familie Gottes**. Und diese Familie umspannt mehrere Generationen, Stände und sogar Nationalitäten. So freuen wir uns, dass wir von Anbeginn der Bewegung immer Geschwister aus anderen Ländern und Teilen der Erde unter uns haben. Die ethnische und kulturelle Vielfalt bereichert unser Leben! Zugleich schafft es Kontakte und öffnet neue Türen in aller Welt. Durch die Beziehung zu unseren internationalen Geschwistern im TST erreichten uns schon zahlreiche Einladungen von weither. So konnten wir bereits Teams auf alle Kontinente aussenden.

Unser Papa ist wirklich **genial-international**!

Deine Gedanken und Impulse …

4.16 Das WIR gewinnt!

Eines der schönsten Räume im Haus der Abba-Kultur ist für mich die gelebte, familiäre Kleingruppe. Wir nennen diese Art von Hauskreis: **Abba-Weggemeinschaften**. Überall im Land entstehen solche Orte der Liebe und der Hoffnung. Diese Entwicklung wird von keinem Menschen organisiert oder technisch vorangetrieben.

Aber was ist hierbei so besonders anders als bei *„herkömmlichen kirchlichen"* Hauskreisen? In den Abba-Weggemeinschaften sammeln sich Menschen, die hungrig sind, mehr von der Vaterliebe Gottes für ihr eigenes Leben zu empfangen, um es weiterfließen zu lassen. Ganz nach dem Motto, wie es in dem Lied von *Graf von Zinzendorf* lautet: *„Herz und Herz vereint zusammen, sucht in Gottes Herzen Ruh!"*

Diese Gemeinschaftsgruppen haben **das Herz** zum Schwerpunkt: persönlicher *Austausch von Herzensprozessen* einerseits und tieferes *Einswerden mit dem Vaterherzen Gottes* andererseits. So wie es der Qualität der neutestamentlichen Gemeinde entspricht:

> *Apostelgeschichte 2,42–47:*
> *„Und sie blieben beständig in der Lehre der Apostel und in der* ***Gemeinschaft*** *und im Brotbrechen und in den Gebeten … alle Gläubigen waren aber* ***beisammen*** *… und jeden Tag waren sie* ***beständig und einmütig*** *im Tempel und brachen das Brot* ***in den Häusern*** *…!"*
>
> *Apostelgeschichte 5,32:*
> *„Und die Menge der Gläubigen war* ***ein Herz und eine Seele*** *…!"*

Der Ablauf eines Treffens in einer Abba-Weggemeinschaft kann sehr unterschiedlich ausfallen, so vielfältig und so flexibel angepasst, wie das Leben der Teilnehmer es vorgibt. Dennoch scheinen sich ein paar feste Konstanten herauszukristallisieren. Ort, Zeitpunkt und Häufigkeit mögen variieren, aber feste Größe ist die **persönliche Herzens-Austausch-Runde** mit Segnungsgebeten füreinander. Es wird mehr Wert darauf gelegt, das echte, **praktische Alltagsleben** aus der Liebe des Vaters miteinander zu teilen, als über neue, hochtrabende, theoretische Bibelerkenntnisse zu philosophieren, wenngleich Gott als gleichwertige, dreieinige Person erfahren wird, liegt doch die Betonung auf dem **Abba-Vater**, denn hier haben viele (von uns) ein großes Nachholbedürfnis – bei unserem himmlischen Vater gibt es noch so unendlich viel Neues zu entdecken!

Natürlich darf da die **Tischgemeinschaft und Gastfreundschaft** nicht fehlen! Das gemeinsame Feiern und Essen sind ein wichtiger Bestandteil der Gemeinschaft. (In vielen Fällen verbunden mit Abendmahl). Wir genießen miteinander; wir schmecken und sehen, wie freundlich unser Abba ist!

Die Liebe des Vaters ist vornehmlich ein Gemeinschaftserleben, denn unser Vater im Himmel hat eine Großfamilie und nicht nur Einzelkinder! **Das WIR gewinnt!** So wie Gott schon in SICH selber, in SEINER Drei-Einheit, eine innige Liebesgemeinschaft darstellt, so will ER umso mehr in der Einheit SEINER Kinder hervorstrahlen.

> *Johannes 13,34+35:*
> *„Ein neues Gebot gebe ich euch, dass ihr **einander lieben** sollt, damit, wie ich euch geliebt habe, auch ihr **einander liebt**. Daran wird jedermann erkennen, dass ihr meine Jünger seid, wenn ihr **Liebe untereinander** habt!“*

> *Johannes 17,21:*
> *„… auf dass sie alle **eins seien**; gleichwie du, Vater, in mir, und ich in dir, auf dass auch sie in uns **eins seien** …!“*

Die Salbung und der Segen Gottes liegen auf dem Teamgeist! Gottes Familie ist ein unschlagbares **Team**. Deshalb liebt es Gott, durch bunte, kleine, mobile Einheiten zu wirken. *Das WIR gewinnt!* Das ist jedenfalls unsere Erfahrung in der Vaterherz-Bewegung Wochenende für Wochenende, wenn wir in kleinen Teams von vier bis zehn Personen unterwegs sind, um Abbas große Liebe in nah und fern mit anderen Geschwistern zu teilen. Das schönste Kompliment, das man uns machen kann, ist es, wenn die Leute zu uns sagen: *„Ihr seht ja gar nicht wie ein Mitarbeiterteam aus. Ihr wirkt vielmehr auf uns wie eine Familie! Eure Erfahrungsberichte kommen so authentisch und unge-*

schminkt rüber. Ihr erzählt nicht nur von Wundern Gottes, sondern auch von euren Katastrophen und Niederlagen. Das macht euch so nahbar und verleiht Mut, sich selber neu auf Gottes Hilfe einzulassen. Wenn ER es mit euch geschafft hat, dann kann ER es wohl auch mit uns schaffen!"

Wie die bunten Farben eines Regenbogens, so leuchten unsere **unterschiedlichen Vatergeschichten** hervor, die wir als Team weiterzugeben haben. Das ist keine perfekt gestylte Kurzstory; das ist ein ganzes Bücherregal von Geschichten, die Gott auf den krummen Linien unseres individuellen, unvollkommenen Alltags geschrieben hat und weiter schreibt. Dazu bedarf es das Leben von jedem von uns. Eines würde da nicht ausreichen! Jeder hat seine eigene Biografie, seine eigene Geschichte mit Abba und dem eigenen zerbrochenen Herzen. Jeder hat etwas ganz Spezielles und Spezifisches beim Vater im Himmel erfahren und ist eingeladen, genau das weiterzugeben.

So lebt auch die **Segnungszeit** (Ministryzeit), im Anschluss an die Verkündigung der Vater-Botschaft, von den segnenden Händen und haltenden Armen der vielen Kinder Gottes. Ein Einzelner kann das nicht verkörpern! Es braucht schon den ganzen Leib Jesu dazu – oder zumindest eines größeren Ausschnitts davon! *Das WIR gewinnt!*

Deine Gedanken und Impulse …

4.17 Dienen aus dem Überfluss

In den meisten christlichen Kirchen dreht sich leider alles um das Thema „Dienen bzw. **Arbeit**"! Überall werden händeringend „Mitarbeiter" gesucht. Obwohl schon seit Jahrzehnten *Kinderarbeit* in Deutschland verboten ist, sprechen wir in der Kirche immer noch von „Kinderarbeit", „Männerarbeit", „Frauenarbeit" usw. Selbst wenn wir Gottes Wort miteinander lesen, nennen wir das: „Bibelarbeit"! Der *Arbeitsbegriff* hat fast alle Bereiche des Gemeindelebens verstrahlt. Die Sprache verrät uns: Alles ist zu einer anstrengenden Leistung geworden! Das Dienen und die Mitarbeit in der Kirche sind mühselige Pflichten.

Wie fremdartig und wundersam hört es sich an, wenn Gottes Wort uns aufmuntert:

> *Psalm 100,2:*
> *„… **dient** dem Herrn **mit Freuden**!"*

Durch die Offenbarung der Vaterliebe Gottes habe ich, so wie auch viele andere, neu entdecken dürfen, was dieses Wort substanziell bedeutet. Doch zuvor musste ich leider selber erst durch einen **Burn-out** gehen, wegen Überarbeitung und Gemeindestress! Die Quote der *ausgebrannten* Mitarbeiter in kirchlichen und sozialen Berufen ist extrem hoch! Nirgendwo stehen Menschen so sehr in Gefahr, sich selber zu verlieren, wie gerade in Aufgaben, wo man unentbehrlich zu sein scheint. Verantwortungsträger sind höchst gefährdet.

Die Not, gebraucht zu werden, unabkömmlich zu sein, immer erreichbar für andere zu sein, ja, sogar Gott für andere zu spielen. Auf einmal ist man gefangen in einem Lügenspinnennetz, das einen glauben machen will: *Ohne dich läuft es einfach nicht! Wenn Du es nicht selber machst, dann macht es keiner!* Man merkt zuerst gar nicht, wie stark man davon abhängig wird. Bis dann der Druck ins Unermessliche steigt. Die Anforderungen werden immer größer. Von allen Seiten stürmt es auf einen ein. Und vor allem kannst Du Deinen eigenen Erwartungen und Ansprüchen nicht mehr genügen. Irgendwann liegst Du am Boden und alles rollt über Dich hinweg, wie eine gewaltige Tsunami-Flutwelle. Wer kennt das noch?

Wie anders sieht da der neue Lebensraum im Haus der Abba-Kultur aus: **Dienen aus dem Überfluss**. Zunächst darf ich mich selber füllen lassen, bis ich ganz voll bin. Danach erst gebe ich weiter an andere. Ich vergleiche das gerne mit folgendem Beispiel: Früher funktionierte ich wie ein Feuerwehrschlauch. Im Ruhezustand war ich platt und trocken. Im Arbeitseinsatz funktionierte ich perfekt. Wurde der Hydrant voll aufgedreht, floss das Wasser durch mich und andere wurden nass. Nach getaner Arbeit war ich aber wieder platt am Boden und leer. Jetzt in der Liebe des Vaters gleicht mein Leben eher einem Springbrunnen mit mehreren Schalen. Jedes Mal, wenn eine Schale gefüllt ist, kann sie überlaufen und gibt weiter an die nächste ab. Weil ich selber erfüllt werde, fließe ich über und darf den empfangenen Reichtum mit anderen teilen.

Abba macht mein eigenes Herz satt mit SEINER Liebe, dabei darf ich schon mal etwas von SEINER Güte weiterfließen lassen, denn es ist ja genug da und es kommt auch immer wieder Frisches nach! Diese Art von „Mit-Arbeit" ist so anders als alle andere Dienstphilosophie im Reich Gottes, die wir bisher kennengelernt haben. Jemand verglich das mit einem Hausbau: Abba-Vater baut SEIN Haus zusammen mit uns, den kleinen Kindern. Eigentlich macht ER dabei alles, aber wir dürfen mithelfen. Wir fuchteln mit der Plastiksäge wild herum und schlagen eifrig mit dem Spielzeughammer drauf. Vielleicht tragen wir sogar mal einen Stein aufs Baugerüst und fühlen uns ganz wichtig, denn wir bringen den vollen Einsatz. Am Schluss, wenn das Haus dann fertig gebaut ist, sagt der Vater zu uns:

„Schaut mal, haben wir das nicht wunderbar zusammen hinbekommen?!"

Darum nennen wir uns auch nicht mehr so gerne „Mit-Arbeiter", sondern lieber **Mit-Spieler** (oder auch im Scherz: *Mit-Esser)!* Denn darum geht es: Jesus hat alles schon getan! ER ist der Erlöser, nicht wir! Jetzt dürfen wir, als Gottes Kinder, auch noch etwas Spaß bei SEINEM Sieg haben und ein bisschen mitmachen, mitspielen … Brote und Fische verteilen, Leichentücher abwickeln, Hände auflegen, umarmen, küssen, festhalten, mit Öl salben …! Aber die Wunder, die vollbringt ER! Das ist SEIN Dienst, SEINE Arbeit. Wir sind bestenfalls SEINE Hände, SEINE Füße, SEIN Leib in Aktion!

Nun könnte man fragen: *Wer so dient, steht der nicht in Gefahr, zu passiv oder zu bequem zu werden?* Nein, ganz im Gegenteil!

Wer die ganze Last und Verantwortung des Dienstes auf seinen Schultern trägt, wird darunter zusammenbrechen müssen. Das ist sehr schmerzhaft, jedoch unausweichlich! Viele kirchliche Mitarbeiter kommen so an das Ende ihrer eigenen Kraft! Das hat Gott ursprünglich nicht gewollt! Denn ER ist nicht interessiert an unserer Leistung. Er will unsere Herzen und nicht unsere Mitarbeit!

Ehrgeizige und ambitionierte Leiterpersönlichkeiten können manchmal ihren Dienst und ihr Anliegen so wunderbar *verkaufen*, dass viele Christen mit in den Sog hineingezogen werden, noch mehr Einsatz für Gottes Sache bringen zu müssen. Wie fatal! Ganze Scharen von Jüngern Jesu laufen blindlings in die **Abseitsfalle des Aktivismus**. Viele dienen treu der Vision ihres Leiters und kommen dabei nicht in ihre eigene Berufung. Am Schluss sind sie nicht nur müde und leergelaufen, sondern fühlen sich obendrein *missbraucht* und benutzt. Ich entdecke Tausende von solchen *frustrierten und ausgedienten Reich Gottes-Mitarbeitern* überall im Land. Etliche haben sich verwundet in ihre kleine Privatwelt zurückgezogen, fühlen sich unfähig für die Gemeinschaft mit anderen Christen und holen sich lieber ihre geistliche Nahrung aus anonymen digitalen Quellen.

Auch manche Geschwister aus unserer TST-Netzwerkfamilie kennen diesen Schmerz aus eigenem Erleben. Wir sagen oftmals: Es gibt zwei Orte auf der Welt, wo Du am besten verletzt werden kannst. Das ist zum einen *Deine Ursprungsfamilie*, aus der Du biologisch stammst. Und das ist desweiteren *Deine geistliche Familie*, die Gemeinde. Denn an beiden Orten lebst Du ohne Schutzschilde. Darum gehen die Verletzungen auch dort so tief! Für viele von uns war es ein langer Weg heraus aus Isolation, Misstrauen und Ausgebranntsein. Aber es ist möglich! Dafür stehen wir als lebendige Beweise. **Es gibt wirklich eine andere himmlische Art von Mitspielen im Reich Gottes, die uns nicht kaputt macht, sondern beflügelt!**

Seit ich in der Offenbarung der Vaterliebe Gottes lebe, ist mein Leben noch **intensiver** geworden, noch **effektiver** und **produktiver**. Ich arbeite mehr für Gott als je zuvor, aber ich ruhe auch mehr an Abbas Herzen als je zu vor! Das Von-Gott-geliebt-werden verleitet nicht zur Passivität oder Faulheit, sondern weckt neue Kräfte und ungeahntes Potenzial. Wir haben jetzt viel mehr Energiereserven, denn es ist so viel ökonomischer, im guten Willen des Vaters zu leben, als jede Menge toter Werke zu fabrizieren. Jesus machte es uns vor: ER tat *nur* das, was ER den Vater tun sah! Darum brannte ER nicht aus, obgleich ER für die Liebe des Vaters lichterloh brannte!

Gottes Herzenswunsch ist es, das jedes SEINER Kinder im Zentrum SEINES Willens lebt. **Jedes Leben trägt eine ganz spezielle Botschaft in sich**. Wenn wir beginnen, diese Botschaft unseres Lebens zu entdecken und konkret auszuleben, dann dienen wir Gott, so wie ER es gemeint hat! **Nie ist es wichtiger, etwas für Gott zu tun, als ganz nahe an SEINEM Herzen zu sein und SEINE große Liebe durch unsere einzigartige Persönlichkeit weiterfließen zu lassen!**

Deine Gedanken und Impulse …

4.18 Mit Abba unterwegs: Seminare, Schulen, Konferenzen

Als wir ganz frisch mit der himmlischen Liebe des Vaters in Berührung kamen, hätten wir niemals gedacht, dass später an fast jedem Wochenende im Jahr ein oder mehrere Teams von uns in Deutschland und auch in anderen Nationen unterwegs sein werden, um diese Liebe an möglichst viele Menschen weiterzugeben. Es hatte sich im Volk Gottes bald herumgesprochen, was sich unter uns und in unseren Herzen ereignet hat. So bekamen wir immer mehr Einladungen, die Botschaft von der Vaterliebe Gottes in Kirchengemeinden weiterzusagen.

Wir waren zunächst unsicher, wie wir das Ganze benennen sollten. Die herkömmlichen Namen wie *Seminar, Konferenz oder Schulung* schienen auf den ersten Blick nicht richtig zu passen. Das klang alles zu verkopft, zu technisch oder auch missverständlich, so als könne man sich mit Fleiß und Leistung wieder etwas verdienen. Es brauchte seine Zeit, bis wir hinter die Bedeutung der einzelnen Worte blickten.

So kommt das Wort **Seminar** aus dem Bereich der Botanik und heißt übersetzt *„Pflanzschule"*, also ein Ort, wo guter Same ausgestreut wird. Jedes Wochenende ist es unsere Freude, wenn wir an vielen Orten den guten Samen von der Vaterliebe Gottes ausstreuen dürfen. Mancher Same geht schnell auf. Das können wir geradezu vor unseren Augen miterleben, wie durch die Botschaft, die wir verkündigen, Menschenleben sichtbar verändert werden und aufblühen. Aber manchmal streuen wir nur aus, sehen wenig Ergebnis und müssen darauf vertrauen, dass unser guter Abba-Vater, der der beste Gärtner der Welt ist, genau weiß, wann Erntezeit sein wird.

Das Wort **Konferenz** mag zunächst auch sehr sachlich klingen und scheint daher eher ungeeignet zu sein für Herzensangelegenheiten, um die es bei uns geht. Jedoch meint das Wort ursprünglich eine *Zusammenkunft*, ein Ort, wo Beratung, Orientierung und Erfahrungsaustausch stattfinden. Ja, und das passt wiederum sehr gut zu uns! Auf unseren nationalen oder auch regionalen Vaterherz-Konferenzen finden sich Hunderte von geliebten Kindern Gottes zusammen. Wir versammeln uns bei unserem Abba-Vater. Es ist eher wie ein *Familientreffen,* wie eine *Familienkonferenz!* Nicht beeindruckende Sprecher und ihre großartigen Botschaften stehen dabei im Vordergrund, auch nicht das professionelle Bühnenprogramm, sondern wir kommen zusammen, um uns gegenseitig mit unseren Schätzen, die wir neu in der Vaterliebe Gottes entdecken durften, zu beschenken.

Am Schwersten tun sich viele noch mit dem Wort **Schule** oder *Schulung*. So mancher hat da seine eigene traumatische Schulzeit im Hinterkopf und ist froh, nie wieder zur Schule gehen zu müssen. Und nun fangen wir in der Vaterherz-Bewegung erneut damit an: *Vaterherz-Schule, Die lebendige Schule* ... was soll das? Eigenartig, wie konnten wir nur vergessen, dass das Wort *Schule* ursprünglich eine ganz andere Bedeutung besaß. Es kommt von: freie Zeit haben, Müßiggang, Nichtstun müssen. Lernen dürfen war und ist bis heute ein Privileg für Menschen, die sich dafür ausgesonderte Zeiten nehmen können, weil sie keiner anderen Arbeit nachgehen müssen. Man muss eine Pause machen, sich Zeit nehmen, um Neues zu lernen. In diesem Sinne sind unsere Schulen ausgesonderte Tage und Wochen, in denen Gottes geliebte Kinder aus nah und fern zusammenkommen, um von Abba direkt zu lernen.

DIE lebendige Schule, die *Maria und Dieter Hamann* mit einem Team vor einigen Jahren innerhalb unserer Bewegung starteten, ist ein gutes Beispiel dafür. Das **D.I.E.** steht für: **D**ad´s **I**dentität **E**rleben – **D**eine **I**dentität **E**ntdecken! Das ist eine *Bibelschule* besonderer Art. Hier geht es weniger um Lehrkonzepte und Programme. Vielmehr richtet sich der Lehr- und Lernstil nach dem Vorbild Jesu. Unser Meister trat auf, wie ein Rabbi SEINER Zeit. ER lud Menschen ein, SEINE Nachfolger, Jünger zu werden, indem sie viel Zeit mit IHM verbrachten. „Kommt und seht, lebt mit MIR zusammen!" ist SEINE Devise. Es geht IHM um eine **praxisnahe Lebensvermittlung.** Learning on the job! ER teilt SEIN Alltagsleben mit ihnen zusammen, macht es ihnen vor und leitet sie an, es IHM nachzutun. Der Fokus liegt nicht auf dem Erlernbaren unseres Kurzzeitgedächtnisses (so wie leider meistens in der westlichen Pädagogik).

Jesus will SEINEN Freunden einen **neuen Lebensstil** einprägen: Leben in der Liebe des Vaters. Das braucht Zeit. Das will Wiederholung erleben. Das ist ein lebenslanger Prozess mit vielen einzelnen Schritten und Abschnitten. Deshalb kommen auch die Teilnehmer unserer Schulen immer wieder gerne neu. Es geht nicht darum, möglichst schnell möglichst viele Informationen aufzunehmen und dann den erfolgreichen Nachweis zu erbringen, was man alles weiß. Das wäre wieder *Baum der Erkenntnis* – aber wir wollen vom *Baum des Lebens* essen! Die wahre Frucht göttlicher Pädagogik ist **ein verändertes, neues Leben!**

Seit Jahren bieten wir immer wieder **Vaterherz-Schulen** an. Manchmal ist es ein verlängertes Wochenende, aber am nachhaltigsten ist es, wenn wir uns mehrere Wochenenden übers Jahr verteilt mit einer Gruppe von Lernbegierigen regelmäßig treffen. Das sind ganz besondere Zeiten, wo sehr viel Lebenstransformation stattfindet. Unsere TST-Netzwerkfamilie ist ursprünglich aus solch einer Vaterherz-Schule hervorgegangen. An acht Wochenenden kamen über 50 Personen aus ganz Deutschland in Hannover zusammen. Das war ein enormer Aufwand und Einsatz. Aber ihr könntet jetzt alle Teilnehmer von damals fragen. Jeder würde euch bestätigen, dass dieses eine Jahr in der Vaterherz-Schule unser aller Leben bleibend verändert hat. Doch nicht nach dem Motto: *Jetzt wissen wir das alles, wie das so mit dem Vater läuft!* Nein, es hat uns eine Tür geöffnet, täglich neu und tiefer mit Abba in Gemeinschaft zu leben. Es geht um eine **lebenslange Freundschaft und Liebesbeziehung** mit IHM!

Sitzenbleiben ist bei unseren Schulen äußerst erwünscht! Wir wollen sitzen bleiben, auf dem Schoß von Abba-Vater. Auch wenn wir viel *Neues bei IHM lernen*, so geht es jedes Mal darum, eine Menge falscher Lehren und Gewohnheiten zu *verlernen*. Wahrheiten und bereits Erlerntes erscheinen in einem neuen Licht der Vaterherz-Offenbarung und werden durch den Filter SEINER Herrlichkeit gegossen. Umdeutungen und Neubewertungen sind die Folge.

Zum Beispiel das *G12-Programm*, ein Jüngerschaftsmodell aus Lateinamerika – äußerst erfolgreich, aber leider mit einem verheerenden Hang zur Gesetzlichkeit und Gefahr falscher Menschenabhängigkeit. Im Licht der Vaterliebe Gottes wird daraus ein ganz anderes Modell: **G12** kann dann z. B. für *zwölf geliebte* Menschen stehen. Meine Frau Karin und ich begleiten Jahr für Jahr ca. sechs Leiterehepaare im Land. Wir verstehen uns nicht als Mentoren oder Coach (obwohl wir das sicherlich auch sind), sondern vornehmlich sehen wir uns berufen, diese *zwölf Geliebten* mit der Liebe des Vaters zu beschenken. Wir wollen für sie da sein, bieten ihnen unsere Zeit und Liebe an. So viel Segen ist bereits daraus entstanden – und wir selber sind wieder einmal die am meisten Beschenkten.

Im Haus der Abba-Kultur ist der Raum dieser unterschiedlichen Angebote quasi das *Empfangszimmer.* Hier finden die meisten Menschen auf die eine oder andere Weise Zugang zum Vaterherzen Gottes. Hier hören sie vielleicht zum ersten Mal davon, dass unser Gott ein liebender Vater mit einem weichen Herzen ist. Oder sie entdecken das Herz eines Waisenkindes in sich selbst als Teilnehmer eines Vaterherz-Seminars. Oder sie lernen in der lebendigen Schule mit allen Sinnen, der größten Liebe im ganzen Kosmos nachzuspüren. Oder sie erleben begeistert einen Segnungstunnel auf einer unserer Konferenzen. Ohne diese Gefäße wäre unsere Bewegung nicht das, was sie jetzt ist. Aber selbst die besten Weinschläuche sind nur Gefäße. Sie sind Verpackung für das wahre Geschenk! Auf den Wein kommt es an! Der neue Wein der Vaterliebe Gottes ist und bleibt der eigentliche Schatz! Äußere Formen und Strukturen können und werden sich immer wieder ändern.

Meine Frau Karin und ich (plus Unterstützung eines Teams) sind so gerne Woche für Woche **unterwegs mit Abba!** Wir verstehen und sehen uns als **Botschafter der Vaterliebe Gottes** in Deutschland und in anderen Nationen! *Karin Detert* mit ihrem internationalen Brückenbauerdienst ist uns dabei ein lebendiges Vorbild und eine mutige Vorangeherin. Ein Botschafter repräsentiert sein Heimatland und vertritt die Anliegen seiner Regierung. Das ist auch der Hintergrund für das biblische Bild des Aposteldienstes. **Apostel** heißt *„Gesandter, Botschafter"!* Und wie bereits gesagt: Wir haben nicht nur eine Botschaft, sondern unser ganzes Leben trägt selber die Botschaft SEINER Liebe!

Wir sind die Botschaft in Person!

Deine Gedanken und Impulse ...

4.19 Soaking – In der Ruhe liegt die Kraft

Nun betreten wir einen Raum im Haus der Abba-Kultur, der schon für viele von uns zu einem Ort der **Erholung und Heilung** geworden ist. Eines der Hauptmerkmale der Vaterliebe Gottes ist es, Menschen zur Ruhe zu führen. Wir dürfen ruhen von unseren eigenen Werken. Wir kommen zur Ruhe an SEINEM Vaterherzen. **Der Friede Gottes ist Ruheort für unsere Herzen!** Hier breitet sich der Schalom Gottes aus. Das bestimmende Lebensgefühl in der Vaterliebe Gottes könnte man so beschreiben: *Alles wird gut! Denn Papa ist da und ER hat die Kontrolle! Deshalb brauche ich mir keine Sorgen machen!*

Das Wort **Soaking** kommt aus dem Englischen. (In der Vergangenheit kam es schon zu lustigen Wortverwirrungen. Jemand glaubte, dieses Wort ließe sich von *Socken* ableiten, weil er beobachtet hatte, dass Menschen dabei die Schuhe ausziehen. Jemand anderes meinte, dies Wort müsse wohl vom Wort *König* abgeleitet sein – *so a king* ...?! Tatsächlich bedeutet es: *einweichen!* Wie man etwas hartnäckig Verschmutztes oder eine verkrustete Wunde einweicht, damit die Hilfe anschließend leichter möglich ist. Dieser Begriff wurde vor allem in den letzten Jahren in der Erneuerungsbewegung rund um den *Toronto-Segen* geprägt.)

Gemeint ist: Menschen legen sich auf den Boden oder setzen sich entspannt hin. Sie kommen äußerlich und innerlich zur Ruhe beim Vater und werden **eingeweicht** in der Liebe des Vaters. Sie hören auf mit allem, was sie sonst tun – selbst mit Beten und nehmen eine Haltung des Empfangens ein. Bei leiser Musik im Hintergrund öffnen sie ihr Herz und Geist für eine Berührung mit der Liebe Gottes. Das braucht manchmal längere Zeit, bis alles Laute in uns leise wird und wir in dem Frieden Gottes eintauchen. In diesen Zeiten finden tiefe Veränderungen in uns statt, die weit über Verstand und Gefühl hinausgehen!

Unsere schnelllebige Zeit ist gekennzeichnet von **Stress und Überforderung**. Viele leben auf der Überholspur des Lebens und fühlen sich ausgebrannt durch den permanenten Druck im Alltag! Deshalb suchen wir nach Entspannungsmethoden für die müde Seele. So landet mancher bei fernöstlichen Meditationspraktiken oder anderen esoterischen Abwegen. Wellness und Freizeitangebote stehen hoch im Kurs. Die Sehnsucht nach Entschleunigung und Erholung ist immens groß in unserer postmodernen Gesellschaft. Wir sind sehr glücklich, dass die Vaterliebe Gottes auch auf diese Bedürfnisse der Menschen eine passende Antwort bietet: **Abbas Liebe führt zur Ruhe.**

Bei unseren **Vaterhausabenden** laden wir ein, sich für ein bis zwei Stunden in Gottes Gegenwart zu begeben, zu *soaken* und ganz nahe am Vaterherz Gottes zur Ruhe zu kommen. Biblisch gesprochen bedeutet das: Auf den Herrn warten, harren, stillwerden.

> *Jesaja 40,9–31:*
> *„ER gibt den Müden Kraft und Stärke genug den Unvermögenden … die auf den HERRN harren, kriegen neue Kraft, dass sie auffahren mit Flügeln wie Adler, dass sie laufen und nicht matt werden, dass sie wandeln und nicht müde werden."*

Auf unseren Konferenzen führen wir regelmäßig solche *Soaking-Zeiten* in großen Gruppen durch: Hier erleben wir, wie Hunderte von Menschen sich auf Decken und Kissen auf die Erde legen und **auf Gott warten**. Das sieht herrlich aus; wie in einem Schlafsaal eines Kindergartens, wenn alle so friedlich daliegen und aufhören, herumzuzappeln. Vor unserem himmlischen Vater liegen wir, wie leere Schalen, die ER neu zu füllen beginnt mit SEINER Kraft, Liebe und Herrlichkeit. Es geschehen erstaunliche Dinge in solchen Zeiten des Vor-Gott-zur-Ruhe-Kommens. Anfangs schwirren noch viele Gedanken wirr in uns herum, aber je mehr wir uns auf IHN ausrichten und konzentrieren, desto mehr ordnen sich Gefühle und Worte in uns. Oftmals steigt dann ein Gedanke oder Impuls Gottes ganz klar in uns auf und überstrahlt alles andere. Das kann dann wie eine Antwort aus dem Himmel sein. Direkt aus dem Herzen des Vaters!

Mein Freund *Manfred Lanz* bietet *Tiefer-Seminare* im Rahmen der Vaterherz-Bewegung an. Diese besonderen Tage der Stille hält er an Orten der Ruhe ab, wie zum Beispiel Klöster. Kleinere Teilnehmergruppen werden ins Schweigen eingeführt und bekommen Hilfestellungen, Gottes Vaterliebe auch in den leisen Tönen zu entdecken. Im geistlichen Erbe christlicher Mystiker und mancher Kirchenväter lassen sich viele Anknüpfungspunkte für die Offenbarung der Vaterliebe Gottes finden.

So lernen wir mehr und mehr in der **gesunden Balance zwischen Ruhen und Rennen** in der Liebe Gottes zu leben, so wie es auch unser Vorbild und Meister Jesus tat. ER ruhte ganz am Herzen des Vaters und war zugleich äußerst aktiv, wenn es darum ging, diese großartige Liebe weiterfließen zu lassen. Das ist also kein Widerspruch! Nein, es ist vielmehr notwendige Ergänzung! Wir können nur glaubhaft weitergeben, was wir selber empfangen haben. In der Stille lernen wir zu empfangen. Alles Wachstum verläuft leise. In der Ruhe liegt die Kraft. Beim Vater ist unser Ruhepol, wo wir neue Kraft tanken sollen!

Deine Gedanken und Impulse …

4.20 Das Leben feiern

Zum Schluss möchte ich noch einen besonderen Raum im Haus der Abba-Kultur mit Dir betreten. *Den Festsaal!* Dort, wo wir täglich und auch immer wieder neu die Liebe unseres Vaters feiern können! Jeder Tag sollte ein Festtag sein, an dem wir Gottes große Liebe genießen. Bei Papa ist das Leben! Darum haben wir allezeit Grund genug, das Leben zu feiern!

Der christliche Glaube ist ein Feier-Glaube! Abba hat für uns viele **Feiertage** eingerichtet, an denen wir Zeit und Muße haben sollen, uns an SEINER Güte zu erfreuen. Von den Kindern Israel lernen wir, **den Sabbat zu feiern**. Der siebte Tag als heiliger, ausgesonderter Tag der Gemeinschaft mit Jahwe. Für uns neutestamentliche Christen ist der siebte Tag der Tag der Auferstehung Jesu, der Sonntag. Zeit für eine Pause mit Abba: Atemholen in SEINEM Wort, Freude und Kraft schöpfen im Lobpreis in SEINER Gegenwart, Freizeit genießen in SEINER Schöpfung.

Dreimal im Jahr war Israel aufgefordert zu **besonderen Festen** zusammenzukommen: Passa, Pfingsten, Laubhüttenfest. Auch für uns sind die kirchlichen Feiertage Höhepunkte und besondere Auszeiten im Jahresablauf. Darüber hinaus wurde viel Alltägliches zu einem Fest: die Hochzeit, die Geburt eines Kindes, die Ernte, die gewonnene Schlacht – ständig feierte Israel im Angesicht ihres Gottes. Gründe gab es genug. Das sollten wir uns abschauen von unseren älteren Brüdern und Schwestern. **Das Leben ist zum Feiern da!**

Mein Gott, ist das Leben schön!!! – Das sollte die Grundmelodie unserer Existenz werden. **Dankbarkeit** und **Freude**, die **Fähigkeit zum Genießen** und ein **Blick für Schönes** – das sind die Facetten einer glücklichen Kindheit, so auch im Reich Gottes! Viele von uns müssen das Feiern erst ganz neu erlernen. Wir sind zu schnell erwachsen geworden, haben falsche Prioritäten übernommen und tragen jetzt zu viel Verantwortung. Das Leben wurde dadurch zur Mühe und Arbeit. Abba lehrt uns neu, IHM kindlich zu vertrauen. Wir dürfen Lasten loslassen und lernen die spielerische Leichtigkeit des Seins – vielleicht sogar zum ersten Mal in unserem Leben.

In der Vaterherz-Bewegung haben **Feiern und Partys** einen hohen Stellenwert. Wir geben dem kreativen Geist Gottes viel Raum, wenn es darum geht, Dinge schön zu gestalten, Gott zu gefallen und Menschen zu ehren. Geburtstagsfeiern bieten eine gute Plattform. Das Jubiläum, der Einzug ins neue Haus, die bestandene Prüfung, der gemeinsame Sieg: Das müssen wir einfach miteinander feiern. Im Scherz sage ich oft „*Wir haben die Gabe des Essens!*“ Und tatsächlich findet so viel Verbindendes bei **gemeinsamen Mahlzeiten** statt: Essen, Geschenke, Spiele, Musizieren, Singen, Tanzen, Lachen und Scherze machen. In solch einer Atmosphäre fühlt sich der Vater im Himmel wohl – aber auch SEINE Kinder, und selbst die verlorenen Söhne und Töchter wollen da nicht fehlen. Kein Wunder, dass Jesus gerne auf Partys war! Dort vollbrachte ER auch SEINE ersten Wunder!

Doch wir müssen nicht erst bis zur nächsten Party warten, um das Leben aus Gott zu zelebrieren. **Jeder Tag soll ein Feiertag SEINER großen Liebe für uns sein!** Früher machten wir unsere sogenannte *Stille Zeit* oder hatten einen *Termin mit Gott.* Doch jetzt in der Offenbarung der Vaterliebe Gottes eröffnen sich für uns neue Lebensräume: Wir haben **täglich unsere Papa-Zeit!** Das sieht bei jedem Kind Gottes etwas anders aus. Natürlich lesen wir weiterhin in der Bibel, beten, singen IHM unsere Lieder, aber nicht mehr so gesetzlich und förmlich-steif, wie oftmals früher. Jetzt ist alles viel lebendiger und echter geworden. Auch irgendwie persönlicher und authentischer.

Zum Beispiel habe ich meinen festen Platz, an dem ich besonders gerne meine Papa-Zeit verbringe. Das ist an meinem Schreibtisch, mit Bibel und geistlichem Tagebuch. Eine Tasse Kaffee oder Tee darf auch nicht fehlen. Ich zünde uns eine Kerze an und halte oftmals Symbole (wie ein kleines Kreuz, eine Krone oder eine Muschel) beim Beten in meinen Händen. Ich feiere Abendmahl, singe zur Gitarre ein paar Liebeslieder für Jesus und *soake* in meinem alten Ohrensessel. Ich nenne das meine persönliche **Small Corner** – meine kleine Ecke beim Vater. (Manche nennen das anders: *Narnia, Die* **Hütte***, Garten Eden …*) Dort wartet ER auf mich und ich auf IHN. Dort ist unser täglicher Treffpunkt. Hier feiere ich SEIN unausschöpfliches Leben mitten in meinem Alltag!

Auf unseren Seminaren weisen wir immer wieder darauf hin, dass es **unterschiedliche Zugänge zum Vaterherzen Gottes** gibt. So vielfältig und andersartig Gott jeden von uns gemacht hat, so vielgestaltig sind auch die Wege an SEIN Herz. Es gibt da kein Schema und kein Gesetz. Der eine erlebt Gottes Nähe stärker in der Natur, der andere beim Bibelstudium, und der nächste in der Gemeinschaft mit anderen Christen. Gott sei Dank, sind wir alle anders!

Die Offenbarung vom **Raum der Begegnung** im Vaterherzen Gottes *(ich beschreibe dieses Erlebnis in meinem Buch: Gottes Vaterherz entdecken[9])* hat so manchen unter uns bereits mächtig gesegnet. Die Vorstellung, dass unser himmlischer Vater für jedes SEINER Kinder einen ganz speziellen Raum in SEINEM liebenden Herzen bereithält, in dem ER Zeit mit uns verbringen will, ist herrlich-genial. Die Art, wie ich IHN liebe, ist einzigartig und meine Art der Anbetung erfreut SEIN Herz, wie es kein anderer Mensch tun kann.

Bei manchen Seminaren haben wir eine besondere Gebetsform entwickelt. Wir nennen das den **„Gnadenthron"**! Wir stellen eine lange Reihe mit Stühlen auf, legen rote Tücher darüber. Dann erklären wir in einem Akt des Glaubens diese Stuhlreihe jetzt zum *Gnadenthron Gottes*, zu SEINEM Vater-Schoß, auf dem viele Kinder Gottes gleichzeitig Platz finden können. Dann laden wir die Teilnehmer ein, in Gruppen nacheinander auf dem Schoß von Abba-Vater für einen Augenblick bewusst Platz zu nehmen, während wir den Segen des Vaters über ihnen ausbeten. Diese schlichte prophetische Zeichenhandlung hat schon sehr viele Menschen reich beschenkt. Wir sehen zahlreiche Wunder dort geschehen. Es ist wie ein frischer Download des Himmels. Anschließend sprechen wir den Menschen zu, dass sie den Gnadenthron Gottes in ihren Alltag mitnehmen werden. Auf einmal verwandelt sich dann der Platz hinterm Steuerrad im Auto oder am Schreibtisch im Büro zu Abbas Schoß, auf dem wir sicher, glücklich und geborgen leben können.

9 Wie dieses Buch erschienen im cap-Verlag, Bestell-Nr. Buch: 52 50407, Hörbuch: 52 00407

Deine Gedanken und Impulse …

Teil V: Schöne Aussichten

Im letzten Teil meines Buches lade ich Dich ein, mit mir zusammen den *Ausblick vom Dach* des Hauses zu genießen. Komm mit und lass uns noch ein Stück höher emporsteigen. Wenn wir das Gebäude der Abba-Kultur als unser geistliches Zuhause beziehen und den Lebensstil, geboren aus der Vaterliebe Gottes, mehr und mehr einüben, dann gelangen wir an einen Punkt, von dem aus, sich uns eine noch größere Perspektive erschließt. Wir sehen unseren Abba-König in SEINER Herrlichkeit und Pracht, sowie ein weithin offenes Land (siehe: *Jesaja 33,17)*.

Vor uns liegt **das Land der Verheißung!**

5.1 Eine Erweckung der Herzen

In mir lebt **eine Vision** – eine konkrete, geistliche Zukunftsschau!

Ich sehe real vor meinen geistlichen Augen des Herzens, was noch nicht in der Dimension der Diesseitigkeit gänzlich Gestalt angenommen hat, was aber bereits im Himmel existiert. Die ersten Vorboten davon lassen sich schon stückweise in ihren Umrissen erkennen!

Ich sehe einen neuen geistlichen Aufbruch für unser Land kommen. **Eine Erweckung der Herzen im Vaterland Deutschland!** Bevor unser Herr Jesus bald wiederkommt, wird es noch einmal eine starke Zunahme an Herrlichkeit Gottes, sowie auch an Hässlichkeit des Bösen, auf unserem Planeten geben. Die Bibel sagt: Beides wird ausreifen – das Reich der Finsternis, aber auch das Königreich des geliebten Sohnes Gottes. Am Ende der Weltzeit wird es noch einmal eine sehr große Seelenernte geben (siehe: *Matthäus 13,39)*. Viele Menschen aus allen Nationen und Generationen werden durch die Erlösung Jesu Christi den Weg ans Herz unseres himmlischen Vaters finden und zurück nach Hause kommen. Diese gewaltige Erweckung wird einhergehen mit den **finalen Abläufen** der Menschheits- und Heilsgeschichte, wie sie uns *das Buch der Offenbarung des Apostel Johannes* skizzenhaft vor Augen malt. In vielen Ländern der Erde können wir seit etwa 100 Jahren (Beginn der Pfingstbewegung) einen enormen Zuwachs des Reiches Gottes wahrnehmen. **Die weltweite Gemeinde Jesu wächst unaufhörlich in Zahlen, aber auch in ihrer Qualität.** Der Vater macht die *Brautgemeinde* schön für die *Hochzeit mit dem Lamm* (eine Metapher für die Vereinigung mit Jesus in der Ewigkeit Gottes).

Dabei folge ich keinesfalls blindlings irgendwelchen wirren Sehnsüchten und Traumschlössern. Meine Hoffnung und Vision wurde über die Jahre genährt und entflammt mit dem Feuer Gottes. Allein in den wenigen Jahrzehnten meines bisherigen Lebens durfte ich einige verheißungsvolle **Erweckungsfeuer** persönlich berühren:

Ich kam zum lebendigen Glauben an Jesus Christus in den siebziger Jahren des letzten Jahrhunderts, am Ende der ***Jesus-People-Bewegung.*** In den achtziger Jahren erlebte ich die Realität des Heiligen Geistes mitten in der ***charismatischen Bewegung***. Die ***dritte Welle*** mit Zeichen und Wundern, Gemeindegründung, manifester Gegenwart Gottes, etc., erreichte mich in den neunziger Jahren durch die ***Vineyard-Gemeinden*** und durch die ***argentinische Erweckung***. Mitten im ***Toronto-Segen,*** Anfang 2000, entdeckte ich dann das Vaterherz Gottes. Die letzten zehn Jahre und mehr waren damit gefüllt, in der ***Vaterherz-Bewegung*** die Segnungen SEINER großen Liebe Stück um Stück zu entdecken und zu umarmen.

Gott hat mich an viele ***gesalbte Orte*** auf der ganzen Welt geführt, wo ich SEIN Feuer fallen sah und selber davon entzündet wurde, Orte wie London-Kensington-Temple/GB, Buenos-Aires/ARG, Toronto-Airport-Church/CAN, Pensacola-Revival und Bethel-Redding/USA. Ich traf auf ***gesalbte Generäle Gottes***, die mir die Hände auflegten und für mich beteten, Personen wie Mutter Theresa, Reinhard Bonnke, John und Carol Arnott, Ed Piorek, Carlos Annacondia, Heidi Baker, Denise und James Jordan. Ich war Augenzeuge in etlichen ***gesalbten Versammlungen***, wie der Himmel die Erde berührte. Das Königreich Gottes brach sich machtvoll Bahn: Eine große Anzahl von Menschen wurde gerettet, befreit und geheilt, erlebte Wiederherstellung und Berufung!

Ich kann also ein bisschen erahnen, wie es sich anfühlen muss, **wenn der Himmel uns besucht.** Ich kenne einige Beispiele aus eigener Erfahrung und bin darüber hinaus fasziniert durch das Studium von Zeugnissen der Kirchengeschichte (insbesondere der *Erweckungsgeschichte* der Gemeinde Jesu). Und doch glaube ich mit tiefster Überzeugung, dass das, **was jetzt kommt, irgendwie völlig anders sein wird,** als alles, was wir bisher an geistlichen Aufbrüchen schon sehen und miterleben durften! In einer längeren Fastenzeit im Oktober 2013 hörte ich Gottes Stimme sehr deutlich zu mir sprechen über **eine Erweckung der Herzen**, die Gott unserem Land schenken wird! Die *Vaterherz-Bewegung* wird dabei eine wichtige und zentrale Rolle einnehmen! Neben vielen anderen wertvollen Aspekten, die der Heilige Geist als **geistliches Erbe** für unser Land bereithält, will ER das *Vaterherz Gottes* (und damit verbunden den *Geist der Kindschaft* und den *Segen der Elternschaft)* neu zur Betonung bringen. Deutschland wird als **Vaters Land** bekannt werden!

Gottes Erweckungsfeuer ist schon so oft gefallen und hat Tausende für eine gewisse Zeit entzündet. Leider gibt es aber viel zu viel oberflächliche Berührungen und **Strohfeuer**, die dann nach recht kurzer Zeit verpuffen. Zurück bleiben verbrannte Erde und die Asche von Enttäuschungen. Ich muss jetzt an so viele Wegbegleiter im Reich Gottes denken, die mit uns zusammen irgendwann mal hoffnungsvoll aufgebrochen sind. Als dann der geistliche Durchbruch und Aufbruch nicht so kam, wie wir es uns vorgestellt hatten, sind sie resigniert und müde zurück an ihre Netze gegangen, so wie Petrus und die Jünger damals wieder fischen gingen. Das Wort *Erweckung* erzeugt jetzt in ihnen nur noch einen bitteren Nachgeschmack. „Darüber" sind sie längst hinaus. Ich sehe Tausende und Abertausende von **Erweckungsgeschädigten** *und traumatisierten Mitchristen* in unserem Land, die sich auf ihre Scholle scheinbar, privaten heilen Welt zurückgezogen haben. Mein Gebet ist es, dass gerade diese Frustrierten mit dabei sein und neu entzündet werden, wenn es losgeht! *(Vielleicht bist auch Du, lieber Leser, einer dieser Enttäuschten. Dann bete ich für Dich, dass Gottes Feuer Dich jetzt neue berührt und anzündet! Lass Dir von Jesus neues Öl für Deine Lampe geben! Es ist keine Zeit, aufzugeben – sondern es ist Zeit, aufzuwachen!)*

In meinem Geist kann ich die **schöne Aussicht** richtig genießen: Ich sehe, wie schon bald in unserem Land täglich viele Menschen zu Jesus kommen werden. Ich sehe, wie Gottes Geist ihre Herzen in Brand setzt und von innen heraus erneuert. **Charisma und Charakter** werden Hand in Hand gehen. Ich sehe, wie machtvolle Zeichen und Wunder geschehen, aber auch, wie das größte Wunder, nämlich Gottes Agape-Liebe, unaufhörlich ihre Kreise zieht. Weil Gott so wunderschön ist, wird ganz viel Schönheit offenbar werden. Das wird sich in Kreativität und Kunst ausdrücken, aber auch in Erfindungen und erstaunlicher Produktivität. Männer und Frauen gehen Seite an Seite und setzen einander frei. Alle Generationen, alt und jung, werden ihren Platz einnehmen. Menschen unterschiedlicher Herkunft und Standes werden in einer nie gekannten **Harmonie der Herzen** in Einheit und Liebe modellhaft zusammenleben. Tiefe Wunden und Gräben in der Gesellschaft werden auf diese Weise göttlich geheilt und verschlossen. Der Schlüssel bei all dem wird sein: **die erneuernde Kraft des Heiligen Geistes in den Herzen eines jeden Einzelnen!**

> *Hesekiel 36,26–28:*
> *„Und ich will euch* ***ein neues Herz*** *geben und einen neuen Geist in euer Inneres legen: ich will das steinerne Herz aus eurem Fleisch wegnehmen und euch ein* ***fleischernes Herz*** *geben; ja, ich will meinen Geist in euer Inneres legen und werde bewirken, dass ihr in meinen Satzungen wandelt und meine Rechtsbestimmungen befolgt und tut."*

Deine Gedanken und Impulse ...

5.2 Reformation 500 – Tu es bitte noch einmal!

Im **Jahr 2017** wird ein besonderes Jubiläum in Deutschland gefeiert: **500 Jahre Reformation!** Ich hatte bisher diesem Ereignis keine größere Bedeutung beigemessen, bis mich vor einigen Monaten der Geist Gottes unmissverständlich darauf hinwies, welches Gewicht dieses Datum bei meinem Vater im Himmel besitzt. Abba hat damals mit unserem Volk Geschichte geschrieben. Nun will ER es wieder tun! Hier, ganz nahe, mitten unter uns, in unserem Vaterland, geschah etwas, was nachhaltig die ganze Menschheit beeinflusst hat und den Lauf der Weltgeschichte für immer veränderte! Ein Stück Erweckungsgeschichte wurde geschrieben!

Ein kleiner Mensch in der großen Hand Gottes vor dem gewaltigen Meer der Zeit: **Martin Luther!** Was macht ihn nur zu solch einer historischen Persönlichkeit? Er predigte und lehrte doch nur das, was andere auch schon längst vor ihm erkannt hatten: *Allein Christus! Allein das Wort Gottes! Allein aus Glauben! Allein aus Gnade!* War es sein Mut, sein innovativer Gestaltungswille oder seine intellektuelle Brillanz? Was machte ihn zum Erneuerer, zum Reformator? Wie konnte nur ein einzelner Mönch eine solch gewaltige und mächtige Institution wie die römisch-katholische Kirche ins Wanken bringen? Da bleiben einem mehr Fragen als Antworten!

Wir lesen in *Galater 4,4: „Als die Zeit erfüllt war, da …"* griff Gott ein! Also gibt es immer wieder **Zeitpunkte**, wo in Gottes Augen **das Maß voll ist!** Dann greift unser König höchstpersönlich ein. Dann kommt ER!

Das bringt Erweckung, wenn ER kommt!

Wie ein mächtiger Tsunami schwappt die Offenbarungswelle der Reformation durchs Meer der Zeit, durch alle Jahrhunderte, durch alle Kirchen und Konfessionen. Keiner konnte oder kann sich dieser neu geoffenbarten Wahrheit entziehen. Jeder muss sich im Licht dieser biblischen Normalität erklären und positionieren. Wir alle stehen heute auf dem Fundament dieser alten Neuentdeckung und Neuerweckung vor fast 500 Jahren. Selbst die katholische Kirche! Was für ein gewaltiges Wunder und Eingreifen unseres Gottes!

Bill Johnson (Pastor der Bethel-Church in Redding/ USA) weist in seinen Predigten darauf hin, dass das Wort in der Bibel für *Zeugnis geben/bezeugen* auch folgendermaßen übersetzt werden kann: ***Tu es bitte noch einmal,***

Herr! Mit anderen Worten: Jedes Mal, wenn wir die großen Taten Gottes in unserem Leben anderen weitererzählen, also *bezeugen,* fordern wir direkt und indirekt den Himmel dazu auf, es noch einmal zu tun. Schließlich sind wir ja alle *Papas Lieblingskinder,* und was ER einem SEINER Kids schenkt, das wird ER den anderen in SEINER grenzenlosen Liebe gleichfalls nicht vorenthalten wollen.

Macht das Sinn? Ich finde: Ja!

Übertragen auf die Reformation bedeutet das für mich: Lasst uns dieses Jubiläum zum Anlass nehmen! Wir wollen es erzählen und bezeugen, was der Vater in unserem Land und mit dem geistlichen Erbe der Reformation durch unser Land getan hat. Von unserem Volk ging nicht nur Krieg und Zerstörung aus – wie ein anderes dunkles Kapitel deutscher Geschichte uns immer wieder anklagend vor Augen führen will. Von unserer Nation ging auch ganz viel Segen aus! Hier wurde eine große Tür für das Wort Gottes, für das Evangelium, im geistlichen Raum der Himmelswelt geöffnet. Hier wurde unendlicher Segen freigesetzt für den Siegeslauf der Guten Nachricht! Millionen Jünger Jesu haben dadurch die Wahrheit Gottes kennenlernen dürfen!

Jetzt wollen wir uns daran erinnern und sagen voller Vertrauen:

„Tu es bitte noch einmal, Papa! *Öffne noch einmal den Himmel über unserem Land! Schenke eine neue Welle der Offenbarung. Dieses Mal eine Welle der Offenbarung Deiner großen Vaterliebe, die Du durch Jesus Christus sichtbar gemacht hast! Abba-Vater, ja, so ist es richtig! Das ist das Letzte, was der Feind vermutet: dass wir als deutsches Volk nicht mehr länger als Besserwisser und Alleskönner daherstolziert kommen, sondern mit einem kindlichen Geist die Liebe des Vaters in alle Welt hinaustragen! Deutschland wird dafür bekannt sein, den Schwachen zu helfen und die Zerbrochenen und Bedürftigen zu umarmen! Wir werden nicht mehr länger als Herren und Bosse auftreten, sondern als barmherzige Diener und Freunde!“*

Deine Gedanken und Impulse …

5.3 Heilung der Vaterwunde

Das Kernstück an Vollmacht innerhalb der Vaterherz-Offenbarung ist die **Heilung der Vaterwunde** (bzw. auch der Mutterwunde). Damit meinen wir, dass die Liebe unseres himmlischen Vaters allen Mangel, den wir in unseren Ursprungsfamilien erlebt haben, auf wundersame Weise ausfüllt und mit göttlichem Leben durchflutet. In den letzten Jahren haben wir Tausende tragische und schmerzerfüllte Lebensgeschichten gehört. Nimm einem Menschen in seiner Kindheit die elterliche Liebe und Du hast den Stoff für ein lebenslanges katastrophales Leiden. So viele Menschen leben rückwärtsgewandt, gefangen in den Mangelerfahrungen ihrer Vergangenheit. Es ist geradezu wie eine **Fluch-Linie**, die durch die Generationskette weitergereicht wird. Der Großvater war Alkoholiker, der Vater war Alkoholiker und der Sohn kämpft auch mit dieser Sucht. Die Mutter wurde verletzt durch die Bitterkeit ihrer Mutter und reicht diesen Geist der Ablehnung an ihre Tochter in der nächsten Generation weiter. Wir sind alles nur Kinder, die wieder Kinder bekommen haben! Nur einer ist es wert, wahrhaftig Vater genannt zu werden – das ist unser Abba-Vater! Von IHM kommt alle Vaterschaft (Elternschaft) im Himmel und auf Erden. In SEINEM Vaterherzen schlägt auch ein Mutterherz!

> *Epheser 3,14+15*
> *Paulus schreibt: „Deshalb beuge ich meine Knie vor dem Vater unseres Herrn Jesus Christus, von dem jede Vaterschaft im Himmel und auf Erden den Namen erhält …“*

> *Jesaja 66,13:*
> *„Wie einen, den seine Mutter tröstet, so will ich euch trösten!“*

Bei unseren Seminaren erleben wir gerade in diesem Bereich, die stärkste Salbung und die schönsten Wiederherstellungswunder. Menschen finden nach Hause in die **liebenden Arme unseres Abbas**. Dort empfangen sie die Liebe, nach der sie so lange Ausschau hielten und die sie so schmerzhaft vermisst hatten. Menschen konnten ihnen diese Liebe nicht geben, aus welchen Gründen auch immer. Eltern, Lehrer, Pastoren und Ehepartner können versagen. Aber unser Abba niemals! Bei IHM wird unser Hunger und Durst nach Liebe gestillt. ER nimmt die Laufmaschen unserer Biografie auf und schreibt unsere Geschichte neu. Es zählt für mich zu den beglückendsten Augenblicken meines Lebens, wenn ich dabeistehen und zuschauen darf, wie unser Abba-Vater mal wieder eines SEINER Kinder gesund liebt! Dann holt ER tief verschüttete Kindheitswünsche und Erinnerungen hervor, knüpft an Wohlvertrautem an und überbietet es schließlich doch mit SEINER unvergleichlichen Agape-Liebe. Ich habe selber oft miterlebt, wie unser himmlischer Vater die unvollendeten Kapitel im Leben SEINER Kinder zu Ende geschrieben hat.

Vielleicht ist Dein irdischer Vater nie mit Dir auf den Fußballplatz gegangen, oder hat sich nie für Dein Kleid beim Abschlussball interessiert. Vielleicht haben deine Eltern nie viel Zeit für Dich gehabt, um mit Dir zu spielen oder Dir einfach nur zuzuhören. Vielleicht ist Deine Mutter weggegangen. Vielleicht hast Du Dich immer nach ihrer Zärtlichkeit gesehnt. Es gibt so viele **Narben auf unseren Kinderherzen**! – Die Liebe des Vaters kommt und geht zielstrebig genau auf diese Schmerzpunkte unserer Biografie zu. ER weicht den notvollen Erinnerungen nicht aus, sondern gibt den traurigen Episoden unseres Lebens eine neue Wendung und einen versöhnlichen Ausgang. Denn unser Immanuel war ja immer dabei! ER hat uns niemals im Stich gelassen. Nichts ist SEINER Macht und Herrschaft entglitten. Wenn unser verletztes Herz das nachträglich erkennt und noch einmal neu durchlebt, nachspüren und nachempfinden kann, wie liebevoll und gnädig der Vater selbst in den dunkelsten Stunden unseres Lebens zu uns gestanden hat, dann fließen Heilungskräfte von SEINEM Thron direkt in unsere Wunden. In Gottes Vaterliebe ist ein immenses Reservoir von **innerer Heilung!**

Wenn wir in die **Freundschaft mit Abba-Vater** eintreten, dann sind wir am Ziel unserer Träume angelangt! Aber auch am Ziel SEINER Träume, denn auch Abba-Vater will, dass wir ganz nahe an SEINEM Herzen bei IHM sein sollen. Unser Papa trägt ebenfalls eine Wunde in SEINEM Herzen. Mein Freund und Bruder *Thomas Hascher* weist uns darauf hin. Er nennt das: die **Vaterwunde Gottes.** Jedes Menschenkind, das nicht nach Hause kommt, reißt unserem himmlischen Papa ein tiefes Loch in SEIN Vaterherz. ER will uns ganz nahe bei SICH haben, für allezeit!

Dass *ich* den Vater existenziell brauche, das erscheint mir nicht schwer einzusehen. Aber, **dass ER *mich* unbedingt als SEIN Kind und Freund haben will** – daran knabbere ich noch heute herum. Zu lange habe ich den Lügen des Feindes Gehör geschenkt, ich sei nur eine Last für Gott mit all meinen Sünden und Unvollkommenheiten. Zu lange habe ich mich selbst in einem falschen Licht gesehen, als Versager und Problemfall. Gott sei Dank sieht uns der Vater aber mit anderen Augen an. ER sieht nicht auf meine und unsere Unzulänglichkeiten. **ER sieht das Herz an** *(siehe: 1. Samuel 16,7)* ER sucht nach dem Gold in unseren Herzen. Für IHN sind und bleiben wir immer zuerst **SEINE geliebten Kinder!**

Ich glaube, dass diese Botschaft von der bedingungslosen Liebe unseres Vaters genau passend ist für unsere Zeit heute. Das dritte Jahrtausend wird gekennzeichnet sein von der immensen Vereinsamung des Individuums. Die Degeneration zu einer **vaterlosen/mutterlosen/elternlosen/und damit orientierungslosen Gesellschaft** hat schon längst begonnen! Umso mehr wird die Liebe des Vaters benötigt, als Medizin für unsere kranke Welt!

Deine Gedanken und Impulse …

5.4 *Aslan is on the move:* Unser König kommt!

Bestimmt kennst Du *C.S. Lewis* bekanntes Buch *„Der König von Narnia“*. In dieser großartigen, allegorischen Geschichte für Erwachsene und Kinder wird das Königreich Gottes in den buntesten Farben beschrieben. Unter anderem wird Jesus als stattlicher Löwe mit dem Namen *Aslan* vorgestellt. An einer dramaturgisch wichtigen Stelle der Geschehnisse heißt es: *„Aslan ist dabei wiederzukommen!* ***Unser König kommt!****“* – wörtlich: *„Aslan is on the move!“* Diese Worte verbreiten Hoffnung und sind wie ein Synonym der trostvollen Zuversicht. Es kann also nicht mehr lange dauern, dann kommt unser König und alles wird gut! So ungefähr lässt sich auch unsere momentane Situation am Anfang des 3. Jahrtausends umschreiben: Jesus ist dabei, wiederzukommen! Es kann nicht mehr lange dauern! Es ist nur eine Frage der Zeit! Erkennst Du die Zeichen?

Der Zeitfaktor ist enorm wichtig und ausschlaggebend! Wenn Jesus *„bald“* sagt, dann kann es schon mal ein paar tausend Jahre dauern. Ein anderes Mal kommt ER *plötzlich,* schneller als die Jünger es dachten. Gottes Uhren gehen einfach anders! Unser Abba ist der Ewig-Vater! ER hat alle Zeit der Welt! Er nimmt SICH ewig lange Zeit! Im Reich Gottes ist das richtige Timing eines der schwierigsten Kapitel. Entweder sind wir zu langsam oder wir sind zu schnell. Unsere Bemessungen stimmen leider oftmals nicht.

In den letzten Jahren nehmen viele prophetisch begabte Menschen in ihrem Geist eine **Beschleunigung in der unsichtbaren Welt** wahr. Nicht nur unsere normale Alltagswelt dreht sich rasanter, sondern auch geistliche Abläufe scheinen an dynamischer Schwungkraft zu gewinnen. Wir sprechen von einem **Momentum Gottes!** Gottes Heute ist da!

> *2. Korinther 6,2:*
> *Denn es heißt: „Zur angenehmen Zeit habe ich dich erhört und am Tag des Heils dir geholfen“ Siehe, jetzt ist die angenehme Zeit; siehe, jetzt ist der Tag des Heils!“*

Während einer intensiven Gebetszeit vor ein paar Jahren hatten wir ein erstaunliches Erlebnis. Die Zeiger der Funkuhr im Gottesdienstraum drehten sich mehrmals rasend schnell im Kreis – nun, das mag ein erklärbares technisches Phänomen sein. Aber dann fiel eine Ehrfurcht Gottes auf die Gebetsgruppe. Keiner wagte sich mehr zu rühren. Alle nahmen die spürbare Präsenz des Heiligen Geistes wahr. In den nächsten Stunden drehten sich fast alle Gebete und Lieder um das Wiederkommen unseres Königs. **Maranatha** – ja, komme bald! Eine Sehnsucht stieg in unseren Herzen auf, die bis heute nicht verklungen ist. Die Braut macht sich bereit für ihren Bräutigam!

Die ganze Welt soll es hören und jede Nation soll es sehen! Wir rollen den roten Teppich unserer Herzen, in Anbetung und Lobpreis, dem kommenden König entgegen. Wir begehren SEINE Gegenwart! Überall sehen wir bereits die Spuren SEINER Nähe. Die ersten Anzeichen SEINES baldigen Erscheinens. ER, der Ewige, hat Ewigkeit in unsere Herzen gelegt. Unser Abba denkt in Häusern, in Völkern, in Epochen und Äonen. ER denkt an uns mit ewiger Liebe! Wie zwei Verliebte, die sich aufeinander zubewegen, sehnen wir uns nach dem Kommen des Partners. Es ist ein Ausdruck unserer Intimität und Hingabe.

So greift das **Erweckungsfeuer** um sich wie ein leidenschaftliches und zugleich zartes Verliebtsein. Die letzten geistlichen Aufbrüche, die um den Erdball gehen werden, werden Erweckungen SEINER Agape-Liebe sein, mitten in einer Welt, in der die Liebe zwischen den Menschen zunehmend erkaltet. Das ist das, was ich in meinem Inneren vom Geist Gottes empfangen habe. Deshalb bin ich so froh, Teil der Vaterherz-Bewegung sein zu dürfen. **Die Offenbarung der Liebe des Vaters** ist eine der Hauptfarben, die unser Meisterkünstler Jesus in dieser letzten Phase gebrauchen wird, um das Bild der Menschheitsgeschichte zu vollenden.

Gebet: „Chase the Lion"

„Hör auf, so zu leben, als ob es das einzige Ziel sei, sicher im Tod anzukommen.
Ergreife das wahre Leben! Ergreife den Löwen bei der Mähne!
Setz Dir göttliche Ziele.
Jage gottgewollten Leidenschaften nach.
Verfolge Träume, die ohne göttliches Eingreifen zum Scheitern verurteilt sind.
Stelle Fragen. Du darfst Fehler machen. Suche Deinen Gott.

Hör auf, Probleme aufzuzeigen und werde Teil der Lösung.
Hör auf, die Vergangenheit zu wiederholen und fang an, die Zukunft zu gestalten.
Hör auf, auf Nummer sicher zu gehen und fang an, etwas zu riskieren.
Man nennt das auch Glauben!
Erweitere Deinen Horizont.
Sammle Erfahrungen.
Schau auf die Lilien.
Genieße die Reise. Komm näher ans Vaterherz Gottes!
Finde jeglichen Grund, alles zu feiern, was man feiern kann.
Lebe, als ob heute der erste und der letzte Tag Deines Lebens sei.
Lass nicht zu, dass das, was bei Dir falsch ist, Dich davon abhält, das zu preisen, was bei Gott richtig ist.
Verbrenne sündige Brücken hinter Dir.
Bahne einen neuen Weg.
Mach Dir weniger Sorgen, was Menschen denken und mehr darüber, was der Vater denkt.
Versuche nicht jemand zu sein, der Du gar nicht bist – sei einfach Du selber.
Ja, sei die beste Version Deiner Selbst.
Lach über Dich selbst.
Hör auf, nur zu warten.
Hör auf, nicht alles zu geben.
Hör auf, wegzulaufen. Lebe!
Entscheide Dich für das Leben aus Gott!
Greife das Leben bei der Mähne.
Reite auf dem Rücken des Löwen von Juda!
Aslan is on the move!
Unser König kommt bald!
ER ist bereits unterwegs zu Dir!
Sei gesegnet und sei ein Segen durch IHN!"

(Frei überarbeitete Version einer Vorlage von Mark Batterson)

Deine Gedanken und Impulse ...

5.5 Dafür wurde ich geboren!

In einem Lied von *Lothar Kosse* heißt es: *„Ich will dabei sein, wenn es zählt!"*

Genau das ist mein Verlangen. Das ist mein Gebet zu Gott. **Ich will dabei sein**, wenn die Liebe des Vaters unser Land neu mit Gnade und Erbarmen überfluten wird.

Es gab eine Zeit, da lebte ich hingegeben für diese Vision eines geistlichen Aufbruchs in Deutschland. Ich habe alles getan, was ich dafür tun konnte. Ich habe gearbeitet und gedient von früh bis spät. Schließlich wurde ich sehr müde, denn ich sah wenig Frucht und Erfolg. Die Enttäuschungen überwogen und machten mich mürbe. Am Schluss fühlte ich mich leer und ausgebrannt. Das hätte mich fast mein Leben gekostet!

Dann begegnete mir Abba in SEINER großen Liebe und schenkte mir SEIN Herz. Seitdem weiß ich, wofür es sich wirklich zu leben lohnt! **Ich lebe für IHN!** Nicht für *etwas* – und sei es noch so geistlich wichtig und bedeutsam. Mein Leben gehört *Jesus höchstpersönlich* und nicht nur der *Sache Jesu!* Ich bin verliebt in meinen Freund, Bräutigam und Vater! Weil ich IHN habe, habe ich bereits das pralle Leben gefunden und kann nichts mehr verpassen! ER ist mein Schatz und meine Perle. Alles Weitere ist lediglich eine Zugabe oben drauf. Diese Erkenntnis bewahrt meine Seele in Zeiten der Dürre, wo ich nichts von SEINER Macht und Größe sehen kann.

Wenn nichts mehr bleiben würde, dann bliebe immer noch ER!

Jedoch, ganz nahe am Vaterherzen Gottes, entzündete mich Abbas Begeisterung neu. Denn ER ist solch ein Menschen-Liebhaber. Es ist SEINE ureigenste Sehnsucht, die ganze Welt mit Erkenntnis der Herrlichkeit SEINER Liebe zu überfluten. **Unser Vater will die Erweckung der Herzen!** Von Gott selbst geht die Initiative aus, mehr als wir es uns je herbeiwünschen könnten. Darum ist es auch SEINE Angelegenheit und ER wird es auf SEINE Art und Weise bewerkstelligen. Nicht wir können und sollen *das machen!* **Halleluja, es ist nicht zu schaffen!** Jedenfalls nicht für uns! Wohl aber für IHN!

Wie ich zu Beginn meines Buches erwähnte, schließt sich jetzt für mich der Kreis. All die vielen Facetten meiner Biografie erscheinen mir wie einzelne Puzzleteile, die der Geist Gottes mehr und mehr zu einem großen Ganzen zusammenfügt. Ja, **dafür wurde ich geboren!** Mein Gebet ist es, dass Du ebenso von Gott geführt wirst, zu erkennen, dass die vielen kleinen Details Deines bisherigen Lebens kein Zufall sind, sondern in Gottes vollkommenen Plänen ein herrliches Bild erzeugen. Ganz nach SEINEM Masterplan! Genau wie *Königin Esther* wurden Du und ich *für eine Zeit wie diese geboren (Esther 4,14)!* Und wie *König David* leben wir im hier und heute und dürfen unserem Gott *in unserer Generation* dienen *(Apostelgeschichte 13,36).*

Karin und ich haben das Vorrecht, auf unseren Reisen unser wunderschönes Vaterland ein ganzes Stück näher kennenzulernen. Fast jede Woche sind wir irgendwo anders **unterwegs mit Abba**. Wenn wir in eine neue Stadt kommen, haben wir es uns zur Gewohnheit gemacht, zunächst einen zentralen Ort aufzusuchen – meistens den Marktplatz, das Rathaus oder das Schloss. Dort gießen wir Öl aus, salben prophetisch den Ort und laden den Heiligen Geist ein, indem wir als Botschafter der Vaterliebe beten: ***„Liebe des Vaters, komm in diese Stadt!"*** Das Ganze verläuft meistens ziemlich unspektakulär. Anschließend setzen wir uns gerne noch in ein Straßencafé und trinken entspannt einen Cappuccino. Aber genau solche Zeichenhandlungen setzen enorme Kräfte in der unsichtbaren Realität frei, davon bin ich überzeugt. Es sind gerade diese Dinge und Glaubensakte, die unser Verstand auf Anhieb nicht begreifen und erfassen kann, die aber in Gottes unsichtbarer Welt den großen Unterschied ausmachen! Hier öffnen wir Portale, bahnen einen Weg für das Kommen unseres Königs und schaffen Durchbrüche zur Himmelswelt! Das alles gehört schon zu den Vorbereitungen für das große Hochzeitsfest!

Wir halten Ausschau, dass der Vater unser geliebtes Volk noch einmal mit **Macht und Liebe** heimsucht. Bitte, tu es noch einmal! So wie vor 2000 Jahren in Jerusalem zu Pfingsten, so wie vor 500 Jahren in der Reformationszeit, so wie vor 300 Jahren bei den Herrnhutern, so wie vor 100 Jahren in der Pfingstbewegung, so wie vor 40 Jahren in der Jesus-People-Zeit: Komm und küsse unser Land mit der Offenbarung Deiner Liebe!

Dein Reich komme! Dein Wille geschehe! Wie im Himmel, so auch hier auf Erden – in unserem Vaterland!

Na, das sind ja schöne Aussichten!!!

„Jesus, Dein Licht füll dies Land mit des Vaters Ehre!
Komm Heil'ger Geist, setz die Herzen in Brand!
Fließ Gnadenstrom, überflute dies Land mit Liebe!
Sende Dein Wort! Herr, Dein Licht leuchte auf!"

(Graham Kendrick)[10]

10 Zitat aus dem Lied „Shine, Jesus, shine" (Text und Musik: Graham Kendrick, deutscher Text: Manfred Schmidt) © 1990 Make Way Music (verwaltet von Small Stone Media Germany GmbH)

Deine Gedanken und Impulse …

Schlusswort

Neues Leben wagen!

Danke, dass Du mir (wieder einmal oder zum ersten Mal) durch die Seiten meines Buches gefolgt bist. Ich bete, dass Dir beim Lesen der Vater ganz nahe gekommen ist. ER wird mit Dir persönlich das Gespräch über die Aspekte suchen, die Dich betreffen. Hast Du jetzt eine klarere Vorstellung von dem, was sich hinter der Vaterherz-Bewegung verbirgt? Verstehst Du nun etwas besser die Abba-Kultur? Hoffentlich hast Du selber neues Feuer gefangen für einen Lebensstil, geboren aus der Vaterliebe Gottes!

Ich will Dich ganz stark ermutigen, **neues Leben mit Abba zu wagen!** Und zwar an jedem neuen Tag!

Verlasse alte Wohnorte wie *Klagenfurt, Jammertal und Frusthausen!* Komm da bitte raus und zieh dafür lieber ins *Vaterhaus der Liebe Gottes* ein! Am besten in die *Lobpreisstraße* oder *Friedenskirche.* Lebe täglich geborgen in SEINER großen Liebe!

Erwähle das zu Deinem ersten Wohnsitz und bleibe auf SEINEM Schoß sitzen. Dort, wo die Agape-Liebe uns erwärmt, beginnt bereits eine Erweckung der Herzen. Freue Dich über die kleinen Anfänge. Sei bei Gott, in IHM und lebe aus IHM! Sei ein Träger SEINER Herrlichkeit. Sei höchst infektiös. Lebe aus dem Überfluss der Güte Gottes.

Weil wir alle so schnell erkalten können, suche Dir immer wieder Orte, an denen Du mit der Liebe des Vaters **neu entzündet** wirst. Vielleicht möchte der Vater, dass Du mit ein paar hungrigen Freunden eine *Abba-Weggemeinschaft* bildest? Vielleicht lädt ER Dich ein, Deiner Seele eine Pause zu gönnen und eine *Schule besonderer Art* zu besuchen, *eine Vaterherz-Schule,* um tiefer in die Identität eines geliebten Menschen hineinzuwachsen? Vielleicht möchte ER Dir ein neues geistliches Zuhause schenken, in einem *Netzwerk* von Geschwistern, wie dem *Töchter- und Söhne-Treffen*, die mit Dir gemeinsam unterwegs sind, näher ans Vaterherz Gottes zu rücken. Auf jeden Fall sollltest Du Deine Hand vertrauensvoll in die Hand von Abba-Vater legen und mit IHM Schritte des Glaubens gehen. Es lohnt sich!

Wage neues Leben mit IHM!

Wir sehen uns!

P.S. Wie immer bin ich dankbar für kurze persönliche Feedbacks.
Bitte schreibe an: matthias.hoffmann@vaterherz.org

Anhang der Bibelstellen

Genesis: 12,1-3 / 13,14-18 / 15,5+6 / 17,4-8 / 22,16-18 / 26,2-5 / 28,3+4+12-16 / 32,10-14+27-31 / 35,10-12 / 46,2+3 / 48,3+4 / 49,25+26

Exodus: 3,4-8 / 6,2-8 / 19,3-6 / 23,20-33 / 29,45+46 / 33,12-23 / 34,1-10 / 40,34-38

Leviticus: 9,23+24 / 26,11+12

Numeri: 6,22-27 / 9,15-18 / 14,7-9+24

Deuteronomium: 1,21+29-33 / 7,6-8+22+22 / 10,12-22 / 11,12+24+25 / 28,1-14 / 30,1-20 / 33,3+26+27

Josua: 1,2-9 / 3,1-17 / 21,44+45 / 24,13-18

Richter: 1,15 / 6,11-24

Ruth: 1,16+17 / 3,9-11

1. Samuel: 13,14 / 17,47

2. Samuel: 6,14+22 / 7,8-16

1. Könige: 3,5-14 / 8,1-11 / 9,1-9 / 18,24+30+36-46 / 19,7-18

2. Könige: 2,1-15 / 3,15 / 4,1-7 / 6,16+17 / 22,8/

1. Chronik: 4,9+10 / 13,1-14 / 17,1-27 / 19,13 / 28,9+19-21 / 29,9-19

2. Chronik: 5,1-14 / 6,12-21+39-42 / 7,1-3,11-16 / 16,9 / 20,1-22 / 30,9 / 32,7+8

Esra: 1,1-6 / 3,11-13

Nehemia: 1,1-11 / 2,18 / 6,3+11 / 8,9-11 / 9,5+6 / 12,27-43

Esther: 2,12 / 4,14

Hiob: 19,15 / 19,6/ 36,16/ 42,5

Psalm: 2,7+8 / 8,1+2 / 18,20+30 / 19,2+3 / 23 / 24,1 / 27,4 / 30,12 / 33,5 / 34,8+9 / 36,6-11 / 37,5 / 46,6 / 47,8 / 48,2+3 / 50,3 / 51,12+13 / 57,6 / 65,10 / 67,2 / 68,18 / 72,19 / 80,3 / 84,7 / 85,7 / 86,10 / 89,12 / 90,2 / 91,7 / 92,11 / 93,1 / 95,7 / 96,3 / 97,1 / 98,1 / 99,1 / 100 / 103 / 104,31 / 105,1 / 107,1 / 108,3 / 110,1 / 111,1 / 113,3 / 118,16 / 119,105 / 121,2 / 126,5 / 127,1 / 133,3 / 136,1 / 138,8 / 139,5 / 145,18 / 146,10 / 147,3 / 149,6 / 150,6

Sprüche: 1,7+23 / 3,5 / 4,18 / 8,30-35 / 10,28 / 11,25 / 13,12 / 14,26+27 / 15,3+11 / 16,3+9+15 / 20,12 / 23,26 / 24,11+16 / 29,18

Prediger: 3,1-15 / 4,9-12

Hohelied: 2,4 / 8,6+7

Jesaja: 2,2-5 / 6,1-8 / 9,1-6 / 11,1-12 / 12,1-6 / 30,15+18-26 / 32,15-18 / 33,17 / 35,1-10 / 40,1-11,12-31 / 41,10+18 / 42,3,5-9 / 43,1-7,18+19 / 44,2-5,21-24 / 45,3 / 46,3+4,11 / 48,18 / 49,14-16 / 50,4-10 / 51,9+11 / 52,1-12 / 54,1-17 / 55,1-13 / 56,7+8 / 57,14-21 / 58,1-14 / 59,19-21 / 60,1-22 / 61,1-11 / 62,1-12 / 63,7-9,15-19 / 64,1-11 / 65,1-3,17-25 / 66,7-14,18+19

Jeremia: 1,5-9,19 / 3,12-23 / 4,1-4 / 17,5-8,14 / 22,29 / 23,29 / 24,6+7 / 29,4-7,10-14 / 30,2+3+11+17 / 31,1-34 / 32,16-22,27,37-44 / 33,3+11 / 42,11+12

Klagelieder: 2,17 / 3,22+23

Hesekiel: 1,25-28 / 3,8-12 / 11,17-20 / 12,23 / 14,5 / 16,60-63 / 18,23,31+32 / 22,30 / 34,15+16+23 / 36,9+25-28 / 37,1-28 / 43,1-7 / 47,1-12

Daniel: 2,19-23 / 6,1-28 / 7,9-14,18,27 / 9,17+18,23 / 10,10-19 / 11,32+33 / 12,3

Hosea: 2,16-22 / 6,1-3 / 10,12 / 11,1-11 / 14,1-10

Joel: 2,12+13,21-27 / 3,1-5 / 4,7,10,13,18-21

Amos: 1,2 / 3,6-8 / 5,4+6 / 9,11-15

Obadja: 1,17+18

Jona: 3,1-10 / 4,11

Micha: 2,12+13 / 4,1-7 / 5,1-4 / 7,15-20

Nahum: 1,7

Habakuk: 1,5 / 2,2-4,14 / 3,1-4

Zephanja: 3,14-17

Haggai: 1,8 / 2,1-9

Sacharja: 1,3 / 2,9 / 4,6-10 / 8,2+3 / 9,8+9 / 10,1 / 12,10

Maleachi: 3,1-6,10,18,20,23+24

Matthäus: 5,3-12 / 6,9-13 / 7,7-11 / 9,35-38 / 10,1-14 / 11,25-30 / 13,3-58 / 22,1-14 / 25,1-13,31-46 / 28,16-20

Markus: 1,15 / 5,30-44 / 11,22-26 / 16,15-20

Lukas: 1,35-38 / 2,10-14 / 4,14-22 / 5,1-11 / 10,1-24 / 11,1-4 / 15,1-32 / 24,25-34,44-49

Johannes: 1,9-14 / 3,16 / 6,35 / 7,37-39 / 8,12 / 10,9+11+14 / 11,25 / 14,1-13 / 15,1-11,12-17 / 17,21-16 / 20,19-23

Apostelgeschichte: 1,4-8 / 2,1-4,37-47 / 3,19 / 4,12+20,23-31,32-35 / 5,12-16 6,7 / 8,5-8,26-39 / 9,1-31 / 10,24-48 / 11,21 / 12,24 / 13,48+49 / 16,5 / 17,6 / 18,9+10 / 19,10-12 / 26,14-18 / 27,23-25 / 28,31

Römer: 1,4+16+17 / 2,4 / 3,28 / 5,8 / 6,23 / 8,1-39 / 10,8-11 / 11,12+15+25+26 / 12,1+2,9-21 / 14,7+8+17 / 15,13+18+19

1. Korinther: 1,4-9,18-31 / 2,1-5 / 3,11 / 4,20 / 6,11 / 11,23-26 / 13,1-13 / 14,26 / 15,4-10,42-44,54-57 / 16,9

2. Korinther: 1,3-5,18-20 / 2,12-14 / 3,17+18 / 4,5-18 / 5,14-21 / 6,16-18 / 12,7-10 / 13,13

Galater: 2,20 / 3,25-27 / 4,4-7 / 5,22

Epheser: 1,3-23 / 2,1-10 / 3,8-12,14-21 / 4,4+5 / 5,18-21,25-33 / 6,10+11

Philipper: 1,6 / 2,6-11 / 3,7-14 / 4,4-7+13+19

Kolosser: 1,10-14,15-23,26+27 / 2,3+9-15 / 3,14-17 / 4,2+3

1. Thessalonicher: 1,5+9+10 / 5,12-24

2. Thessalonicher: 2,1 3-17

1. Timotheus: 1,14-16 / 2,1-6 / 3,15+16 / 6,11+12

2. Timotheus: 1,7 / 2,1-3 / 3,16+17 / 4,7+8

Titus: 2,11-13 / 3,4-7

Philemon: 1,9

Hebräer: 1,1-3 / 3,7+8 / 4,9-12,14-16 / 10,19-25,35-39 / 11,1-3+6 / 12,1-3,12+13,22-24,29 / 13,5-9

Jakobus: 1,17+18 / 4,7+8 / 4,16

1. Petrus: 1,3-12 / 2,9+10 / 3,18-22 / 4,6-10 / 5,5-11

2. Petrus: 1,16-21 / 3,8-10

1. Johannes: 2,1+2 / 3,1-3+8 / 4,7-21 / 5,4+12

2. Johannes: 1,9

3. Johannes: 1,2

Judas: 1,20-25

Offenbarung: 1,4-8,12-18 / 2,1-7,8-11,12-17,18-29 / 3,1-6,7-13,14- 22 / 4, 1-11 / 5,1-14 / 7,9-17 / 11,15-19 / 12,7-12 / 14,1-6 / 15,1-8 / 19,1-16 / 21,1-8,9-27 / 22,1-5,6-21

Weitere Bücher von Matthias Hoffmann:

Halleluja – es ist nicht zu schaffen!

Einüben eines Lebensstils kindlichen Vertrauens.

Der Druck, der auf den meisten von uns lastet, scheint täglich größer zu werden. Alle wollen etwas von mir: mein Partner, meine Familie, mein Beruf, die Gesellschaft! Selbst der Glaube wird anstrengend. Bücher, Predigten und Konferenzen fordern uns zu geistlichen Höchstleistungen und zu engagiertem Einsatz auf. Dazu kommt noch mein eigener Wunsch nach mehr „Heiligkeit und Heil-sein"! Irgendwann ist es so weit, es wird zu viel. Es ist nicht zu schaffen.

In diesem Buch wirst Du keine Patentrezepte und schnellen Lösungen finden, wohl aber die Ermutigung zu einem Lebensstil kindlichen Vertrauens, der Dich sicher und geborgen durch den Rest Deines Lebens führen kann. Heute ist ein guter Tag, um entspannt damit zu beginnen!

178 Seiten, gebunden
Bestell-Nr. 52 50406
ISBN 978-3-86773-168-3

cap-books • 72221 Haiterbach-Beihingen • Tel.: 07456-9393-0 • info@cap-music.de
www.cap-music.de

100 Tage in der Liebe des Vaters

Ein 30-Minuten-Weg für 100 Tage.

Hier ist ein Buch für jeden Tag. Es möchte den Leser in die liebende Gemeinschaft mit Gott, dem Vater, führen. Es braucht täglich etwa 30 Minuten, um den Weg mitzugehen. Für jeden Tag gibt es einen Lernvers, ein Gebet, eine biblische Lesung, einen konkreten Impuls und einen praktischen Schritt, den es gleich umzusetzen gilt.

Als Andachtsbuch lässt es dem Leser große Freiheit - er kann verweilen, wiederholen oder auch eine Pause einlegen, denn es geht nicht um ein Abhaken von Tagen.

108 Seiten, gebunden
Bestell-Nr. 52 50401
ISBN 978-3-935699-63-1

Freundschaft mit Abba-Vater

Wie aus der Problemzone „Stille Zeit" eine tiefe und beglückende Beziehung zu Gott werden kann.

Es könnte nach der Lektüre sein, dass aus dem inneren Druck: „Ich muss jetzt Stille Zeit machen" die Sehnsucht wird: „Abba-Vater, es ist so schön mit dir, du wirst mir Anteil geben an dem, was dich bewegt – und ich kann dir sagen, was mir am Herzen liegt."

Der Autor Matthias Hoffmann lädt uns ein, die Erfahrungen, die er gemeinsam mit vielen anderen Menschen gemacht hat, zu hören und zu verarbeiten. Es ist die Liebe des Vaters, die uns so kostbar macht. Unser himmlischer Vater hat Sehnsucht nach jedem einzelnen seiner einzigartigen Kinder.

148 Seiten, gebunden
Bestell-Nr. 52 50403
ISBN 978-3-86773-001-3

Gottes Vaterherz in den Psalmen entdecken

100 Tage in der Liebe des Vaters. Ein 30-Minuten-Weg für 100 Tage.

Mit diesem Buch öffnet sich ein 100-Tage-Weg in die Psalmen, um dort Gott als liebenden Vater zu entdecken. Viele geistliche Einsichten und Erkenntnisse sind zu finden, ein Schatz für jeden Tag. Komm mit auf Entdeckungsreise in die Psalmen!

„Der Gott, an den ich seit meiner Kindheit glaube, besitzt ein Vaterherz voller Liebe für mich – und auch für jeden einzelnen Menschen auf der ganzen Welt. Ich weiß nun, dass mein Gott nur gut ist, ER kann gar nicht anders!"

120 Seiten, gebunden
Bestell-Nr. 52 50405
ISBN 978-3-86773-111-9

Idee und Text:
Matthias Hoffmann.

Illustrationen:
Victor Geist.

Matthias Hoffmann/Victor Geist

Baudolino

- der Clown, der den Menschen Tränen schenkte

Eine Bildergeschichte für Kinder (und Erwachsene).

Immer wenn der Clown Baudolino auf seiner Geige spielt, müssen die Menschen weinen. Aber sie werden nicht traurig, sondern froh. Eine Geschichte, die die Herzen bewegt und berührt.

Format: 21,5 x 21,5 cm, vierfarbig, 32 Seiten
Bestell-Nr. 52 50404
ISBN 978-3-86773-097-6